房价波动的财政分权制度诱因及其经济效应研究

安 勇 著

中国金融出版社

责任编辑：吕　楠
责任校对：孙　蕊
责任印制：丁淮宾

图书在版编目（CIP）数据

房价波动的财政分权制度诱因及其经济效应研究／安勇著 . —北京：中国
金融出版社，2020. 11
ISBN 978 – 7 – 5220 – 0995 – 7

Ⅰ.①房⋯　Ⅱ.①安⋯　Ⅲ.①房价—物价波动—研究—中国
Ⅳ.①F299. 233. 5

中国版本图书馆 CIP 数据核字（2021）第 010902 号

房价波动的财政分权制度诱因及其经济效应研究
FANGJIA BODONG DE CAIZHENG FENQUAN ZHIDU YOUYIN JIQI JINGJI XIAOYING YANJIU

出版
发行　中国金融出版社

社址　北京市丰台区益泽路 2 号
市场开发部　（010）66024766，63805472，63439533（传真）
网 上 书 店　http://www.chinafph.com
　　　　　　　（010）66024766，63372837（传真）
读者服务部　（010）66070833，62568380
邮编　100071
经销　新华书店
印刷　北京九州迅驰文化传媒有限公司
尺寸　169 毫米 × 239 毫米
印张　13. 25
字数　213 千
版次　2020 年 11 月第 1 版
印次　2020 年 11 月第 1 次印刷
定价　69. 00 元
ISBN 978 – 7 – 5220 – 0995 – 7
如出现印装错误本社负责调换　联系电话(010)63263947

前　言

自房地产市场化改革以来，中国房地产消费需求得到了极大的释放，房地产业也逐步成为国民经济的支柱产业。然而，伴随着房地产市场的持续繁荣及其引发的房价持续攀升，房价上涨的负面效应凸显，如拉大贫富差距、引发社会分配不公等。对此，房地产相关部门出台了大量房地产调控政策，但调控效果不佳，房价甚至陷入了"越调越涨"的怪圈。另外，受经济、地理环境以及房地产市场发展不平衡等因素的综合影响，中国各区域商品房价格的运行轨迹迥异，呈现出逐步加大的空间分化特征。在房价波动日趋复杂化以及房价分化特征日趋加剧的现实背景下，迫切需要我们对房价运行机理进行全面而深入的分析。与此同时，伴随着中国经济发展进入新时代，我国经济已由高速增长阶段转向高质量发展阶段，经济高质量发展不仅应注重经济增长"量"的增加，更应看重经济增长"质"的飞跃。然而，房价高速增长会带来个体禀赋与偏好、投资行为以及企业经营行为的异化，进而会影响全社会的创新创业行为，并最终会传导至经济高质量发展。在剖析房价波动形成机理基础上，深入探索房价波动对经济高质量发展的影响及其机理，有助于厘清影响经济高质量发展的宏观环境因素，对制定精准化经济高质量发展政策大有裨益。

鉴于此，本书遵循房价波动的"前因—后果"这一递进逻辑展开探索，沿着理论探究—实证检验—政策设计的研究模式，尝试厘清财政制度对中国房价波动的作用机理，并进而探明房价波动对经济高质量发展的影响效应。首先，作为一种重要的资源配置与宏观调控手段，财政管理体制及其变革必然会对中国房价的运行机制产生重度影响。然而，目前国内学术界对于二者之间的内在关系尚缺乏系统剖析。因此，本书以中国财政分权体制改革实践为背景，尝试探索财政分权对房价及其波动的影响及作用机理。在理论分析中，结合财政分权、土地财政、公共品供给以及房价形成机理等相关理论，提出了财政分权—地方政府行为—房价的分析框架，进而从理论层面探索了财政分权对房价的作用机理，并据此提出了相关研究假说；

通过引入财政分权与其他宏观经济变量等外生冲击，构建了房价波动空间差异模型以及房价投机泡沫测度模型。在实证分析中，综合运用空间面板模型、面板门槛模型等多种计量方法考察财政分权对城市房价及其波动产生的实际影响，并进而对所构建的理论框架进行修正和完善。其次，在中国经济开启高质量发展新时代背景下，本书以经济高质量发展为切入点，通过构建房价波动影响经济高质量发展的理论逻辑分析框架，并在对经济高质量发展综合评价指数进行合理测度基础上，实证考察房价波动对中国区域经济高质量发展的作用效果。同时，考虑到创新创业是推动经济高质量发展的重要渠道，进一步剖析房价波动对企业家创业精神以及区域创新效率的作用机理。最后，结合相关研究结论，提出可行性政策建议。具体研究内容如下：

第一部分包括第1章和第2章，主要介绍本书的写作思路及相关理论基础。第1章为绪论，阐述了本书的研究背景与意义，并在对国内外前沿文献进行梳理基础上，对本书的研究目标与内容、研究方法与创新点进行了归纳、总结。第2章为基本概念与相关理论分析。首先，对财政分权、房价、经济高质量发展的相关概念进行了界定；其次，对第一代、第二代财政分权理论、房价形成机理、经济发展理论以及区域创新理论等理论进行了归纳、总结，进而为后续研究奠定了理论基础。

第二部分包括第3章至第6章，主要考察财政分权影响房价波动的传导机理。第3章为财政分权对房价影响的总效应分析。首先，对中国财政分权体制的演化进程进行了梳理，并提出了财政分权影响房价的理论假说。其次，综合运用空间面板滞后模型与面板分位数模型考察财政分权对城市房价的实际影响及作用效果的空间异质性。第4章为财政分权对房价影响的土地财政传导渠道分析。重点探索财政分权影响房价的作用机理之一，即财政分权—土地财政—房价。首先，结合财政分权、土地财政以及房价形成机理等相关理论，将三者纳入同一理论框架进行分析，并据此提出了研究假说，认为存在财政分权—土地财政—房价的传导路径。其次，综合运用空间面板滞后模型、中介效应检验法以及面板门槛模型进行了实证检验。第5章为财政分权对房价影响的公共品供给传导渠道分析。重点探索财政分权影响房价的作用机理之二，即财政分权—公共品供给—房价。首先，结合财政分权、公共品供给以及房价形成机理等相关理论，将三者纳入同一理论框架进行分析，并据此提出了研究假说，认为存在财政分权—公共品供给—房价的传导路径。其次，选取与房价相关度较大的交通基础设施建设、公共教育以及医疗卫生供给三种公共品，综合运用空间面板滞后模型、中介效应检验法以及面板门槛模型进行了实证检验。第6章为财政分权与房价波动演化特征分析。首先，构建房价波动模型，从理论上探讨房价的波动特征，并通过引入财政分权以及宏观经济因素对基准模型进行了拓展，构建了能识别空间异质性的房价波动模型。其次，对城市房价波动特征进行了实证分析。最后，在前述研究基础上，通过对房价波动进行分解，从中剥离出房价投机泡沫成分，进而考察了各城市房价泡沫的存在性及其程度。

第三部分包括第7章至第9章，考察房价波动的经济效应，在中国经济发展进入新时代背景下，本部分将研究视角聚焦于房价波动对经济高质量发展的影响效应，并重点剖析房价波动影响经济高质量发展的创新创业作用渠道。第7章为房价波动对经济高质量发展的影响分析。首先，建立房价波动影响经济高质量发展的理论逻辑分析框架。其次，结合经济高质量发展内涵，在构建经济高质量发展指标体系基础上，对经济高质量发展综合评价指数进行客观测度。最后，借助空间面板滞后模型实证考察房价波动对区域经济高质量发展的实际影响及其作用效果的空间异质性。第8章为房价波动影响经济高质量发展的企业家创业精神渠道分析。首先，对房价波动影响企业家创业精神的作用机理进行理论剖析。其次，借助空间面板滞后模型以及中介效应模型实证考察房价波动对企业家创业精神的实际影响、异质性作用效果以及传导路径。第9章为房价波动影响经济高质量发展的创新效率渠道分析。首先，对中国区域创新能力演化特征及存在的问题进行梳理。其次，对房价波动影响创新效率的机理进行理论剖析。再次，借助随机前沿模型对区域创新效率进行测度。最后，构建面板Tobit模型实证考察房价波动对区域创新效率的实际影响以及基于政府行为的间接作用机制。

第四部分是第10章，主要概括本书的研究结论，提出促进中国房地产市场健康发展和经济高质量发展的对策建议，并对今后的研究方向进行展望。

本书通过理论剖析与实证检验得出以下研究结论：

1. 结合中国财政分权体制改革实践，研究了财政分权对城市房价影响的总效应。理论分析表明，在财政分权体制冲击下，纵向与横向激励失衡迫使地方政府的行为取向发生了较大改变，进而通过多条路径对房价产生了差异化影响。由此，财政分权对房价影响的总效应取决于多种力量叠加的结果。基于空间面板滞后模型的估计结果表明，中国城市房价具有典型的空间集聚特征，其他城市房价对本城市房价具有正向溢出效应；财政分权对城市房价具有正向溢出效应，且模型估计结果具有较高的稳健性；同时，基于面板分位数模型的估计结果表明，财政分权对城市房价的影响具有空间分异性。具体而言，房价较低和较高的城市，财政分权对城市房价的正向作用力度更大；并且，财政分权对不同区域房价的影响存在显著差别，其在东部地区的作用效果明显强于中西部地区。

2. 探究了财政分权对城市房价的作用渠道及其机理。首先，剖析了土地财政的中介效应，即财政分权通过催生地方政府对土地财政的依赖，进而对房价产生影响。通过将财政分权、土地财政以及房价纳入同一分析框架，从理论上分析了三者之间的相互作用机理。发现在财政分权冲击下，地方政府面临的财政不平衡压力引发了其对土地财政的追逐，并最终影响到房价。据此凝练出财政分权—土地财政—房价的传导逻辑模式。在此基础上，利用中介效应检验法以及面板门槛模型进行了实证检验。结果表明，财政分权对土地财政具有正向影响，土地财政推高了城市房价，且土地财政是联结财政分权与城市房价的中介变量；当财政分权度跨越特定阈值时，土地财政对城市房价的促进效应显著增强。这意味着土地财政推高房价只是问题的表象，财政分权冲击才是引发此问题的内在动因。其次，剖析了公共品供给的中介效应，即财政分权通过引发地方政府对不同类型公共品供给的差异化偏好，进而对房价产生影响。通过将财政分权、公共品供给以及房价纳入同一分析框架，从理论上分析了三者之间的相互作用机理。发现在财政分权冲击下，横向竞争扭曲致使地方政府对公共品的供给产生错位，并最终影响房价。据此凝练出财政分权—公共品供给—房价的传导逻辑模式。在此基础上，利用中介效应检验法以及面板门槛模型进行了实证检验。结果表明，财政分权对交通基础设施建设以及医疗卫生供给具有正向影响，而对公共教育供给具有负向影响，上述三种公共品均对城市房价具有正向影响，且公共品供给是联结财政分权与城市房价的中介变量；当财政分权度跨越特定阈值时，交通基础设施建设、医疗卫生供给对城市房价的促进效应显著增强，但却弱化了公共教育供给的作用效果。由此，财政分权冲击下公共品配置失衡也是促成城市房价分化的重要因素。

3. 通过构建房价波动空间差异模型以及泡沫测度模型，考察了财政分权与其他宏观经济变量对城市房价波动的影响，并进而探究了城市房价泡沫的存在性及其程度。依据房价波动理论，通过引入财政分权、居民收入、利率等外生冲击，构建了房价波动空间差异模型。进一步地，通过对房价波动部分进行分解，从中剥离出投机泡沫成分，进而构建了房价投机泡沫测度模型。在此基础上，借助动态面板模型考察了城市房价波动以及房价泡沫的动态特征。结果表明，城市房价波动具有路径依赖性以及均值回复特征；财政分权变动、利率变动分别对均值回复速度具有负向、正向影响，且居民收入变动对自相关性具有正向影响，房价波动因而呈现出城市异质性特征。总体而言，动态参数落在了震荡收敛区域，表明城市房价波动尚处于可控范围之内。中国不存在全局性的房价泡沫，但局部性泡沫现象时有发生，且这种现象具有区域差异性。从地域分布来看，东部沿海开放城市房价泡沫程度明显高于内陆城市。尤其是 2008 年国际金融危机后，东部沿海开放城市呈现出较大幅度的房价泡沫现象。而中西部城市由于缺乏基本面支撑，其房价上涨动力不足，房价上涨预期程度较低以及住房投机行为不活跃，从而导致房价泡沫相对较低。

4. 通过构建经济高质量发展综合评价指数，实证考察了房价波动对经济高质量发展的影响效应。首先，构建由 5 个一级指标、20 个二级指标组成的经济高质量发展综合评价指标体系，并借助熵值法对经济高质量发展综合评价指数进行了客观测度。其次，构建空间面板滞后模型，实证考察了房价高增长对经济高质量发展的实际影响。结果表明，中国经济高质量发展呈现逐年提升态势，但空间差异较大，东部地区经济高质量发展水平远高于中西部地区；经济高质量发展水平具有典型的空间集聚特征，其他省域经济高质量发展对本省经济高质量发展具有正向溢出效应；房价高增长对经济高质量发展具有显著的抑制作用，且作用效果存在空间差异，其对东部地区的负向作用力度明显小于中西部地区。

5. 从企业家创业精神与创新效率两个维度剖析了房价波动影响经济高质量发展的传导渠道。企业家创业精神渠道层面，首先，结合中国现实剖析了房价快速增长对企业家创业精神的影响机理。其次，通过构建空间面板滞后模型及中介效应模型对二者之间的关系进行了实证检验。结果表明，企业家创业精神具有显著的空间依赖性，其他省域企业家创业精神对本省企业家创业精神具有正向溢出效应；房价上涨过快抑制了企业家创业精神的发挥，但金融发展水平与市场化程度提升能够缓解这种负向影响；房价高增长对不同类型企业家创业精神的作用效果具有异质性，相比生存型企业家创业精神，其对机会型企业家创业精神的挤出效应更大；从房价高增长挤出企业家创业精神的作用路径来看，投资结构扭曲与用工成本攀升是两条重要渠道。区域创新效率层面，首先，结合中国现实从投资结构扭曲效应、人力资本挤出效应、企业家创业精神抑制效应以及权力寻租效应等多维路径剖析了房价高增长对创新的影响机理。其次，利用随机前沿模型对区域创新效率进行了测度。最后，通过构建面板 Tobit 模型对二者之间的关系进行了实证检验。结果表明，中国区域创新效率呈现逐年提升态势，但整体水平仍存在较大提升空间；中国区域创新效率存在显著的空间差异，东部地区的创新效率最高，西部次之，中部最小；房价上涨过快抑制了区域创新效率的提升，且其负向作用力度存在区域差异，其对中部地区的作用力度最大，西部次之，东部最小；房价高增长对区域创新效率的影响存在基于地方政府行为的间接作用机制，政府财政压力增大能够强化房价高增长对区域创新效率的挤出效应，而加大政府 R&D 资助力度则弱化了房价高增长对区域创新效率的挤出效应。

6. 基于研究结论并结合中国实际，提出若干促进房地产市场健康发展和经济高质量发展的对策建议。房地产市场健康发展层面，首先，由研究结论可知，财政分权是促成房价上涨及其分化的重要体制性因素。因此，要实现房价调控的预期目标，除继续实施住房市场调控政策外，还必须有相应的财政体制改革与之配套，且改革的着力点应放在矫正财政激励扭曲、横向竞争机制不健全等问题上。鉴于此，在对中央、区域、地方三级联动管理体系进行探析基础上，提出了能促进房价平稳运行的财政制度改革对策建议，如推进财税体制改革以缓解地方财政压力、完善转移支付制度及官员绩效考核机制、拓宽地方融资渠道等。其次，在完善房地产市场调控政策上，从引导参与者市场预期、建立房价调控长效机制以及实施房价调控联动机制三个维度给出了相应对策建议。经济高质量发展层面，从引导企业进行研发和创新成果转化、加大金融体制改革力度、实施税费减免以及创业培训等激励措施、扩大创新人才队伍规模以及建立协同创新机制五个维度给出了促进创新创业，进而推动经济高质量发展的相应对策建议。

目　录

第1章　绪　论

1.1　研究背景与意义

1.1.1　研究背景

新中国成立初期，中国实施了以"统一管理，统一分配，以租养房"为特征的福利分房制度。福利分房制度与当时广大民众物质条件匮乏、生活贫困这一现实背景是相适应的，因而有效缓解了城市居民的住房难问题。然而，随着社会和经济的发展，福利分房制度的弊端逐步显现，政府财政包袱过重、分配不平等、权力寻租和腐败、城市人口攀升所带来的有效供给不足等问题越发严重。20世纪90年代后期，福利分房制度已经到了步履维艰的地步，房地产市场化改革迫在眉睫。1998年7月国务院发布23号文件，决定正式废除福利分房制度，全面推行居民住房货币化及私有化改革。与此同时，中央实施了一系列的金融配套改革，极大地保证了住房改革的顺利进行。中国的房地产消费需求因而得到了极大释放，房地产业也逐步成为国民经济的支柱产业。房地产业的兴起对国民经济发展、社会财富积累及居民的生活质量起着至关重要的作用，主要体现在：一是房地产业是国民经济的"晴雨表"。房地产业是中国国民经济的重要组成部分，对国民经济的健康发展具有强大的带动作用。1999—2018年，房地产开发投资额从4103.2亿元增长到了120263.51亿元①，年均增长率在19%以上。房地产开发投资额占GDP的比重也呈逐年递增态势，从1999年的4.5%增长到了2018年的13.4%，年均增长率达10%以上，如图1-1所示。而且，房地产行业也是关联性很强的行业，在其周边分布着几十个相关产业，形成了一条庞大的"房地产业生物链"。房地产业发展能够带动诸如水泥、钢铁

---

① 数据来源于国研网统计数据库。

1

等相关联产业的有效投资额。二是房地产业的快速发展为中央和地方政府增加了大量的税收收入，缓解了各级政府的财政压力。三是房地产业的快速发展能够有效缓解社会的就业压力。1999～2018 年，房地产开发企业平均从业人员数从 88.03 万人上升到了 288.92 万人[1]，年均增长率达 6.8%。房地产业的发展吸收了大量的就业人员，特别是加大了农村劳动力的流动，为农民工提供了大量的就业岗位，这对民众生活水平的提高和社会安定发挥了重要作用。

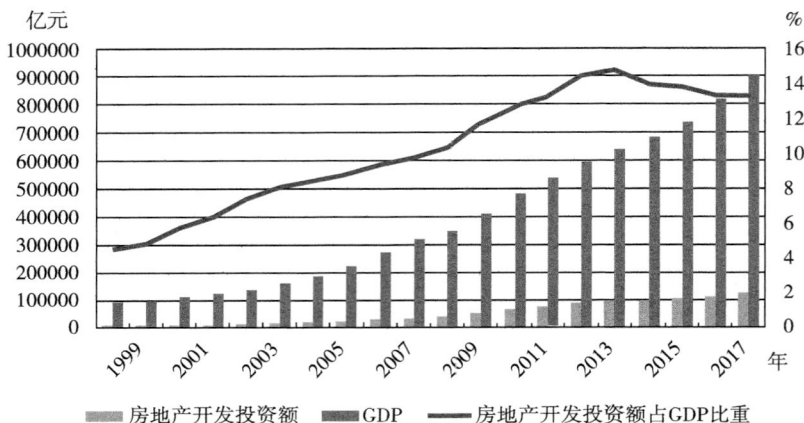

图 1-1　房地产开发投资额、GDP 及房地产开发投资额占 GDP 比重

与此同时，近年来中国商品房价格总体上呈现出大幅度波动态势，如图 1-2 所示。1999～2007 年，商品房价格节节攀升，从 2053 元/平方米上涨到了 3864 元/平方米[2]，上涨了近 2 倍之多。受国际金融危机的影响，虽然商品房价格在 2008 年有所下跌，但随着刺激政策的相继出台，商品房价格在 2009 年出现了报复性上涨，上涨幅度高达 23%。整个房地产黄金十年期间，商品房价格年均增长率高达 9.9%。受国内外经济下行压力的影响，步入 2014 年后，中国商品房价格进入调整期。然而，伴随着"330 新政"、降息降准等宽松政策的密集出台，房地产市场逐步走出低迷态势，许多城市的房价重新进入了上涨通道。杠杆放大、流动性大幅增加以及土地价格暴涨成为商品房价格上涨的三大动力。国家统计局公布的数据显示，2016年 4 月 70 个大中城市中，新建住房环比价格上涨的城市多达 65 个，成为自

---

① 数据来源于国研网统计数据库。

② 数据来源于国研网统计数据库。

2011 年以来房价上涨城市最多的月份。

　　另外，从区域市场来看，受经济、地理环境以及房地产市场发展不平衡等因素的综合影响，中国各区域商品房价格的运行轨迹迥异，呈现出逐步加大的空间分化特征。以北京、上海、广州、深圳为代表的东部沿海开放城市，其住房供需比严重失衡，商品房价格连年上涨，诸多调控政策均是无功而返。但三四线城市商品房价格却是上涨乏力，"鬼城"现象频发，面临较大的去库存压力。银监会主席郭树清表示，稳房价与去库存并行是2017 年房地产调控的主基调①。

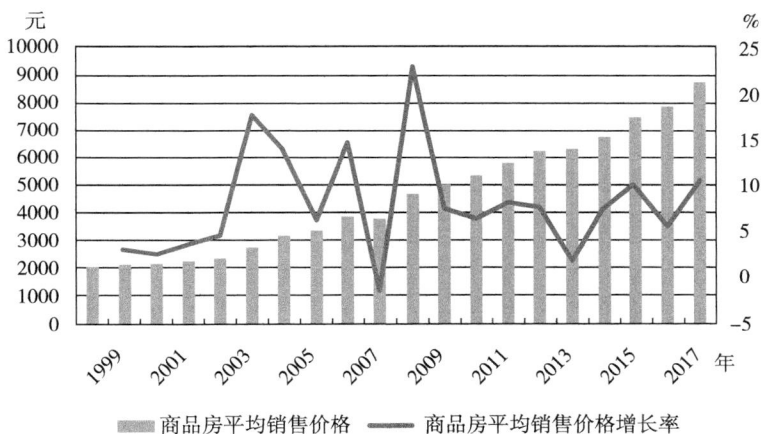

图 1-2　商品房平均销售价格及其增长率

　　关于房价是否合理，目前有许多不同的评价机制，其中房价收入比是常用的衡量指标之一。联合国认定的理想收入比标准为 3∶1，而世界银行给出的警戒线为 5∶1。然而，全球数据库 NUMBEO② 的统计资料显示，2015 年中国房价是年薪的 22.95 倍，在全球排名第 14 位，在亚洲高居第二，仅次于新加坡。另外，上海易居房地产研究院③的统计资料显示，2015 年 35 个大中城市中有 33 个城市的房价收入比超过了 5∶1 的警戒线，其中深圳的房价收入比更是高达 23.2。可见，过高的房价已经远远超过了普通居民的购买能力。面对高企的房价，许多工薪阶层只能是望房兴叹。"蜗居""蚁族""房奴"等名词成为中国人尤其是年轻一代生存状况的真实写

---

　　①　中国财经信息网. https：//www. cfi. net. cn/p20170304000011. html.
　　②　NUMBEO 网. https：//www. numbeo. com/common/.
　　③　上海易居房地产研究院. https：//www. yiju. org/.

照。"房价高""买房难"已经成为当下最大的民生问题和社会问题。居民的住房问题解决不好,其负外部性作用将会扩散至社会的其他方面,从而可能引发经济发展停滞及社会不安定。中国城市房价究竟有无泡沫,是全局性的还是局部性的,诸如此类的话题或为学术界、实务界所争相辩论的焦点。以谢国忠、牛刀等学者为代表的"唱空派"以及以任志强、陈宝存为代表的"春天派"针尖对麦芒,针对房价泡沫展开了激烈的辩论,两种观点截然不同,且口水仗也是愈演愈烈。由此,房价到底有无泡沫还须进行更深层次的探究。

在此背景下,中国房价自然而然成为社会各界争论关注的焦点。针对中国房价波动的成因,国内学者进行了大量研究,其切入点大多集中于宏观经济因素、预期与投机因素、政策因素(主要涉及货币政策、限购限贷政策等),较少有文献关注制度性因素对房价及其波动的影响,尤其是财政管理体制方面。然而,正如丹尼尔·贝尔(2012)所说的,任何一个经济、社会问题最终都是财政问题,财政体制及其变革必然会对房价及其波动产生重要影响。

财政分权理论最早产生于西方。目前,无论是发达经济体还是新兴经济体,都普遍采取了财政分权手段来激励以及约束地方政府行为。伴随着中国从计划经济向市场经济的逐步转型,财政分权体制也经历了数次改革。其中,最具影响力的是1994年的分税制改革。在财政分权体制下,地方政府具有较大的财政自主权,这激发了地方政府发展区域经济的热情,从而创造了中国经济增长奇迹。然而,财政分权体制并非十全十美,其也存在一定缺陷。一方面,财政分权体制区别于其他国家财政分权体制的显著特征在于经济分权与政治集权并存。这种特性决定了地方政府是对上负责,而非对下负责,地方政府更为关注的是中央政府的偏好。在以 GDP 考核为主的官员晋升机制激励下,地方政府之间存在激烈的横向竞争,地方政府对经济增长速度的过分关注使其忽视了其他一些政府职能,从而造成了政府行为的扭曲。另一方面,分税制改革带来的财政分权体制冲击造成了中央、地方两级政府财政能力的纵向不平衡。分税制改革后,财权逐层上移,而事权却逐层下放,地方政府的财权与事权处于严重不对等状态,其财政收支不平衡问题凸显。为缓解财政赤字压力,并为日后升迁增添砝码,地方政府官员不得不加大对预算外甚至是体制外收入的攫取力度,这也导致了政府行为的扭曲。与此同时,中国现实情况表明,房地产市场与政府行为是紧密相关的,政府行为的改变势必会对房价及其波动产生显著影响。

按照上述逻辑，财政分权与房价之间必然具有密切的内在联系。有鉴于此，本书第一部分以分税制改革为背景，从理论与实证两个层面考察财政分权对房价及其波动的作用机理，从而为完善与规范房地产调控政策及财政管理体制提供参考依据。

改革开放 30 多年来，中国经济保持了年均近 10% 的高速增长，创造了世界经济发展奇迹。2014 年全国 GDP 总量首次突破 10 万亿美元大关，已经成为全球第二大经济体。但是，伴随中国经济步入新常态，产能过剩、人口红利消失、环境恶化等深层次问题和结构性矛盾日益显现，传统的粗放型经济增长方式难以为继，提升经济增长质量迫在眉睫。党的十九大提出，中国经济已由高速增长阶段转向高质量发展阶段，正处在转变发展方式、优化经济结构、转换增长动力的攻关期，建设现代化经济体系是跨越关口的迫切要求和中国发展的战略目标。经济高质量发展体现了"创新、协调、开放、绿色、共享"的发展理念，强调经济、政治、社会、文化、生态等的协同发展，其最终目标是解决人民日益增长的美好生活需要和不平衡不充分发展之间的矛盾。房地产兼具消费与投资双重属性，房价高增长会引致个体禀赋与偏好、投资行为以及企业主营业务方向的改变，进而会影响经济主体（个人与企业）的创新创业行为，并最终会影响到经济高质量发展。因此，本书遵循房价波动"前因—后果"这一理论逻辑分析框架，在从制度层面厘清财政分权诱发房价波动成因基础上，第二部分重点探索房价波动对经济高质量发展的影响及其作用机理，以期为如何推进经济高质量发展提供理论与现实依据。

1.1.2　研究意义

从古至今，住房都是老百姓赖以生存的衣、食、住三大要素之一，其在普通民众的日常生活中占据着不可或缺的位置。"居者有其屋"的观念在中国已经根深蒂固，有了住房，就有了归属感，而后人们才能安心地工作和学习。特别是在生活节奏加快的现代社会，舒适的居住环境是一个让人释放压力、放松和休憩的场所。受这种文化传统的影响，中国居民一直有一种买房情结。并且，随着现代社会的快速发展，这种买房情结更是愈演愈烈。目前，中国城镇居民的自有住房率明显高于西方国家。同时，住房资产已经成为许多家庭非常重要的资产配置方式，其在家庭资产中占有很大比重。作为住房市场的敏感指标，住房价格自然成为现实社会中人们关注的焦点问题。无论是租房家庭、计划买房家庭或是有房家庭，住房价格波动都会影响其消费或投资的方向。并且，房价波动还会影响到城市居民财富总量在不同群体中的转移，从而可能会拉大贫富差距以及引发社会分配不公。另外，与普通商品不同，房地产兼具消费与投资双重属性，房价高速增长会带来个体禀赋与偏好、投资行为以及企业经营行为的异化，进而会影响经济主体（个人与企业）的创新创业行为，并最终会影响到经济高质量发展。如房价持续攀升提升了房地产投资的资金回报率水平，在逐利天性驱使下，企业势必会转移投资方向，进军房地产业无疑成为诸多企业的理性选择。企业这一跨行业套利行为对研发资本投入产生了挤出效应，从而使企业陷入"低技术锁定"状态。鉴于此，本书遵循房价波动"前因—后果"这一递进逻辑分析框架，深入剖析财政分权制度对房价及其波动的影响，并进而探索房价波动对经济高质量发展的作用机理，兼具理论和现实意义。

从理论层面来看，本书丰富和拓展了有关房价形成机理、经济发展的研究领域。首先，国内现有研究集中于分析宏观经济基本面因素、预期与投机因素，以及货币政策、限购、限贷政策等政策因素对房价及其波动的影响，缺乏从财政分权视角深入考察其与房价及其波动之间的内在关系。然而，作为政府进行宏观调控与资源配置的重要手段，财政体制必然是影响房价波动的不可或缺的因素之一。其次，在考察房价波动与经济增长之间的关系时，现有研究大多关注的是经济增长总量或增速，较少有文献从经济增长"质"的视角出发，进而剖析房价波动对经济高质量发展的影响及其机理。鉴于此，本书通过构建财政分权影响房价及其波动的理论框架，进而对财政分权影响房价及其波动的作用机理进行深入挖掘。进一步地，在中国进入新时代背景下，以经济高质量发展为研究对象，深入剖析房价波动的经济效应，并全面解析房价波动影响经济高质量发展的创新创业渠道，能够深化有关房价形成机理及其经济后果的相关理论，同时也是财政分权、经济发展延伸至房价研究领域的一次很好的尝试。

从现实层面来看，一方面，正确理解财政分权对房价及其波动的作用机理，有助于从财政分权视角探寻中国房价波动的深层次成因，从而为房地产调控部门修正并逐步完善房价调控政策提供可行和具体的政策思路。同时，本书研究也有助于探寻中国现有财政分权体制存在的弊端，对中国财政分权改革的实践具有重要的指导意义。另一方面，通过探索房价波动对经济高质量发展的影响效应，并探明房价波动影响经济高质量发展的创新创业作用渠道，有助于厘清制约经济高质量发展的瓶颈问题，对制定经济高质量发展相关政策具有一定的参考价值。

1.2 国内外相关研究综述

1.2.1 财政分权相关研究综述

随着分权实践在全球范围的开展，学者们对财政分权相关理论进行了逐步深入的研究。总体来看，财政分权研究经历了第一代以及第二代财政分权理论两个发展阶段。第一代财政分权理论（即传统财政分权理论）的代表性学者包括 Tiebout、Musgrave 和 Oates 等。第一代理论以新古典经济学理论作为分析框架，主要研究各级政府存在的合理性、必要性以及地方政府公共品的供给效率问题。第二代理论的代表性学者为钱颖一、Weingast 等，他们通过对比中国、俄罗斯等国家的财政分权实践，提出了"市场维护型财政联邦主义"，其核心内容是借助契约理论，通过设计合理的激励相容机制来实现对地方政府官员的有效激励。财政分权理论涉及的问题非常宽泛，在理论分析基础上，许多学者从不同视角对财政分权的相关问题进行了实证分析，主要研究内容包括财政分权对政府行为、宏观经济、土地财政以及公共品供给等的影响。

1. 财政分权对政府行为的影响

部分学者认为财政分权能够引发地方政府的竞争，进而对宏观变量产生影响。Montinola（1995）认为中国财政分权体制变革下的激励竞争机制是市场化进程能够顺利开展的关键因素。Qian 和 Roland（1998）借助软预算约束理论的研究发现，财政分权能够促使地方政府之间展开竞争，因而可以改善地方政府的支出效率。张军等（2007）认为政治集权与财政分权相结合所产生的标尺竞争是基础设施发展飞速的重要因素。与此同时，部分学者研究发现，财政分权下的竞争、激励机制也有可能导致地方政府行为的扭曲，如地方保护主义以及恶性竞争（周黎安，2004）、过度投资（Zhang 和 Zou，1998）、环境污染以及收入差距拉大（陆铭等，2008）等问题。

2. 财政分权对经济增长的影响

财政分权对经济增长的影响机理非常复杂，现有文献大多从实证角度进行了分析，但研究结论具有争议性。一种观点认为，财政分权对经济增长具有正向影响。Huther 和 Shah（1998）基于 80 多个国家的研究发现，财政分权具有经济增长效应。Akai 和 Sakata（2002）基于美国各州 1992—1996 年面板数据的研究发现，财政分权与经济增长呈正相关。Lin 和 Liu

（2000）基于1970—1993年中国省际面板数据的研究发现，财政分权能够推动经济增长。刘金涛等（2006）、林春（2017）均认为分税制改革后，财政分权与经济增长呈现正相关关系。后小仙和郑田丹（2017）研究发现财政分权冲击引发了地方政府的平衡性偏好问题，进而对经济增长产生了促进作用。另一种观点认为，财政分权不利于经济增长。Davoodi和Zou（1998）基于46个国家的研究发现，在发展中国家，财政分权不利于经济增长。Zhang和Zou（1998）同样认为财政分权对中国经济增长具有抑制作用。另外，还有部分学者认为财政分权对经济增长的影响具有不确定性，其依赖于经济发展的不同阶段。Thieben（2003）通过对高收入OECD国家的研究发现，财政分权对经济增长的影响具有阶段性，低于确定临界值时，财政分权对经济增长具有促进作用，而高于临界值时，财政分权反而会对经济增长产生抑制作用。

3. 财政分权对土地财政的影响

分税制改革后财政收支不平衡导致地方政府加大了对包括土地出让收入在内的预算外收入的攫取力度，部分学者基于分税制改革背景考察了财政分权体制冲击对地方政府土地财政的影响。吴群和李永乐（2010）基于省际面板数据的研究表明，财政分权和政府竞争两种体制催生了地方政府的土地财政策略。武康平和闫勇（2012）认为在财政分权体制冲击下，地方政府利用土地财政来弥补财政赤字实则为一种无奈之举。李一花等（2015）基于山东省17个市的实证研究也证实了上述观点。刘佳和吴建南（2015）基于中国257个地级市的研究发现，财政分权与地方政府的土地财政具有正相关关系。

4. 财政分权对公共品供给的影响

由财政分权理论可知，国外学者对财政分权与公共品供给关系的研究非常深入，且形成了比较成熟的理论体系，这里不再一一赘述。下面重点分析中国式财政分权对公共品供给结构的差异化影响。乔宝云等（2005）以小学升学率作为义务教育的代理变量，进而通过研究发现财政分权对教育具有负向影响。并且，户籍制度及财政竞争是导致地方政府公共品供给产生扭曲的动因。然而，在九年制义务教育背景下，其代理变量选取的代表性不够，导致其结论的可靠性不高。Bardhan（2002）认为财政分权主要影响公共品的供给效率或质量。贾智莲和卢洪友（2002）基于省际面板数据的研究发现，财政分权并没有提高教育、民生类公共品的供给效率。傅勇（2010）将公共品划分为经济性以及非经济性公共品，通过选取1995—

2008 年中国省际面板数据，考察了财政分权与非经济性公共品的关系，研究发现财政分权对教育、公用设施等非经济性公共品具有抑制作用。李拓（2016）基于中国省际面板数据的研究发现，财政分权对诸如交通、医疗卫生等经营性公共品具有促进作用，而对教育、文化等非经营性公共品具有抑制作用。亓寿伟等（2016）研究发现财政分权对中国省际基础教育支出具有正向影响。申亮和王玉燕（2017）基于主成分回归分析的研究发现，财政分权水平提升能够提高中国省际公共文化服务的供给效率。

5. 文献评述

通过文献梳理和回顾可以看出，财政分权理论涉及范围非常宽泛，研究内容包括政府治理、经济效率、公共品供给等领域，国内外学者对财政分权的相关问题进行了较为深入的理论与实证分析，取得了丰富的成果。总体而言，国外学者对财政分权相关问题的研究起步较早，研究比较成熟。国内学者大多借鉴西方财政分权理论，对中国实际问题进行了逐步的探索。但应该注意的是，西方财政分权理论只适用于发达国家的分权模式，中国的分权实践与其有明显差别，主要体现在：

首先，地方政府的目标函数有所差别。发达国家的代议制民主体制决定地方政府关注的是辖区居民效用的最大化，"用手投票"机制比较健全。而在中国，中央政府享有对地方政府官员的人事任免权，地方政府的行为表现为对上负责，而不是对下负责。在以 GDP 考核为主的晋升制度激励下，地方政府关注的重点是辖区经济的增速，从而可能忽视公共品的供给水平。

其次，国外相关研究是建立在财权与事权对等的假设条件下来进行的。然而，对于中国而言，分税制改革后，存在财权层层上移，而事权却层层下放的事实，财政收支不平衡压力会引发地方政府经济行为的扭曲。因此，对中国问题的研究，不能完全照搬西方财政分权理论，而应结合中国财政分权的实践对具体问题进行合理探究，以避免"水土不服"所带来的诸多弊端。

1.2.2 房价及其波动相关研究综述

1. 房价影响因素

住房具有不可移动性、异质性等特征，且与其他普通商品不同，住房同时兼有消费和投资两种属性。因此，影响住房价格的因素纷繁复杂。结合研究目的，本书主要从经济基本面因素、预期与投机因素、政府政策类因素等视角对住房价格的影响因素进行归纳、总结。

（1）经济基本面因素

①国外相关文献：大量文献表明，收入、人口、利率、失业率、建造成本是影响房价或其增长率的重要因素。Mankiw 和 Weil（1989）考察了人口结构变化对美国住房价格的影响，认为婴儿出生周期是影响美国未来房价的主要因素。Takats（2010）考察了住房消费需求因素对 22 个发达国家房价的影响，发现人口数量对房价具有正向影响，而抚养比上升对房价具有负向影响。部分学者研究了人口老龄化对房价的影响，但所得结论存在分歧。如 Bergantino（1998）认为人口老龄化会明显降低民众的住房需求，从而导致房价下降。Shimizu 和 Watanabe（2013）考察了美国和日本区域房地产市场中人口结构对房价的影响，发现两个国家中总人口与房价呈正相关关系，而人口老龄化程度与房价呈负相关关系，并且人口结构对日本区域房地产市场的冲击效果更大。而 Brooks（2002）却持相反观点，他认为随着年龄的逐渐增大，居民会减持股票资产比重而增加住房资产比重，从而可能会引发房价上涨。Case 和 Shiller（1990）认为房价波动具有向相同方向变动的惯性，且基于美国 4 个城市的研究发现，收入、建造成本以及成年人口的变动与房价变动呈正相关关系。Drake（1993）利用协整检验方法考察了收入和房价之间的关系，发现收入是影响房价的重要因素。Potepan（1996）认为收入和建造成本是造成房价变动的主要动因。Daniel（2002）对美国 130 个大中城市房价变动的影响因素进行了分析，发现收入、建造成本、利率以及人口数量的变动均对城市房价变动具有显著影响，且这种影响具有区域差异性。Otto（2007）研究了影响澳大利亚省会城市房价变动的主要因素，发现抵押贷款利率对所有省会城市房价均具有显著影响，但影响效果存在城市差异性，同时发现其他经济因素能够解释大多数省会城市房价变动的 40% 至 60%。Abraham 和 Hendershott（1996）认为失业率变动对房价增长率具有负向影响。Jacobsen 和 Naug（2005）认为失业率也是影响房价水平的重要因素。同时，部分学者研究发现收入分配结构也是促使房价波动的原因之一。Gyourko 和 Linneman（1993）认为收入分配恶化是房价上涨的重要因素。Rodda（1994）利用美国截面普查数据的研究发现，居民收入差距拉大对房价上涨具有显著的促进作用。Favara 和 Song（2004）基于面板数据的实证研究也证实了上述观点。而且，收入差距还可以通过财政政策（Persson 和 Tabellini，1994）、信贷市场不健全（Galor 和 Moav，2004）以及政治不稳定（Carmignani，2003）三条传导路径影响宏观经济进而对房价产生间接影响。

②国内相关文献：国内部分学者考察了人口年龄结构对房价的影响，但结论存在争议性。杨华磊等（2015）、刘学良等（2016）认为生育周期对中国房价具有显著影响。徐建炜等（2012）基于人口普查数据和宏观数据的研究发现，少年人口抚养比与房价呈负相关关系，而老年人口抚养比与房价呈正相关关系。陈国进等（2013）结合代际交叠模型和动态面板模型研究了人口结构对房价的影响，其结论与徐建炜等（2012）的观点一致。邹瑾等（2015）利用面板协整检验的研究结果表明，人口老龄化对短期房价具有负向影响，而对长期房价具有正向影响，且这种影响具有区域差异。基于微观数据的进一步研究显示，高储蓄率、家庭规模的缩小以及多元化的住房需求是导致人口老龄化促进房价上涨的重要因素。而陈斌开等（2012）利用人口普查数据的研究与前述结论相悖，其认为人口老龄化会降低住房需求，从而引发房价下降，且运用"组群效应"进行了解释。另外，李嘉楠等（2017）利用人口抽样调查数据的研究发现，外来人口推动了城市房价的上涨。同时，国内大量研究表明，收入、建造成本、收入差距等基本面因素对房价具有一定的解释力度。沈悦和刘洪玉（2004）认为中国城市房地产市场是非有效市场，收入、建造成本、人口和空置率等基本面因素只能部分解释房价水平或其变化率。丁如曦和倪鹏飞（2015）认为居民收入、银行信贷以及建造成本对中国城市房价具有推动作用。陈彦斌（2011）借鉴 Bewley 模型并采用比较静态分析方法的研究发现，房价上涨引发的富裕家庭投机性住房需求的增多促进了房价的进一步上涨。王先柱等（2013）、徐舒和陈珣（2016）认为居民收入差距对房价具有正向影响。而周华东和周亚虹（2015）则认为收入差距对房价具有抑制作用。

（2）预期与投机因素

①国外相关文献：对具有投资品属性的住房而言，其投资需求会受到市场预期和投机行为的影响，国外学者对此进行了深入研究。Clayton（1996）构建理性预期模型，并实证检验该模型对温哥华短期房价的解释能力，发现理性预期对温哥华房价波动的解释力度不足，这表明温哥华房地产市场并非是有效市场。Muellbauer 和 Murphy（1997）认为金融自由化、实际利率和收入预期是造成英国房价波动的重要因素。Case 和 Shiller（2003）通过问卷调查发现，过去房价的变化对房价上涨具有很强的解释力度。Malpezzi 和 Wachter（2005）建立房地产投机模型，通过模拟考察了投机性因素对房价波动的影响，研究发现在住房供给无弹性的条件下，投机对房价波动的影响最大。

②国内相关文献：部分学者研究发现预期、投机因素对房价具有显著影响。王来福（2008）构建完全信息动态博弈模型并利用全国时序数据的研究发现，理性预期是房价的 Granger 原因。洪涛等（2007）、任荣荣等（2008）采用 35 个大中城市面板数据的研究发现，适应性预期或近视预期对房价具有正向影响，这表明基于以往房价增长率的价格预期对房价波动所起的作用不容忽视。周京奎（2004，2005）从理论和实证两个层面证实投机是推高房价的重要因素。吴艳霞和王楠（2006）认为过度投机是房地产泡沫形成的直接原因。另外，部分文献还通过对比分析发现，理性预期和适应性预期对房价（波动）的影响存在显著的差异性。如况伟大（2010）基于住房存量调整模型的研究表明，理性预期对城市房价波动具有正向影响，而适应性预期的作用效果依赖住房消费性需求与投机性需求的力量对比，当消费性需求占优时，适应性预期对房价波动具有负向影响；而当投机性需求占优时，适应性预期对房价波动具有正向影响。高波等（2013）认为理性预期与房价租金比呈正相关，而适应性预期与房价租金比呈负相关。

（3）政府政策因素

①国外相关文献：房地产市场与国民经济息息相关，房价波动会波及整个社会的方方面面，因此需要政府对房地产市场进行适时调控，以保证房地产市场的健康发展。国外许多学者研究了政府宏观调控政策（如货币政策、房产税政策以及土地管制政策）对房价的作用效果。

货币政策方面。国外许多学者考察了货币政策工具，如货币供应量、利率等对房价调控的有效性。关于货币供应量对房价调控效果的研究，现有文献普遍认为货币供应量增加能够推动房价的持续上涨（Meltzer，1995；Lastrapes，2002）。关于利率对房价调控效果的研究，国外学者存在三种观点。一是认为利率与房价具有负相关关系（Cho，2006；Bjornland，2010）；二是认为利率与房价具有正相关关系（Kenny，1999；Wadud，2012）；三是认为利率与房价之间的关系不确定（Wong，2003）。

房产税政策方面。Bowman（2006）、Cebula（2009）均认为房产税下降能够推高房价。而少数文献持相反观点，如 Gobel（2009）认为房产税与房价正相关。

土地管制政策方面。国外学者们普遍认为政府对土地的管制行为会推高房价（Cheshire 和 Sheppard，2002；Hui，2004）。

②国内相关文献：在国内，政府行为对房地产市场的影响主要包括货币政策、房（地）产税和限购政策、土地政策及公共品供给等方面。国内

学者对各种政策工具对房价干预的效果进行了不同程度的研究和论证。

　　货币政策方面。周京奎（2005）利用协整检验和误差修正模型对中国 4 个直辖市的房价进行了研究，发现宽松的货币政策能够促进房价上涨。高波和王先柱（2009）运用 VAR 模型考察了货币政策对房地产市场传导机制的有效性，发现货币供应量对房价具有促进作用。余华义和黄燕芬（2015）利用 GVAR 模型考察了货币供应量对 35 个大中城市房价影响的异质性特征。研究发现，货币供应量对房价的影响存在区域异质性，东部作用效果大于西部。魏玮和王洪卫（2010）利用面板 VAR 模型和省际数据的研究发现，狭义货币供应量对东中部地区房价的调控效果最佳，而信贷政策对西部的调控效果较好。关于利率政策对房价的影响，国内文献主要存在两种观点。一种观点认为利率与房价负相关（戴国强和张建华，2009；余华义和陈东，2009；沈悦等，2011）。如沈悦等（2011）利用 FAVAR 模型的研究结果表明，利率对房价具有负向影响，且对普通商品房价格的作用效果最大。另一种观点认为利率对房价的影响不显著或为正。如陈淼峰和陈龙乾（2005）、张所地和范新英（2015）认为利率政策对房价的调控效果不显著。而况伟大（2010）基于比较动态均衡模型的研究发现，利率波动对房价波动具有正向影响。同时，部分学者考察了利率政策对房价调控所产生的非对称性以及异质性特征。程承坪和张旭（2011）认为利率调控效果存在非对称性，扩张性利率政策的调控效果明显强于紧缩性利率政策。余华义和黄燕芬（2015）认为利率调控效果具有区域异质性，与中西部地区相比，利率变动对东部地区的影响较大。

　　房（地）产税和限购政策方面。况伟大（2012）基于局部均衡模型考察了 33 个大中城市房地产税对房价的影响，研究发现房地产税对城市房价具有负向影响，但作用效果有限。李祥等（2012）基于省际面板数据的研究发现，房地产税收对房价具有负向影响，且其在东部地区的作用力度最大。2011 年，作为试点城市，上海和重庆开始征收房产税。对于是否应该征收房产税以及其效果如何，社会各界存在较大争议，部分学者也对房产税的效果进行了分析。如骆永民和伍文中（2012）构建 DSGE 模型，通过数值模拟发现房产税政策能够有效遏制房价上涨。而王家庭和曹清峰（2014）基于 DID 模型的分析发现，房产税政策的调控效果不显著。王敏和黄滢（2013）认为房产税在短期对房价具有负向影响，而在长期可能推高房价，同时发现限购政策能降低房价，但效果不显著。刘江涛等（2012）也认为限购政策对房价的调控效果会受多种因素的影响。米晋宏和刘冲（2017）基于倍差法的研究发现，限购政策对地级市房价具有显著的抑制作用。

土地政策方面。与西方国家土地私有制不同，中国土地属于国家所有。结合中国实际，部分学者考察了土地供应政策对房价的影响。张晋生（2005）认为市场主体对于土地供应不足的预期是推高房价的重要因素。项卫星和李宏瑾（2007）研究发现，紧缩性土地供应政策导致房屋供给的短缺，从而推高了房价。文乐和彭代彦（2017）基于空间杜宾模型的研究发现，土地供应增加能够抑制地级市房价的上涨。自实施分税制改革以来，地方政府的财政收入显著降低，因此地方政府普遍采取了土地财政手段来平衡地方财政。国内部分学者考察了土地财政政策对房价的影响，其中大多数学者认为其对房价具有正向影响。周彬和杜两省（2010）构建局部均衡模型从理论上证实土地财政能够推高房价。张双长和李稻葵（2010）、白文周（2012）利用面板数据模型分别考察了 35 个大中城市土地财政对房价的影响，均发现政府的土地财政政策推高了城市房价。王学龙和杨文（2012）基于房地产市场局部均衡模型的研究发现，土地财政对房地产投机需求具有正向影响，进而推高了房价。但是，仍有少数学者对上述结论不赞同。如雷根强和钱日帆（2014）基于地级市面板数据的研究发现，土地财政并非影响房价的主要因素，房价上涨主要还是由预期及基本面因素所决定的。

公共品供给方面。梁若冰和汤韵（2008）基于 Tiebout 模型分析了公共品供给与居民定居地的关系，并利用 35 个大中城市的面板数据进行了实证检验。结果表明，以财政支出强度以及公共服务综合指标测度的公共品供给水平均对城市房价具有正向溢出效应。邵挺和袁志刚（2010）的研究同样表明地方政府的公共品供给具有对房价的正资本化效应，且土地供应量增加能够弱化其作用效果。李祥等（2012）基于省际面板数据的研究发现，公共服务对房价具有正向影响，且其正向作用力度大于房地产税的负向作用力度。邓慧慧等（2013）利用空间面板数据模型的研究发现，交通、公共教育以及医疗等公共品供给均对中国城市房价具有正向影响。部分学者结合中国户籍就学制度考察了学区房的溢价现象，发现教育资本化效应确实存在（冯皓和陆铭，2010）。

2. 房价波动特征

现有文献主要依据有效市场假说以及资产价格波动等理论，并借助动态面板模型、ARCH 族模型等对房价短期波动的动态特征及其形成机理进行了理论和实证分析。

①国外相关文献：根据古典经济学理论，房地产市场供求相等时的状

态即为均衡状态，此时的房地产价格即为均衡价格。现实中，房地产市场经常会受到各种内生和外生冲击的影响，因此房地产价格时常会出现实际价格与均衡价格的偏离。相关研究表明，与股票价格相类似，实际房价会呈现出（正）序列相关性及均值回复特征。国外学者较早地针对美国区域住房市场进行了探讨。Case 和 Shiller（1989）利用重复销售价格的季度数据，对亚特兰大、芝加哥、达拉斯、奥克兰单户房地产市场进行了研究，发现四个城市房地产市场并非完全有效的，房价波动呈现出一定的（正）序列相关性。Abraham 和 Hendershott（1996）将房价波动分解为两个部分，即均衡房价变动的决定因素以及实际价格偏离均衡价格的动态调整，并给出了测算房地产价格泡沫的迭代公式。研究表明，两部分变量各自可解释美国 30 个大中城市房价波动的 2/5。同时，房价的序列相关系数在沿海和内陆城市存在较大的差异性。具体而言，沿海地区房价的序列相关系数较大，且其均值回复系数大约为 0.1，而内陆地区房价的序列相关系数较小，且均值回复系数不显著。Capozza 和 Hendershott（2004）通过构建两方程房价波动模型，利用二阶差分方程从理论上探讨了房价波动的动态特征，将房价划分为无震荡收敛区域、震荡收敛区域、震荡发散区域及快速发散区域四个区域，并对 A&H 模型进行了拓展，通过引入城市特征变量与序列相关项以及均值回复项的交互项，进而捕捉两个系数所具有的城市差异性特征。在理论模型基础上，构建动态面板模型估计了美国 62 个大中城市房价的序列相关系数和均值回复系数，并分析了信息成本、供给成本以及预期等外生冲击对两个系数的影响。研究发现，序列相关系数和均值回复系数在不同城市具有显著的异质性。人均可支配收入较高、人口增长率较快及建造成本较高的城市其序列相关系数较大，而建造成本较低的城市其均值回复系数较大。同时发现，两个动态参数的年度平均值落在震荡收敛区域。但具体而言，有 67% 的样本点落在了震荡收敛区域，26% 的样本点落在无震荡收敛区域，而 7% 的样本点落在了发散区域。在此之后，借助 Capozza 和 Hendershott（2004）的研究框架，国外部分学者对亚太经济体、荷兰、芬兰等国家或地区住房价格的波动特征进行了初步探讨（Glindro，2011；Galati 等，2013；Oikarinen 和 Engblom，2015）。Glindro（2011）等对亚太地区 9 个经济体住房市场的研究发现，就平均层面而言，具有较低供给弹性及较大商业环境弹性的市场，其房价波动性越大；就国家层面而言，亚太地区各国家均没有明显的投机性房价泡沫。Galati 等（2013）利用荷兰 2000个家庭 2003—2011 年的跟踪调查数据研究了荷兰房价的波动特征。基于动态面板模型的研究表明，房价具有均值回复特征，然而与以往研究不同的是，荷兰房价呈现出负向的序列相关性，表明荷兰房地产市场并非完全有效市场。同时发现，荷兰房价波动具有显著的区域异质性，实际房价向均衡值的收敛速度及市场的有效性依赖于地理位置、城市化水平、房屋类型及建造时间、抵押贷款类型及收入预期等因素。Oikarinen 和 Engblom（2015）利用变系数模型的研究发现，芬兰 14 个城市房价的波动特征具有显著的异质性。根据实践经验，住房市场普遍存在着价格向下的刚性特征，而上述文献均没有考虑房价波动可能具有的非对称性特征。随着研究的逐步深入，少数文献对 Capozza 和 Hendershott（2004）的房价波动模型进行了拓展，将房价向上波动和向下波动融入模型，进而研究了房价序列相关系数和均值回复系数所具有的非对称性特征。如 Gao 等（2009）利用实际房价与均衡房价的偏离特征将房地产市场划分为周期波动市场与无周期市场，进而研究了美国大中城市房价序列相关性及均值回复的非对称性。研究表明，房地产市场具有周期波动性的城市其房价序列相关性更强，且房价向上波动时期的序列相关系数大于房价向下波动时期，表明房价具有向下刚性特征。Li（2015）基于加利福尼亚州 26 个大中城市 1979—2011 年季度数据的研究发现，房价向下波动时期，其序列相关系数较小而均值回复系数较大，表明加利福尼亚州城市房价也具有向下刚性特征。

此外，部分学者利用 ARCH 族模型研究了房价波动的集聚性、持续性等特性。如 Dolde 和 Tirtiroglu（1997）利用 GARCH – M 模型的研究表明，康涅狄格州的房价波动率具有时变特征，且相邻城镇具有信息扩散效应。Miles（2008）利用 GARCH 模型考察了美国 50 个州房地产市场的波动特征，发现半数以上州的房价存在 GARCH 效应，并且符号和大小均存在显著差异。

②国内相关文献：国内学者大多是借鉴国外学者的研究思路和模型，通过选取省际或城市样本来考察房价波动的动态特征。代表性文献包括：国内部分学者利用误差修正模型考察了中国省际或城市房价的短期波动特征。如梁云芳和高铁梅（2007）利用面板误差修正模型研究了东、中、西部地区房价波动的异质性特征，发现只有东部地区的房价具有显著的序列相关性，而西部地区房价的均值回复速度最快，中部地区次之，东部地区最慢。严金海等（2009）的研究表明，北京房价波动的序列相关性不显著，土地、可支配收入等外生冲击促成了实际房价与均衡房价的偏离。安勇和王拉娣（2015）以中国 35 个大中城市为研究对象，采用 2005 年 7 月至 2015 年 2 月的房屋销售价格数据，通过 Phillips 和 Sul 提出的 Logit 收敛检验

及聚类算法，考察房价收敛俱乐部的存在性及其分类结构，并利用排序 Logit 模型分析影响房价收敛俱乐部形成的因素。研究发现，无论是整体层面，还是东、中、西部 3 大地带，其城市房价均不存在收敛性；35 个大中城市中存在 4 个房价收敛俱乐部和 1 个发散组，且不同俱乐部的收敛速度存在显著差异；在诸多影响因素中，人均 GDP、房屋空置率是促使房价收敛俱乐部形成的主要驱动力。同时，国内部分学者还借助 Capozza 和 Hendershott（2004）的模型，考察了外生冲击对房价波动的序列相关性以及均值回复性所产生的差异化影响（洪涛等，2005；张凌等，2011；陈晨和傅勇，2011；卢建新和苗建军，2011；卢建新，2014；安辉等，2014；胡晓，2014）。如张凌等（2011）考察了中国沿海城市和内陆城市房价波动的动态特征，研究发现两类城市房价的序列相关及均值回复特征存在较大差异，且人口密度、收入、建造成本等外生冲击对这种差异性具有较强的解释力度。陈晨和傅勇（2011）利用省际面板数据考察了东、中、西部地区房价波动的差异性，发现东部地区房价呈现出高序列相关性及低均值回复性，且收入和土地购置费用增速较快是造成这种差异的主要动因。卢建新（2014）利用固定效应模型考察了 30 个省区市房价的短期波动特征，发现各地区房价波动的动态参数全部落在了收敛区域，且半数样本点处于无震荡收敛区域，但存在显著的地区差异性，且收入增长率和建造成本增长率、人口数量和市场化程度分别是促成均值回复速度及序列相关性具有地区差异性的主要因素。胡晓（2014）基于省际面板数据的研究发现，市场完善程度对房价的序列相关性具有正向影响，而对均值回复速度具有负向影响，同时土地供应制度对房价的均值回复速度产生了负向影响。

同时，国内只有少数文献利用 ARCH 族模型考察了房价波动的集聚特征。如徐柯等（2009）的研究表明，北京、上海、深圳 3 个城市房价具有显著的 ARCH 效应。刘洪玉和杨振鹏（2012）采用 GARCH 模型和 Markov 区制转换模型的研究发现，北京、广州、深圳 3 个城市的房价存在波动集聚特征，且 Markov 区制转换模型在样本内预测方面稍微占优。戴颖杰等（2013）运用 FIGARCH 模型研究了中国住房价格的波动特征，发现其具有长期记忆性以及波动集聚效应。

3. 文献评述

通过文献梳理和回顾可以看出，国外学者针对房价影响因素、房价波动的动态特征等方面进行了深入的研究，无论从理论模型构建还是经验研究方面都相对成熟和完善，给本书的写作提供了丰富的素材。虽然中国房地产市场起步较晚，但是随着房地产市场的逐步发展，国内学者对中国房地产市场，尤其是住房价格的相关课题也进行了大量而富有成效的研究，极大地丰富了中国房地产经济学的相关理论和实践，且对中国房地产市场存在的问题提供了许多可借鉴的解决思路，这对促进中国房地产市场的健康发展大有裨益。然而，国内现有研究仍存在可改进之处。总体来讲，现有研究大多是借鉴国外比较成熟的理论模型和实证方法来开展的，无论是理论基础上还是与中国房地产市场实际相结合上都有待进一步完善和提高。具体而言：

从房价影响因素方面来讲，国内学者侧重于分析经济基本面因素、预期和投机因素、货币政策、房（地）产税以及限购等政策因素对房价的影响，对其他制度性因素考虑较少。但是，中国现实情况表明，上述因素对房价波动成因的解释力度明显不足，亟须研究者对房价波动的动因进行深层次挖掘。因此，从政府制度、政府行为视角入手，考察其对房价的影响是非常有必要的。

从房价短期波动特征研究来讲，国内部分学者采用 ARCH 类模型考察了房地产价格波动的时变特征。然而，ARCH 类模型要求研究样本的时间跨度足够长，而中国房地产市场起步较晚，存在时序数据长度较短的弊端。另外，ARCH 类模型仅包含了时间维度的有限信息，从而忽视了房地产价格波动的空间分异性；利用面板数据模型考察房价短期波动的序列相关性及均值回复特征，能够对不同区域或不同城市房地产市场的有效性进行检验，在方法上具有一定优势。然而，国内文献缺少对此类问题的深入探究，尤其是较少考虑政府行为差异所造成的房价波动异质性问题。而且，国内现有研究大多是基于省级层面来展开的，从而忽视了同一省份内部各城市之间的异质性，所得结论的政策适用性不强。

1.2.3　财政分权对房价影响的研究综述

1. 财政分权对房价的影响

结合中国分权实践，国内少数学者初步考察了财政分权对房价的影响。李勇刚和李祥（2012）、邓慧慧等（2013）通过对我国 35 个大中城市的研究均发现，财政分权对城市房价具有正向溢出效应。宫汝凯（2012a）、杨君茹和邱晨（2012）利用省际面板数据的研究均发现，财政分权是推高房价的重要性制度因素。同时，少数文献考察了财政分权对房价影响的作用路径。如刘宗明（2012）认为土地财政推高房价只是问题的表象，其制度性根源在于财政分权。宫汝凯（2012b）在前述研究基础上，利用省际面板数据进一步考察了财政分权、土地财政与房价的关系，发现财政分权能够强化土地财政对房价的正向影响。安勇和王拉娣（2017）从理论上分析了财政分权对城市房价的作用机理，发现中国式财政分权冲击引发了地方政府对土地财政的依赖，并进而对城市房价产生了推动作用。

2. 文献评述

在中国式财政分权下，地方政府拥有较大的经济支配权力，在以 GDP 考核为主的晋升机制激励下，地方政府之间产生了激烈的横向竞争。而且，分税制改革所形成的财政分权体制冲击也带来了中央、地方两级政府之间的纵向竞争。这势必会影响地方政府的经济行为，进而对房价产生影响。目前，只有少数学者对财政分权与房价之间的关系进行了初步探讨，尚未形成较为系统的研究体系。主要体现在：

首先，现有研究以实证分析为主，因而缺乏理论基础。

其次，现有研究大多是基于省级层面来展开的，缺乏以大中城市为研究对象的深入剖析。

最后，作为一种财税体制，财政分权只有通过政府行为这一媒介才能发挥作用，而国内研究通常将这一过程视为一个黑匣子，没有对财政分权影响房价的传导机制进行深入分析。具体来讲，现有研究仅考察了土地财政这一中介变量的存在性。但是在财政分权冲击下，财政激励扭曲导致地方政府对经济性与非经济性公共品产生了差异化偏好，进而可能对房价产生影响。因此，财政分权对房价的影响路径可能是多维度的，这正是本书所要探究的主题之一。另外，在对财政分权—土地财政—房价这一传导路径的逻辑论证方面，缺乏对参与主体（家庭、房产商、政府）的市场行为进行全方位的探究。

1.2.4 房价波动影响经济发展的研究综述

房地产业是关联性很强的行业，在其周边分布着几十个相关产业，形成了一条庞大的 "房地产业生物链"。因此，房价波动对宏观经济的影响涉及多个层面，当前学术界从不同视角探讨了房价波动对经济增长的影响。结合研究目的，本书重点从房价波动对经济增长的直接作用，以及房价波动对产业结构、消费、创新创业等间接作用渠道进行文献述评。

1. 房价波动对经济增长的研究综述

当前许多文献探讨了房地产业与经济增长之间的关系，但研究结论莫衷一是，且主要形成了以下两种观点：

一种观点认为房地产业对经济增长具有促进作用。Case 等（2000）基于英国房地产数据的研究发现，房价波动是经济波动的加速器，其波动幅度对经济增长具有显著正向影响。Ren 和 Yuan（2014）基于 DSGE 模型的分析发现，美国住房投资对宏观经济具有促进作用。Guo（2011）认为房地产业是新的经济增长点，其健康发展对经济增长所起作用至关重要。Wigren 和 Wilhelmsson（2007）基于 VAR 模型的研究发现，住房建设对经济增长具有长期促进效应。李宏瑾（2005）认为房地产市场发展对我国经济增长具有拉动作用。许宪春（2015）从房地产投资、生产、消费三个维度剖析房地产业对经济增长的影响，发现房地产经济适度增长对经济增长具有促进作用。原鹏飞和冯蕾（2014）基于 DCGE 模型的研究发现，房价上涨所引发的房地产繁荣能够刺激经济增长。

另一种观点认为房地产业对经济增长的作用为负或不显著。陈斌开等（2018）研究发现，房价上涨会增加企业人力资本成本，且挤占了企业利润率，进而对经济增长具有抑制作用。刘超等（2018）基于边限检验法和 MRW 模型的研究发现，房地产过度投资对经济增长具有阻滞作用。张协奎和张练（2017）研究发现，房价上涨对经济增长的影响存在空间异质性，其对一线城市的经济增长产生了负向影响。

与此同时，部分学者考察了房价波动对经济发展质量或效率的影响。周建军等（2020）研究发现，房价上涨不仅对经济增速没有起到促进作用，还抑制了经济效率的提升。李国斌和王军（2018）考察了房价上涨的经济增长质量效应，发现房价上涨与经济增长质量之间存在倒 U 形关系，且房价已经接近拐点。李江涛等（2018）研究发现，房地产投资对工业全要素生产率的影响呈现倒 U 形变化趋势。余泳泽和李启航（2019）研究发现，房价上涨抑制了城市全要素生成率提升，其原因在于房价上涨的资源错配效应。郭文伟和李嘉琪（2019）基于 FP 指数法测度经济高质量水平，并进而考察了房价上涨对 13 个经济圈经济高质量发展的作用机理，发现房价上涨对其中 5 个经济圈的经济高质量发展具有显著的挤出效应。

2. 房价波动对产业结构升级影响的研究综述

目前关于房价波动对产业结构升级的影响效果，现有研究尚未形成统一观点。

一种观点认为房价上涨能够促进产业结构升级。席艳玲等（2013）研究发现，相对房价对第二产业就业的影响存在倒 U 形变化趋势，而对第三产业就业具有显著的正向影响。纪祥裕（2018）基于空间计量的分析发现，城市房价对产业结构升级具有显著的促进作用及正向溢出效应。潘红玉和刘亚茹（2019）研究发现，房价与金融发展对产业结构升级具有正向影响，但二者互动却抑制了产业结构升级提升。高波等（2012）、张平和张鹏鹏（2016）均认为高房价对低端人才具有挤出效应，而对高技术人才具有挤入效应，进而会促进产业结构升级。

另一种观点认为房价上涨对产业结构升级具有负向影响。Rabe 和 Taylor（2012）基于英国数据的研究发现，高房价对劳动力具有挤出效应，进而不利于产业结构升级。刘程和王仁曾（2019）考察了城市层面房价上涨对产业结构升级的影响，发现房价上涨抑制了产业结构升级，且其是通过资源错配效应与企业研发投入挤占效应引起的。郭文伟和李嘉琪（2019）也认为房价上涨抑制了产业结构升级，挤出创新和劳动力是重要的作用渠道。

也有部分学者认为房价波动对产业结构升级的影响存在非线性效应。谷卿德等（2015）、林永民和吕萍（2017）均认为房价上涨对产业结构升级的作用存在结构性变化。当房价低于特定阈值时，房价上涨对产业结构升级具有正向影响，而一旦房价跨越阈值，房价上涨就会抑制产业结构升级。

3. 房价波动对消费影响的研究综述

国内外部分学者依据消费理论从理论上分析了房价波动对消费的影响。Sheiner（1995）认为对租房者而言，房价上涨时其必须进行更多的储蓄，以备未来购买住房所用，这会抵消拥有住房者因房价上涨而增加的消费，从而会导致社会总需求保持稳定。刘建江（2005）基于生命周期—持久收入假说研究了房价波动对居民消费的作用机理，发现房价上涨除通过增加居民财富水平而促进消费外，还会增强有房者的消费信心，进而能够改变边际消费倾向而增加消费。Carroll 等（2006）基于生命周期—持久收入假说的研究证实了房地产财富效应的存在性。Piazzesi 等（2006）在考虑住房的消费属性与投资属性情况下，改进了消费资本资产定价模型。Baker（2015）指出，从信贷渠道来看，房价下降会减少居民的抵押贷款能力，进而会抑制消费。

实证研究方面，国外关于房地产财富效应的研究成果很多，但是关于房地产财富的作用方向及作用程度，学术界并没有达成共识，大致存在两种观点：第一种观点认为，房价上涨能够促进居民消费的增加，即房地产存在财富效应。Aron（2012）等发现对于有房家庭，房价上涨通过缓解家庭流动性约束而对居民消费产生了显著的促进作用。Case 等（2005）利用14 个国家及美国州际面板数据进行了研究，得到了相似的结论。第二种观点认为，房价波动对居民消费的影响不显著或为负，即房地产财富效应不存在。Steiner（1995）利用微观数据对美国房地产财富效应进行了研究，发现房价上涨时计划买房家庭为了提高储蓄额度而不得不减少即期消费，即房价上涨抑制了居民消费。Muellbauer（2008）指出如果信贷市场不健全，房价上涨将会对消费产生显著的抑制作用。Calomiris（2009）对美国各州面板数据的研究发现，在考虑了房价与收入的内生性问题后，房价波动对居民消费的影响变得不再显著。

随着房地产业的发展，国内学者基于宏观总量数据或微观数据，对中国房地产财富效应的研究逐步深入，但结论也存在不一致性。周华东和高玲玲（2018）、梁艳艳等（2018）的研究发现，房价上涨对城镇居民消费具有促进作用。齐红倩等（2013）利用误差修正模型分析了房地产财富效应的非对称性，发现房地产具有显著的财富效应，且与房价下跌相比，房价上涨对消费的影响更大。谢洁玉等（2012）利用中国城镇住户调查数据的研究发现，房价上涨对消费产生了显著的挤出效应。刘英群和邵广哲（2017）利用34个大中城市的实证研究也得出了相似结论。周晓蓉等（2014）通过对省际面板数据的分析发现，长期中房价波动对居民消费具有抑制作用。而李剑和臧旭恒（2015）认为房价波动对居民消费影响受家庭收入的影响。此外，国内部分学者通过对区域市场的研究发现，中国房地产财富效应存在显著的区域差异性，如余华义等（2017）。

4. 房价波动对企业家创业精神影响的研究综述

现有文献从不同视角论述了住房价值或房价对企业家创业精神的影响，但研究结论莫衷一是。部分学者基于流动性约束理论认为住房价值或房价对企业家创业精神具有正向影响。Fairlie和Krashinsky（2012）发现住房升值提升了自主创业倾向，从而肯定了流动性约束假说。Corradin和Popov（2013）构建了一个含有流动性约束的职业选择模型，通过数值模拟及基于美国调查数据的实证分析发现，住房升值提升了潜在创业者的创业倾向，而且还增加了新企业家利用住房抵押贷款对新建企业进行融资的数量。李江一和李涵（2016）利用中国微观家庭数据的研究发现，拥有完全产权住房的家庭在信贷获取上具有明显优势，进而提升了家庭创业的可能性，且在房价上涨越快的区域作用力度越大。普冀喆和郑风田（2016）则发现房价上涨仅对自雇型创业倾向具有促进作用，而对老板型创业的正向影响不明显。

还有部分学者认为住房资产对企业家创业精神具有挤出效应。Silva（2011）基于英国家户调查数据的研究发现，由于存在流动性约束和投资组合扭曲效应，拥有住房产权会显著降低房主成为企业家的可能性。Li 和 Wu（2014）认为在中国国情下，房价上涨会提升房地产业的利润率水平，从而会驱使更多资金流入房地产领域进行套利，同时房价上涨还会使家庭为买婚房而进行更多的储蓄，上述两种行为均会挤占创业资金，进而抑制了家庭创业倾向。吴晓瑜等（2014）利用中国住房产权、职业选择微观数据与城市房价匹配数据研究了高房价对创业的影响，发现高房价和住房产权均降低了创业概率。邓伟和纪明明（2017）则认为地区房价泡沫所引发的房地产业依赖症是阻碍企业家创业精神提升的重要因素。

5. 房价波动对创新影响的研究综述

关于资产价格波动影响实体经济的研究，其理论起源于 Fisher（1933），他发现资产的抵押品特性在经济波动与危机传染（企业债务融资）中扮演了重要角色。其后，许多学者（Bernanke 和 Certler，1989；Kiyotaki 和 Moore，1997；Iacoviello，2005）证实抵押品升值能够促进实体经济的发展。另外，部分学者对此观点提出了质疑。基于内生增长分析框架，Saint - Paul（1992）指出投机性泡沫对原本投向生产性部门的储蓄产生了挤占效应，进而抑制了经济增长。Oliver（2000）通过理论推导指出，只有当泡沫产生于非生产性资产时，上述结论才能成立。进一步地，Miao 和 Wang（2014）通过构建两个部门内生增长模型，从理论上首次证实泡沫具有抵押品效应资源重配效应，资产泡沫对投资或创新活动的影响取决于两者力量的对比。上述研究构成了资产泡沫影响创新的理论基础。延伸至房地产领域，国外部分学者通过实证检验分析了房价上涨对投资或创新的抵押品效应，但研究结论存在分歧。首先，部分学者基于微观数据的研究证实了房价泡沫抵押品效应的存在性。Gan（2007）基于日本房地产泡沫破灭历史背景，分析了房地产价值对企业投资的影响，发现房地产价值的急剧贬值抑制了企业的投资规模。Chaney 和 Thesmar（2012）研究发现美国房地产价值提升能够促进企业投资。其次，部分学者对上述结论提出了质疑。Wu 等（2015）对中国 35 个大中城市进行了研究，发现房地产泡沫不存在抵押品效应。关于房价泡沫资产重配效应的检验，现有文献一致认为房价泡沫存在资产重配效应，进而抑制了企业创新。从宏观层面来看，Miao 和 Wang（2014）对中国 64 个主要城市进行了研究，发现房价变动与非房地产私营企业的研发支出强度呈负相关关系。

从国内研究来看，学者们从区域层面和微观企业层面对房价上涨与创新之间的内在关系进行了初步探索，大都得出了房价上涨对创新投入或创新产出具有挤出效应的结论。如张杰等（2016）基于中国省际数据的研究发现，房地产投资增长造成了商业银行信贷结构的扭曲，进而对区域创新投入和创新产出均产生了负向影响。陈斌开等（2015）认为房价快速上涨所导致的资本错配效应是影响全要素生产率（TFP）的重要因素。王文春和荣昭（2014）、余文静等（2015）基于中国工业企业数据库的研究发现，房价上涨对企业创新倾向和创新投入均具有显著的抑制作用。罗时空和周亚虹（2013）基于中国上市企业数据的研究发现，只有当企业面临严重的融资约束时，房价上涨才能促进企业投资。

6. 文献评述

通过文献梳理发现，国内外学者从消费、产业结构升级、创新创业等多个维度剖析了房价波动对经济增长的影响及作用渠道，为本书写作提供了较为丰富的素材，但仍存在以下可改进之处：

一是在探讨房价波动对经济增长的影响时，现有文献大多从"量"的角度入手，进而考察房价波动对经济增长总量或增速的影响，从"质"的角度出发剖析房价波动对经济增长质量影响的文献较少。党的十九大提出，中国经济已由高速增长阶段转向高质量发展阶段，正处在转变发展方式、优化经济结构、转换增长动力的攻关期，建设现代化经济体系是跨越关口的迫切要求和中国发展的战略目标。从党的十九大论述可以看出，经济高质量发展不仅应注重经济增长"量"的增加，更应看重经济增长"质"的飞跃。因此，从"质"的角度切入，通过构建经济高质量发展综合评价指数，进而探索房价波动对经济高质量发展的影响及其机理更符合中国现实情况。

二是消费升级和产业结构升级是促进经济高质量发展的重要动因。然而，创新创业水平提升是推动消费升级和产业结构升级的内在动力。因此，深入探讨房价波动对创新创业的影响有助于探明制约中国经济高质量发展的瓶颈问题。当前，部分学者剖析了房价波动对创新创业的影响，但遗憾的是，现有研究缺乏对房价波动影响创新创业机理的深入剖析，且在创新研究方面，大都考虑的是房价波动对创新投入或创新产出的影响，较少有文献考察房价波动对创新效率的作用机理，而提升创新产出比是推进经济高质量发展的重要动力，因此从创新效率角度进行剖析是非常有必要的。

1.3 研究目标与研究内容

1.3.1 研究目标

中国房地产市场起步较晚，国内学术界对房地产市场相关问题的研究并不是十分成熟。对房价而言，目前研究侧重于分析经济基本面、预期与投机等因素与房价及其波动之间的关系，从政策层面考究其对房价及其波动影响的研究较少，尤其是基于财政分权视角的研究更是屈指可数。然而，中国财政分权实践表明其对地方政府行为具有显著影响，进而可能会对房价及其波动产生影响。与此同时，党的十九大提出，中国经济已由高速增长阶段转向高质量发展阶段。与传统粗放型经济发展模式不同，经济高质量发展兼顾公平与效率、政府与市场、供给与需求，体现了"创新、协调、开放、绿色、共享"的发展理念。而房价波动会带来个体禀赋与偏好、投资行为以及企业经营行为的异化，进而会影响到经济高质量发展的内在动力——创新创业，并最终会传导至经济高质量发展。但现有研究侧重于从"量"的角度出发，进而考察房价波动对经济增长总量或增速的影响效应及其机理，较少有文献从"质"的角度切入，进而探索房价波动对经济高质量发展的作用机理。有鉴于此，本书以财政分权理论、房价形成机理、经济发展理论以及区域创新理论等理论为基础，遵循房价波动"前因—后果"这一递进逻辑展开研究。首先，系统考察中国式财政分权对房价及其波动的作用机理，以期揭示房价波动的深层次原因，为制定合理有效的房价调控政策提供理论与现实依据。其次，深入剖析房价波动对经济高质量发展的影响效应及其创新创业作用渠道，以期全面厘清房价波动影响经济高质量发展的机理，为制定精准化经济高质量发展政策提供依据。围绕上述主题，本书的研究目标为：

理论方面，基于多学科交叉研究，厘清财政分权影响房价及其波动的作用机理，并探明房价波动对经济高质量发展的影响渠道。回答以下问题：财政分权对房价的影响具有何种内在逻辑？是否存在财政分权—地方政府行为—房价的传导渠道，中介变量如何识别，各条传导路径的作用机理是什么，其作用方向如何？如何将财政分权与其他外生冲击融入房价波动模型，进而构建空间差异拓展模型以及房价投机泡沫测度模型？房价波动对经济高质量发展的影响渠道如何？创新创业是影响经济高质量发展的内在动力，那么，房价波动对创新创业的影响具有何种内在逻辑？上述理论探究可以为后续实证研究奠定理论基础。

实证方面，在理论分析基础上，以 69 个大中城市及 31 个省份为研究对象，并借助线性与非线性计量经济学模型对相关问题进行实证检验。回答以下问题：财政分权对城市房价影响的总效应如何，其影响是否存在空间差异？财政分权对城市房价的影响具有何种间接作用渠道，各条传导路径的作用方向及力度如何，是否与理论分析相一致？如何修正并完善相关理论逻辑？财政分权与其他外生冲击对城市房价波动的影响是否具有空间差异性，其作用机理是什么？动态参数处于收敛区域还是发散区域，中国城市房价呈现何种波动特征？中国城市房价是否具有高估现象与投机泡沫现象，其呈现出何种时间演化特征？房价波动对区域经济高质量发展的实际影响效果如何？从传导渠道来看，房价波动对企业家创业精神以及区域创新效率的影响具有哪些路径，作用效果如何？

1.3.2　研究内容

基于研究目标，本书主要研究内容如下：

1. 对财政分权理论、房价形成机理、经济发展理论以及区域创新理论等理论进行文献梳理，厘清现有研究的发展脉络、前景及不足之处，从中提取出本书所要研究的主题，并通过总结、归纳相关理论知识，为后续研究提供理论基础。

2. 按照理论与实践相结合的原则，考察中国式财政分权对房价的作用机理。首先，在所提理论假说的基础上，考察财政分权对城市房价影响的总效应。其次，基于财政分权、土地财政、公共品供给等相关理论，通过识别中介变量的存在性，探索财政分权—地方政府行为—房价传导路径的形成机理，从而考察财政分权影响城市房价的间接作用机制及作用效果。

3. 基于房价波动理论，探究中国城市房价波动的总体特征，并通过引入财政分权以及居民可支配收入、利率等宏观经济因素，考察城市房价波动具有空间差异性的内在动因。在此基础上，从房价波动部分中剥离出投机泡沫成分，进而探究城市房价投机泡沫的存在性及其程度。

4. 基于经济发展理论以及中国经济高质量发展现实状况，构建经济高质量发展综合评价指数，并探索房价波动对经济高质量发展的影响效果。进一步地，从创新创业两个维度出发，系统剖析房价波动对企业家创业精神以及区域创新效率的作用机理，以期全面厘清房价波动影响经济高质量发展的传导渠道。

1.4　技术路线与研究方法

1.4.1　技术路线

依据本书的研究对象与研究内容，拟采取如下技术路线（见图 1-3）。

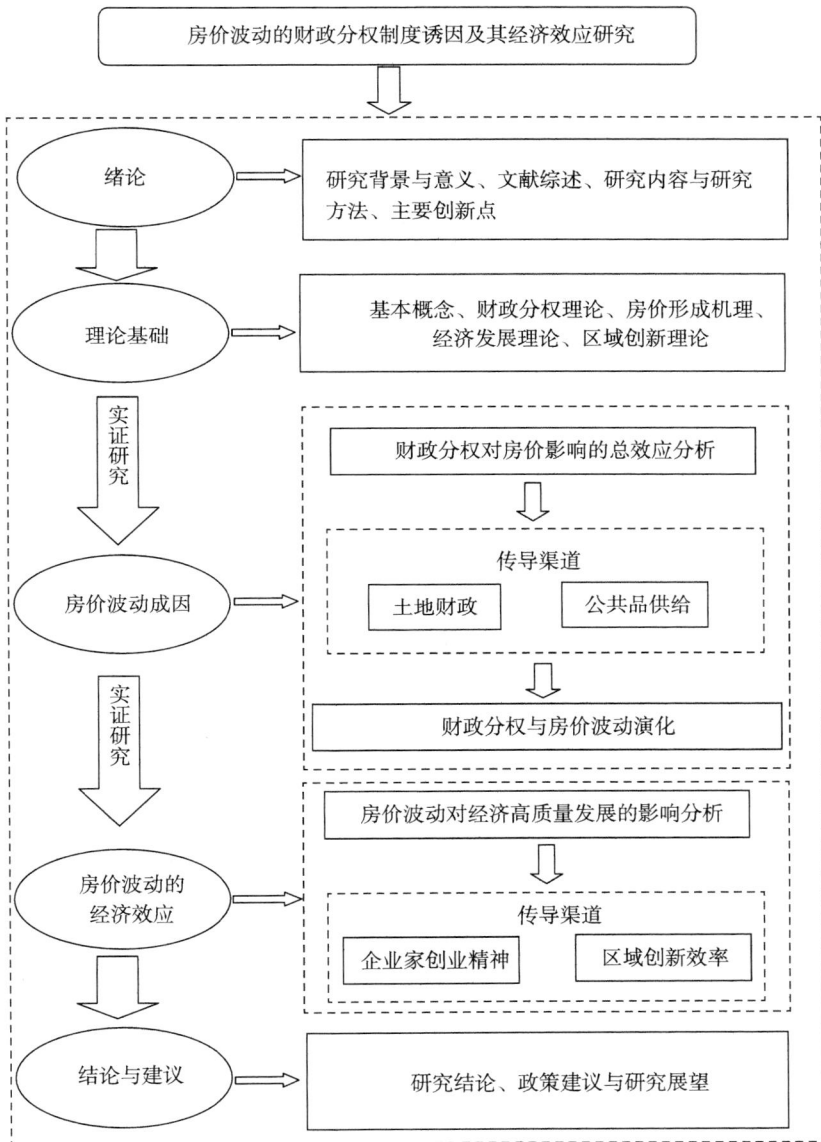

图 1 - 3 研究技术路线

本书由四大部分共计 10 章组成，具体内容如下：

第一部分包括第 1 章和第 2 章。主要介绍本书的写作思路及相关理论基础。

第 1 章为绪论。该章首先阐述了本书的研究背景与意义。其次，对财政分权理论、房价形成机理、房价波动的经济效应等理论进行了文献述评，厘清了其发展脉络及有待改进之处，并找出了本书的切入点。最后，对本书的研究目标与内容、研究方法与创新点进行了归纳、总结。

第 2 章为基本概念与相关理论分析。首先，对财政分权、房价波动、经济高质量发展的相关概念进行了界定。其次，对第一代、第二代财政分权理论、房价形成机理、经济发展理论以及区域创新理论等理论进行了归纳、总结，为后续研究奠定了理论基础。

第二部分包括第 3 章至第 6 章，考察财政分权影响房价波动的传导机理。

第 3 章为财政分权对房价影响的总效应分析。首先，对中国财政分权体制的演化进程进行了梳理，并提出了财政分权影响房价的理论假说。其次，以国家统计局监控的 69 个大中城市①为研究对象，运用空间面板滞后模型考察了财政分权对城市房价的影响，并进一步运用面板分位数模型考察了财政分权影响城市房价的异质性。最后，结合实证分析结果，总结了本章的主要研究结论。

第 4 章、第 5 章主要考察财政分权影响城市房价的传导机理，重点考察财政分权—地方政府行为—房价传导路径的存在性、作用机理以及作用效果。

第 4 章为财政分权对城市房价影响的传导渠道分析：土地财政为中介变量。本章重点探索财政分权影响房价的作用机理之一，即财政分权—土地财政—房价。首先，结合财政分权、土地财政以及房价形成机理等相关理论，将三者纳入同一理论框架进行分析，并据此提出了理论假说，认为存在财政分权—土地财政—房价的传导路径。其次，以国家统计局重点监控的 69 个大中城市为研究对象，综合运用中介效应检验法以及面板门槛模型进行了实证检验。最后，结合实证分析结果，总结了本章的主要研究结论。

第 5 章为财政分权对城市房价影响的传导渠道分析：公共品供给为中介

---

① 1. 北京；2. 天津；3. 石家庄；4. 太原；5. 呼和浩特；6. 沈阳；7. 大连；8. 长沙；9. 哈尔滨；10. 上海；11. 南京；12. 杭州；13. 宁波；14. 合肥；15. 福州；16. 厦门；17. 南昌；18. 济南；19. 青岛；20. 郑州；21. 武汉；22. 长沙；23. 广州；24. 深圳；25. 南宁；26. 海口；27. 重庆；28. 成都；29. 贵阳；30. 昆明；31. 西安；32. 兰州；33. 西宁；34. 银川；35. 乌鲁木齐；36. 唐山；37. 秦皇岛；38. 包头；39. 丹东；40. 锦州；41. 吉林；42. 牡丹江；43. 无锡；44. 徐州；45. 扬州；46. 温州；47. 金华；48. 蚌埠；49. 安庆；50. 泉州；51. 九江；52. 赣州；53. 烟台；54. 济宁；55. 洛阳；56. 平顶山；57. 宜昌；58. 襄阳；59. 岳阳；60. 常德；61. 韶关；62. 湛江；63. 惠州；64. 桂林；65. 北海；66. 三亚；67. 泸州；68. 南充；69. 遵义。

变量。本章重点探索财政分权影响房价的作用机理之二，即财政分权—公共品供给—房价。首先，结合财政分权、公共品供给以及房价形成机理等相关理论，将三者纳入同一理论框架进行分析，并据此提出了理论假说，认为存在财政分权—公共品供给—房价的传导路径。其次，以国家统计局重点监控的 69 个大中城市为研究对象，选取与房价相关度较大的交通基础设施建设、公共教育以及医疗卫生供给三种公共品，综合运用中介效应检验法以及面板门槛模型进行了实证检验。最后，结合实证分析结果，总结了本章的主要研究结论。

第 6 章为财政分权冲击下城市房价波动演化特征分析。首先，构建房价波动模型，从理论上探讨房价的波动特征，并通过引入财政分权变化率以及宏观经济因素增长率等因素对基准模型进行了拓展，构建了能识别城市异质性的房价波动模型。其次，以国家统计局重点监控的 69 个大中城市为研究对象，对城市房价波动特征进行了实证分析。再次，在前述研究基础上，通过对房价波动进行分解，从中剥离出房价投机泡沫成分，进而考察了各城市房价泡沫的存在性及其程度。最后，结合实证分析结果，总结了本章的主要研究结论。

第三部分包括第 7 章至第 9 章，考察房价波动的经济效应。在新时代背景下，以经济高质量发展为切入点，进而探索房价波动对经济高质量发展的影响效果，并重点剖析房价波动影响经济高质量发展的创新创业作用渠道。

第 7 章为房价波动对经济高质量发展的影响分析。首先，构建房价波动对经济高质量发展影响的理论逻辑分析框架。其次，结合经济高质量发展内涵，立足"创新、协调、绿色、开放、共享"五大发展理念，构建区域经济高质量发展综合评价指标体系，并进而利用熵值法测度经济高质量发展综合评价指数。再次，基于中国省际面板数据，并借助空间面板滞后模型实证考察房价波动对区域经济高质量发展的实际影响及作用效果的空间异质性。最后，结合实证分析结果，总结了本章的主要研究结论。

第 8 章和第 9 章主要从创新创业角度出发，尝试厘清房价波动影响经济高质量发展的传导渠道。

第 8 章为房价波动影响经济高质量发展的企业家创业精神渠道分析。首先，对房价波动对企业家创业精神的作用机理进行了系统剖析。其次，借助空间面板滞后模型以及中介效应模型实证考察房价波动对企业家创业精神的实际影响、异质性作用效果以及房价波动的传导路径。最后，结合实证分析结果，总结了本章的主要研究结论。

第9章为房价波动影响经济高质量发展的创新效率渠道分析。首先，对中国区域创新能力现状及问题进行了梳理、解剖。其次，对房价波动对创新效率的作用机理进行了剖析。再次，借助随机前沿模型对区域创新效率进行了测度。复次，构建面板 Tobit 模型实证考察了房价波动对区域创新效率的影响效应及政府行为的间接作用效果。最后，结合实证分析结果，总结了本章的主要研究结论。

第四部分是第10章，主要介绍本书的研究结论、政策建议与研究展望。首先，在前述研究基础上，对本书的主要结论、观点进行了概况、总结。其次，依据上述研究结论，提出若干促进房地产市场健康发展与经济高质量发展的对策建议。最后，对本书进一步的研究方向进行了简要阐述。

1.4.2　研究方法

1. 理论分析与实证分析法：全书秉承先理论再实证的写作思路，注重二者的有机结合。首先，在对财政分权理论、房价形成机理、经济发展理论以及区域创新理论等理论的发展脉络进行归纳、总结的基础上，引出了本书的写作主题。其次，通过梳理、拓展财政分权理论、房价形成机理、土地财政以及公共品供给理论，对上述变量之间的内在逻辑进行了理论分析，厘清了财政分权制度对房价波动的作用机理。进一步地，结合经济发展理论与中国高质量发展现实，从创新创业两个维度剖析了房价波动对经济高质量发展的作用机理。上述理论研究为后续实证分析提供了理论基础。再次，在前述理论分析的基础上，借助城市和省际面板数据，通过构建合理的线性与非线性计量模型，如空间面板模型、面板 Tobit 模型、随机前沿模型、面板门槛模型与分位数模型等，对财政分权对房价波动的影响效果及其传导渠道、房价波动对经济高质量发展的影响效果以及创新创业传导渠道进行了实证分析，以期验证理论分析的有效性，为完善相关理论提供现实依据。最后，结合理论与实证研究结论，提出若干促进中国房地产市场健康发展与经济高质量发展的对策建议。

2. 跨学科、数量化研究法：本书遵循房价波动"前因—后果"这一递进逻辑框架展开研究，在剖析财政分权诱发城市房价及其波动成因基础上，深入探索房价波动对经济高质量发展的影响以及创新创业传导渠道，上述研究内容涉及财政学、房地产经济学、土地经济学、公共经济学、发展经济学以及数量经济学等多个经济学科。通过将上述相关内容纳入同一理论框架，进而对相关问题进行定性、定量分析，可以使研究问题更加系统、全面，同时也拓宽了财政分权、房地产、经济发展等领域的研究视野。

1.5 主要创新点

本书的创新点主要体现在以下四个方面：

1. 从财政体制角度解释中国房价波动成因，拓宽了房价形成机理的研究视角。中国现实情况表明，经济基本面、预期与投机等因素对房价波动的解释力度明显不足。鉴于此，本书结合中国财政体制改革实践，深入剖析了财政分权冲击对房价（波动）的作用机理，从而为探寻房价波动深层次成因提供了新的思路，拓展了房价形成机理相关研究的脉络体系。同时，以 69 个大中城市为研究对象丰富了城市样本类型，弥补了现有研究主要从省级层面或 35 个大中城市来展开的局限性。

2. 系统剖析了财政分权影响房价的作用机理，突破了现有研究的片面性。现有研究通常将传导过程视为黑匣子，没有对财政分权影响房价的传导机理进行深入探究。本书在相关理论分析基础上，厘清了财政分权影响房价的作用机理，并凝练出财政分权影响房价的两条传导路径：通过催生地方政府对土地财政的依赖以及引发其对公共品供给结构的扭曲，进而影响到房价。在此基础上，通过构建多种计量模型进行了实证检验：构建财政分权影响房价的空间面板滞后模型和面板分位数模型，探究了财政分权对城市房价影响的总效应以及作用效果的空间异质性；运用中介效应检验法和面板门槛模型考察了财政分权影响城市房价的传导机理及结构性变化：首先对联结财政分权与城市房价的中介变量进行了识别，然后探寻了财政分权通过影响中介变量（土地财政、公共品供给）进而影响城市房价的阈值特征及其作用效果，并依据实证结果对理论框架进行了修正和完善。

3. 通过引入财政分权与其他宏观经济变量等外生冲击，构建了房价波动空间差异模型以及房价投机泡沫测度模型，并采用动态面板模型对城市房价的波动特征以及价格泡沫的运行轨迹进行了深入透析，为相关部门制定差异化的房价调控政策提供了现实依据。

4. 在中国经济开启高质量发展新时代的背景下，以经济高质量发展为切入点，深入探究了房价波动的经济效应，厘清了房价波动对经济高质量发展的作用机理，弥补了现有研究的不足。首先，现有研究侧重于从"量"的角度入手，进而考察房价波动对经济增长总量或增速的影响，较少有文献从"质"的角度剖析房价波动对经济发展质量的影响，尤其缺乏对房价波动与经济高质量发展内在机理的深入探究。其次，现有研究侧重于从消费与产业结构等角度剖析房价波动影响经济增长的间接作用渠道，而从经济高质量发展角度考虑，创新创业是推进消费升级与产业结构升级的内在动力。因此，从创新创业维度剖析房价波动影响经济高质量发展的作用渠道至关重要，而现有研究缺乏对房价波动影响企业家创业精神以及区域创新效率机理的深入探究。鉴于此，本书通过构建房价波动影响经济高质量发展的理论逻辑分析框架，并在构建经济高质量发展综合评价指数基础上，实证考察了房价波动对经济高质量发展的总体影响及作用效果的空间异质性。进一步地，从多个维度剖析了房价波动对企业家创业精神以及区域创新效率的影响机理。上述研究有助于拓展房价波动与经济发展之间关系的研究视野，同时也有助于厘清制约经济高质量发展的瓶颈问题，进而能够为制定精准化经济高质量发展政策提供理论与现实依据。

第 2 章　基本概念与相关理论分析

本章首先对房价、财政分权、土地财政、公共品、经济高质量发展等相关概念及内涵进行界定。其次，对财政分权理论、房价形成机理、经济发展理论以及区域创新理论等理论进行梳理。其中，财政分权理论方面，重点分析第一代理论（传统理论）以及第二代理论的观点、特征及其缺陷之处；房价形成机理方面，重点分析房价的特征以及房价决定模型（包括住房供求均衡模型、四象限模型以及存量—流量模型）。经济发展理论方面，重点介绍经济增长理论的发展脉络（包括古典经济增长理论、哈罗德—多马经济增长模型、新古典增长模型以及内生增长理论）。区域创新理论方面，主要介绍区域创新系统理论、熊彼特创新理论以及创新失灵理论等。上述理论分析为后续研究打下了较为坚实的理论基础。

2.1　基本概念

2.1.1　商品房价格

商品房在中国始于 20 世纪 80 年代，其是指在市场经济条件下，经政府相关部门批准，由房地产开发公司开发而用于销售的房屋，商品房价格由市场供需决定，并按市场价格出售。商品房包括商业用房、居民住房及其他建筑物，可以办理产权证与国土证。本书研究中商品房价格是指商品房平均销售价格，且文中商品房价格、商品住房价格、房价具有相同内涵。

2.1.2　房价波动

房价波动是指房价运行过程中所体现出来的震荡特征，即在各种宏观、微观因素影响下，商品房实际价格围绕长期均衡价格所呈现出的上下起伏波动运行特征，包括自相关过程与均值回复过程。

2.1.3　财政分权

财政分权是指中央（上级）政府将一定程度的税收权以及支出责任范

围下放给地方（下一级）政府，并赋予地方（下一级）政府在预算执行、债务安排以及税收管理等方面一定的自主权，其体现的是上级与下级政府之间的一种财政收支分配制度。财政分权是多维度的，其涉及政府职能配置、制度安排、财政平衡以及收入划分等方面。财政分权理论主要针对各级政府存在的合理性、公共品的供给效率以及地方政府的激励约束机制等视角开展研究的。

2.1.4 中国式财政分权

鉴于不同经济体在政治制度、经济发展水平等方面存在较大差异，导致其财政分权改革的实践也是千差万别。中国财政分权体制变革大致经历了高度集中体制（1950—1979年）、财政包干体制（1980—1993年）以及分税制改革（1994年至今）三个阶段。其中，分税制改革是最为重要的财政分权体制变革。中国式财政分权由傅勇和张晏（2007）明确提出，其与西方财政分权具有显著差别，主要特征包括政治集权与经济分权并存的政治治理模式（Blanchard和Shleifer，2001），不存在"用手投票"机制，体现的是一种"自上而下"的改革，"用脚投票"机制不健全，居民无法对地方政府行为进行有效监督。财政分权加剧了地方政府之间的横向竞争，导致地方政府支出结构发生扭曲（傅勇和张晏，2007）。同时，分税制改革后，财权上移、事权下放加剧了中央、地方政府之间的纵向竞争，从而也造成了地方政府行为取向的扭曲。面对财政收支不平衡压力，地方政府普遍加大了对预算外收入甚至是体制外收入的攫取力度。

2.1.5 土地财政

土地财政是指地方政府依靠征收、储备、出售土地、土地滚动开发（地方政府将卖地收入投入基础设施建设、工业园区以及房地产开发，借此抬升区域地价以攫取更多的卖地收入）来获得财政收入以及其他城市经营所得，从而维持地方政府收支平衡以及地方经济快速、健康发展。在中国，土地财政属于预算外收入，中央对该资金使用用途的监管力度较弱，地方政府享有对该资金很大的支配权。分税制改革后，地方政府财政收支不平衡致使其加大了对土地财政的依赖程度，因此，土地财政也被称为地方政府的"第二财政"。

2.1.6 公共品

Samuelson将公共品定义为某个人对该物品的使用不会影响其他人对该

物品的使用量。厉以宁将公共品定义为由政府供给以满足社会公共需求的商品及服务。与私人物品相比，公共品的特征包括：效用的不可分性、消费的非竞争性以及收益人群的非排他性。傅勇（2010）进一步将地方政府对公共品的供给结构分为经济性公共品（交通运输、通信、机场、桥梁等基础设施）以及非经济性公共品（教育、医疗卫生、社会保障等），并指出中国式财政分权造成了地方政府对公共品供给结构的扭曲。

2.1.7　经济高质量发展

党的十九大提出，中国经济已由高速增长阶段转向高质量发展阶段，正处在转变发展方式、优化经济结构、转换增长动力的攻关期，建设现代化经济体系是跨越关口的迫切要求和中国发展的战略目标。经济高质量发展是在党在新时代对经济发展所提出的新要求，具有典型的中国特色。由党的十九大论述可以看出，经济高质量发展不仅应注重经济增长"量"的增加，更应看重经济增长"质"的飞跃。从微观层面来看，经济高质量发展要求微观企业转变传统的粗放式生产模式，通过技术创新、管理创新促进资源配置效率提升，提高投入产出比，根据市场需求不断推出新产品及提升产品品质，进而获得更大收益。从宏观层面来看，经济高质量发展兼顾公平与效率、政府与市场、供给与需求，体现了"创新、协调、开放、绿色、共享"的发展理念，强调经济、政治、社会、文化、生态等的协同发展，经济高质量发展的最终目标是解决人民日益增长的美好生活需要和不平衡不充分发展之间的矛盾。

2.2　相关理论分析

2.2.1　财政分权理论

1. 第一代财政分权理论

第一代财政分权理论（即传统财政分权理论）以新古典经济学理论作为分析框架，主要研究各级政府存在的合理性、必要性以及地方政府公共品的供给效率等问题，其代表性学者包括 Tiebout、Musgrave 以及 Oates 等。

传统经济理论认为，由于公共品具有非排他性、非竞争性特征，如果完全由市场来供给公共品，将有可能出现市场"失灵"现象，即公共品供给最优的市场解是不存在的（Samuelson，1954）。Tiebout（1956）认为，

Samuelson 的分析适用于中央支出，而如果居民能够自由迁徙，则由地方政府供给公共品就可以很好地解决公共品供给的显示偏好问题、社会选择问题以及公共品管理问题，进而提出了"用脚投票"理论，从而开创了财政分权理论研究的先河。Tiebout 认为，由于居民具有选举辖区官员的权利（即"用手投票"机制），因而可以对辖区政府的行为形成制约。在居民可自由流动的条件下，居民会通过迁徙来选择最佳的居住地，以期实现"税收＋公共服务"的最优组合。由此，在民主选举制度以及财税收入双重压力下，竞争性地方政府被迫通过提供居民合意的公共品来吸引更多的居民来定居，从而改善了公共品供给的效率，实现了公共品供给的帕累托最优状态。然而，Tiebout 模型是建立在若干假设之上的，主要包括：居民可以自由流动；居民对各辖区的税收政策、公共服务具有完全信息；社区数量充足；不存在迁徙成本，居民没有就业机会限制，且收入不受影响；公共服务不存在外部性；每个社区的公共品均是按照居民的偏好来供给的；每个社区都具有最优规模。由于 Tiebout 模型的严格假设与现实存在一定程度的偏差，从而引发了部分学者的质疑（Buchanan 和 Goetz，1972；Stiglitz，1977）。同时，也有部分学者对其理论进行了完善（Oates，1972）。

Musgrave（1959）阐述了各级政府存在的必要性，并明确了中央、地方政府的职能的划分原则。他认为，中央政府的主要职责是保持宏观经济稳定、各辖区之间的公平分配问题，而地方政府应依据辖区居民的偏好，合理配置资源以实现整体福利水平的最大化。而且，从公共品供给效率方面考虑，财政分权是非常有必要的。Musgrave 和 Grieson（1982）基于公平与效率原则，进一步提出了央、地政府之间税收的划分原则，并将税收收入划分为四类，即中央政府税收、州（或省）政府税收、地方政府税收以及各级政府税收，从而为各经济体的分税改革提供了思路。

Oates（1972）运用福利经济学方法，提出了一个分权定理，据此论证了地方政府存在的合理性：假设整个社会由 A 和 B 两个人口子集构成，且同一子集内部居民的偏好相同，而不同子集居民的偏好具有差异性；全体社会成员只消费私人物品 X 以及公共品 Y，且公共品 Y 完全可以由中央或地方政府二者之一供给；收入分配已经处于最优状态。在上述若干假定之下，社会福利最大化可用如下规划问题表示：

$$\max\ U_A(X_A, Y_A) \tag{2.1}$$

$$s.t.\ \ U_B(X_B, Y_B) = U_0 \tag{2.2}$$

$$F(X_A + Y_A, X_B + Y_B) = 0 \tag{2.3}$$

其中，人口子集 A 的目标函数为合理消费 X_A, Y_A，以期实现自身效用的最大化；其面临两个约束条件：人口子集 A 在优化自身效用时，不会损害 B 的利益；私人物品 X 以及公共品 Y 的总量是有限的。

上述最优化问题的一阶条件为

$$MRS_{X_A, Y_A}^A = MRS_{X_B, Y_B}^B = MRT_{X, Y} \tag{2.4}$$

即人口子集 A 和 B 对私人物品 X 以及公共品 Y 的边际替代率相等，且都等于生产私人物品 X 以及公共品 Y 的边际转换率。

此时，如果公共品 Y 由中央政府供给，出于政治稳定性考虑，中央只能提供均等化的公共品，即 $Y_A = Y_B$。但是，由于人口子集 A 和 B 居民的偏好有所差别，因此当公共品供给处于最优状态时，必有 $Y_A \neq Y_B$。由此，与中央相比，由地方政府供给公共品的效率更高。

Oates 分权定理表明，与中央政府相比，地方政府对辖区居民具有明显的信息优势，其更了解居民的需求偏好。因此，如果由中央政府对不同辖区提供相同数量的公共品，将无法实现公共品供给的帕累托最优状态，而由地方政府提供差别化的公共品更具有比较优势。然而，Oates 的分权理论是建立在中央政府对不同辖区提供均等化的公共品假定之下，其没有彻底解决最优政策下地方政府存在合理性的问题。

2. 第二代财政分权理论

Brennan 和 Buchanan（1980）从公共选择理论视角对传统的分权理论进行了批评，并提出了"利维坦假说"。该假说认为现实世界中，地方政府并非是传统财政分权理论所认为的仁慈型政府，作为理性经济人，地方官员也有其自身的利益。因此，地方政府所追求的并不是辖区社会福利的最大化，而是追求税收收入的最大化。而且，如果缺少合理的约束机制，地方官员往往会存在寻租行为。Brennan 和 Buchanan 基于公共选择理论的研究范式为财政分权理论的发展起了至关重要的作用，第二代财政分权理论就是在公共选择理论基础上而逐步形成的。

第二代财政分权理论是基于各经济体的分权实践而形成的。鉴于各国经济发展水平、政治体制存在较大差别，且其分权动机各异，导致第二代财政分权理论涉及的问题非常宽泛。第二代财政分权理论的代表性学者为钱颖一、Weingast 等，他们通过对比中国、俄罗斯等国家的财政分权实践，提出了"市场维护型财政联邦主义"，其核心内容是借助契约理论，通过设计合理的激励相容机制来实现对地方政府官员的有效激励。Qian 和 Xu（1993）认为，与苏联时期 U 形组织结构相比，中国中央、地方政府之间的

M 形组织结构对外部信息反应更具灵活性。Weingast（1995）认为地方官员并非无私的，其也会追求自身的利益。因此，只有合理的政府治理结构才有可能出现官员自身利益与社会福利的双赢局面。Qian 和 Weingast（1997）指出财政分权可被看作"可置信的承诺"，一方面通过向地方政府分权，可以有效制约中央对地方经济的攫取行为；另一方面也有利于硬化地方政府的预算约束。Blanchard 和 Shleifer（2001）指出，只有从财政分权与政府治理模式双重视角考虑，才能解释中国经济高速增长奇迹。他们认为，与俄罗斯不同，中国的中央政府享有对地方官员绝对的人事任免权，政治激励致使地方官员有动力发展区域经济。

基于以上理论分析可以看出，西方财政分权理论主要针对各级政府存在的合理性、公共品的供给效率以及地方政府的激励约束机制进行了详尽的探讨，建立了较为完整的理论体系。随着世界经济格局的演化，财政分权的研究范围逐步从公共品领域拓展至其对宏观经济、社会问题的探讨。然而，西方财政分权理论并非一把万能钥匙，其适用性受各国经济、社会实际情况的制约，不同国家的财政分权实践可谓是千差万别。鉴于此，在研究中国问题时，须将西方财政分权理论中国化，在借鉴西方分权理论的同时更应注意结合中国实际开展研究。

2.2.2 房价形成机理

1. 住房的基本属性

住房是与土地资源密切相关的一种建筑产品。而且，它也是老百姓赖以生存的衣、食、住三大要素之一，其在普通民众的日常生活中占据着不可或缺的位置。因此，住房是一种特殊商品，其具有与其他一般商品不同的属性。

（1）耐久性

土地是不能被消灭的，其可以被反复使用。另外，地上建筑物也具有较长的寿命，在整个使用年限内，房屋或基础设施可以为居民持续提供相应的服务流量。

（2）异质性

现实中，没有任何两个住房单元是完全相同的，它们或者在房屋面积、结构、楼层等方面存在差别，又或者在位置、周边环境等方面具有不同之处。

（3）固定性

土地的不可移动性决定了附着在其上的房屋也具有不可移动性。房屋一经开工建设，其空间位置就具有了固定性。同时，房屋的固定性也在一定程度上决定房屋供求具有区域性特征。

（4）保值、增值性

人口增加和经济的快速发展、居民生活水平的不断提高、城市化进程的加速以及土地资源的稀缺性等特性，导致房屋在长期内具有保值、增值性。

（5）高度的金融依赖性

从土地购置、土地开发到地上结构建筑，住房投资额十分巨大，且其建设周期比较长，所用资金的时间成本也非常大。另外，房屋属于昂贵物品，购买者通常会面临购房资金约束。因此，无论是供给方还是需求方，都离不开金融信贷的支持，住房市场与金融行业具有天然的联系。

（6）效用的多层次性

作为生活必需品之一，首先，住房的最基本功能是满足居民居住功能。其次，房屋也是重要的发展资料。人们可以利用房屋锻炼身体、学习科学文化知识或者进行社交活动等，从而可以促进自身的全面发展，企业可以利用营业用房进行生产。最后，房屋具有资产功能。房屋兼有消费与投资双重属性，其既是必要的生活资料，同时又是一种重要的投资资产。

2. 房价的典型特征

与一般商品价格相比，房价既有共性之处，又有其独特之处。其共性之处体现在房价也受价值规律的影响。其典型特征主要体现在如下几个方面：

（1）房价的区位性

在不同区域，土地位置差异以及供求特征决定了房价具有区域差异性。首先，由于不同城市的经济发展水平、基础设施建设、城市化水平以及居民购买能力等存在较大差异，导致房价具有显著的城市差异性；其次，即使在同一城市内部，受交通条件、繁华程度、教育医疗卫生等条件的影响，房价在不同地段也存在较大差异。

（2）房价的个别性

由于地理位置、土地资源、影响房价的因素具有显著差异，导致每宗房价都是独一无二的，其具有明显的个别性。这一特点决定房屋定价并没有标准价格可以利用，只能根据每一宗房屋的个体特征进行个别定价。

（3）房价的政策性

中央政府、地方政府的政策对房价具有显著的影响。货币政策、土地供应政策、地方政府的公共服务能力、房地产调控政策，如限购限贷、首付款比例等均会对房价产生不同程度的影响，各种政策的叠加效应决定了政策因素对房价影响的方向及程度。

（4）房价的波动性

受土地稀缺性、城市化水平、居民生活条件等因素的影响，房价具有随时间推移而逐步上涨的趋势，即从长期来看，全国或区域住房市场的整体价格具有增值性。但是，受内、外部各种因素的影响，并不排除个别城市或地段的房价在较长时期内的持续下跌或持平。而且，房价的上升并非直线型的，受经济周期不同阶段以及某些不确定性因素的影响，房价在短期内会体现出一种围绕长期趋势上下波动的特征，从而决定长期房价是螺旋式上涨的。

3. 房价的构成

住房的实物资产、虚拟经济双重属性决定了其价格的复杂性。但总体来讲，房价由生成过程和流通过程中所产生成本和利润两部分组成，其中每一部分又可细分为多项收支项目，其共同构成了房价，如表 2 - 1 所示（曹振良，2003）。

表 2 - 1　房价构成要素

房价构成	生产过程	地价或土地出让金	农用地转市地价格	耕地占用费
				居民安置补助费
				土地补偿费
				地上附着物以及青苗补偿费
				投资利息
				土地开发费
				管理费
				土地开发利润
			市地价格	拆迁安置费
				投资利息
				管理费
				土地再开发费
				土地开发利润
		建造价格		工程勘察设计费
				材料费
				施工费
				管理费
				投资利息
				建造利润
	流通过程	销售成本、利润		各种费用（管理费、推销费、保险费）
				投资利息
				房屋销售税
				经营利润

4. 房价形成的数理分析

（1）基于供求均衡的房价分析

①静态分析：现实中，住房均衡价格由住房供给与需求两种市场力量共同决定，供大于求，房价将下降，供不应求，房价将上升。市场这只看不见的手会引导住房市场最终实现均衡状态，如图 2 – 1 所示。

但是，在短期与长期内，房价的形成机理有所差别，如图 2 – 2 所示。房价具有建设周期较长的特征，因此，在短期内其供应量具有刚性特

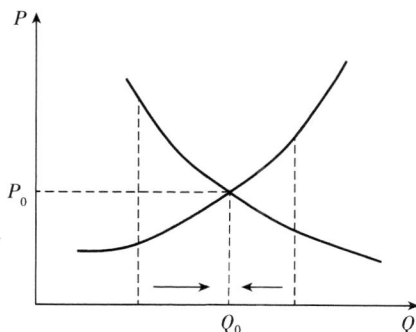

图 2 – 1　住房市场均衡价格的形成

征。假设初始时期住房市场处于均衡状态，均衡数量与价格分别为 Q_0，P_0。当需求曲线从 D_0 向右移动至 D_1 时，新均衡状态时的数量和价格上升至 Q_1，P_1。此时，住房供应量不再改变。如果需求曲线进一步向右移动，则均衡状态只会带来价格的上涨，数量将保持不动。如需求曲线从 D_1 向右移动至 D_2 时，均衡价格上涨至 P_2，而均衡数量仍是 Q_1。在长期内，随着住房需求的增多，住房投资将会显著增加，导致供应量从 Q_1 增长至 Q_2，房价从 P_2 下降至 P_3，从而实现了住房市场的长期均衡。由此，一系列的短期均衡点构成了长期供给曲线 S_L。

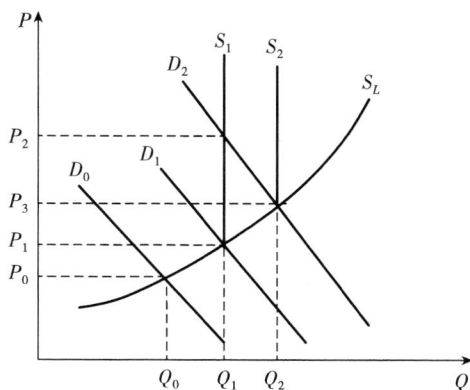

图 2 – 2　住房市场供求均衡变化

②动态分析：由于住房开发周期较长，因此更适宜利用动态模型分析房价的变化情况（高波，2010）。假设住房需求量依赖于当期价格，而住房

供给量依赖于上一期价格，动态模型可表示为

$$\begin{cases} D_t = a + bP_t \\ S_t = c + dP_{t-1} \\ D_t = S_t \end{cases} \tag{2.5}$$

由此可得差分方程

$$P_t - d/b \cdot P_{t-1} = (c - a)/b \tag{2.6}$$

当市场处于均衡状态时，有

$$P_t = P_{t-1} = P_e \tag{2.7}$$

由此，住房均衡价格可表示为

$$P_t = (P_0 - P_e)(c/b)^t + P_e \tag{2.8}$$

其中，P_0 为住房初始价格；P_e 为静态均衡价格。

由上式可知，P_t 的运行轨迹完全由 c/b 的取值决定：

若 $|c/b| < 1$，则当住房市场受到外来因素干扰而偏离初始均衡状态后，其实际价格与数量会围绕均衡水平做减幅震荡，房价最终会收敛于均衡价格 P_e；

若 $|c/b| = 1$，则当住房市场受到外来因素干扰而偏离初始均衡状态后，其实际价格与数量会始终围绕均衡点做等幅波动；

若 $|c/b| > 1$，则当住房市场受到外来因素干扰而偏离初始均衡状态后，其实际价格与数量会围绕均衡水平做增幅震荡，房价呈现发散特征，其波动的幅度随时间而不断增大，偏离均衡点越来越远。

蛛网模型的隐含假设是，除在初始时期受到外部冲击外，系统在随后各期均不受其他外部冲击的干扰，从而住房供给量完全取决于上一期房价。但现实中，开发商与消费者均不会机械地按照蛛网模型所制定的规则运转，参与主体会提前对市场走势进行预期。基于有限理性以及异质预期，许多学者对蛛网模型进行了拓展性研究（Brock 和 Hommes，1997；李仲飞等，2015）。

（2）四象限模型理论与应用

①基本原理

住房可以为使用者提供一定的生活、娱乐、休闲空间，发挥该功能的市场称为住房使用市场或空间市场。在该市场上，住房需求来自对房屋有使用需要的对象，其高度依赖于需求者的收入、占有空间的成本以及其他商品的价格等因素。其中，占有空间成本是指为了得到住房使用权而需要

的年支出，即住房租金。住房租金由所有住房所有权需求者的需求数量和全部可供使用的房屋数量所决定的。与此同时，住房也具有资本品属性，投资者可以通过市场交易来获取收益。用来交易住房的市场称为住房资产市场，房价正是在该市场中形成的。住房资产的新开发量取决于住房资产的价格与重置或建造成本的对比情况。从长期来看，房价等于住房重置成本。然而，由于住房建设周期长所造成的供应时滞问题，二者在短期具有显著的差别。通过住房租金和新开发建设量可以将住房使用市场和住房资产市场紧密地结合起来，图 2 - 3 描述了两个市场之间的互动关系（王莹等，2010）。

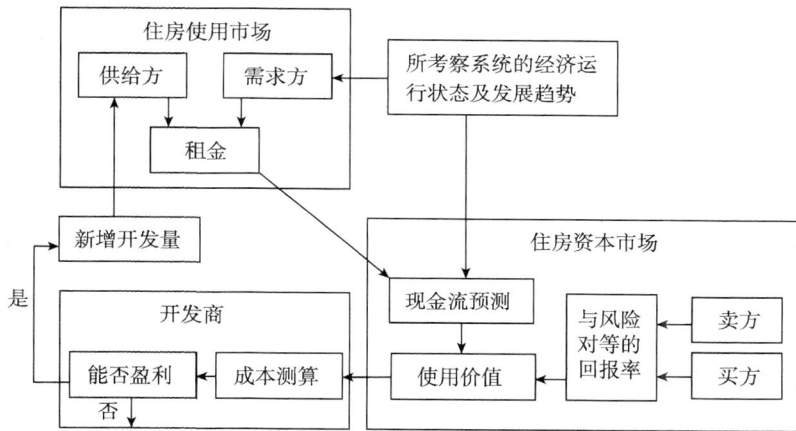

图 2 - 3　房地产使用市场与资本市场的互动关系

DiPasquale 和 Wheaton（1994）选取房屋存量 S、租金水平 R、房价 P 以及新开发建设量 C 四个变量为研究对象，并借助平面直角坐标系建立了四象限模型，如图 2 - 4 所示，借此分析住房资产市场与使用市场的相互作用机理。

第一象限：该象限代表住房使用市场，斜线 D_1 用来表示住房存量与租金之间的对应关系。可以看出，在其他条件不变的条件下，住房存量越大，住房租金会越低。对于既定的住房存量，通过斜线可以确定与之相对应的租金 R。

第二象限：该象限代表住房资产市场，斜线 D_2 用来表示房价与租金之间的对应关系，其斜率表示住房资产的资本化率，即投资者愿意持有住房资产的当前收益率。通常情况下，资本化率的影响因素包括长期利率、预期租金上涨率、租金收入流量风险及经济体的税收政策等。该模型中资本

化率 i 是外生确定的。该象限的目的是对于给定的租房租金 R ，利用资本化率 i 来确定房价 P ： $P = R/i$ 。

第三象限：该象限代表住房资产市场，斜线 D_3 用来表示房价与新开发建设量之间的对应关系。通常情况下，二者呈正相关关系，其函数关系为 $C = f(P)$ 。

如果现有房价低于建造成本，则开发商不会增加新开发建设量，因此斜线 D_3 与横坐标交点位于原点左侧，而交点处的房价恰好等于住房建造成本。

第四象限：该象限代表住房使用市场，斜线 D_4 用来表示住房存量与新开发建设量之间的对应关系，可以表示为 $\Delta S = C - \gamma S$ 。即存量变化量等于新开发建设量减去住房折旧量。

四象限模型进行住房市场供求均衡分析的逻辑为：住房存量水平影响住房租金，住房租金影响资产市场的房价，房价影响新开发建设量，而最终新开发建设量会形成新的住房存量。通过住房使用市场与资产市场的相互作用，当住房存量的起始水平与结束水平相等时，两个市场便处于均衡状态。

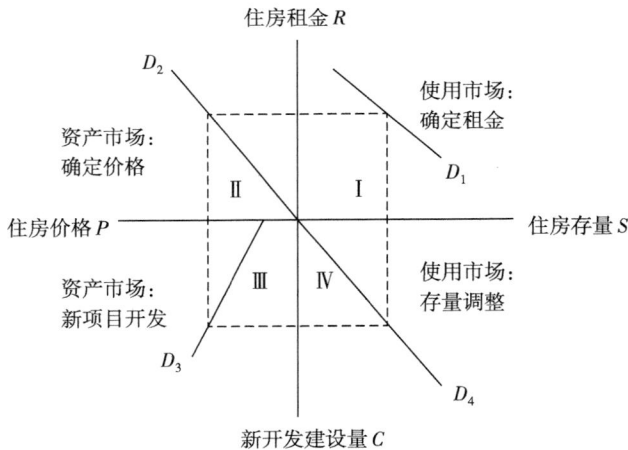

图 2 - 4　住房市场的四象限模型

②经济因素影响房价的四象限模型分析

四象限模型可以用来分析经济增长、居民可支配收入、利率、建造成本等经济变量的变动对房价的影响。

经济水平、居民可支配收入变动对房价的影响：当经济繁荣或居民可支配收入增加时，居民对住房的刚性需求、改善性需求或是投资投机性需求均会有所增加，导致住房使用市场中的需求曲线从 D_1 外移至 D'_1，如图 2-5 所示。因此，当可供使用的住房数量保持一定的情况下，其会引起住房租金的增加，进而会依次引起房价的上升，新开发建设量的增加，最后导致住房存量的增加。由此可知，经济增长、居民可支配收入增加对房价具有显著的推动作用，此结论与现实情况具有较高的吻合度。

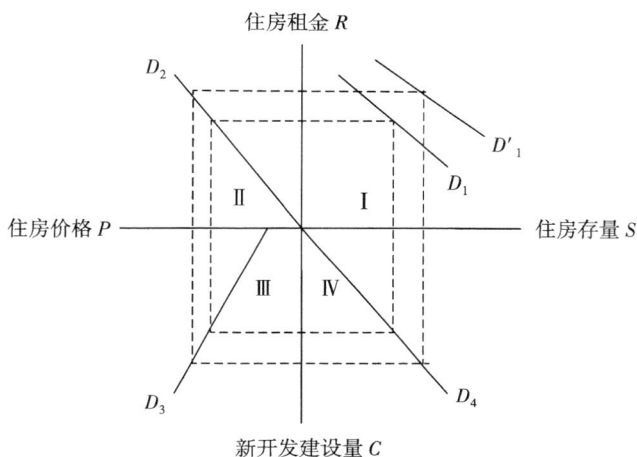

图 2-5　经济水平（居民可支配收入）变动对房价的影响

利率变动对房价的影响：利率用来表示资本的投资收益能力，利率下降说明当前收益会降低，则投资者会将更多的资本投入住房市场。此时，第二象限的射线会从 D_2 沿逆时针方向旋转至 D'_2，如图 2-6 所示。房价因而会逐步上升，从而导致新开发建设量的增加，并最终导致住房存量的增加以及住房租金的下降。当初始租金水平与调整后的租金水平相等时，重新达到均衡状态。由此，从理论上分析，利率水平与房价具有负相关关系。然而，在中国，运用利率工具调控房价的效果并不是十分明显。其原因在于，中国在很长一段时期内实行的是管制利率，利率自由化程度较低，利率水平无法如实反映市场参与主体对资产价格风险的预期，因而也无法反映市场对资金的真实需求，从而造成了利率对房价调控效果的不理想。

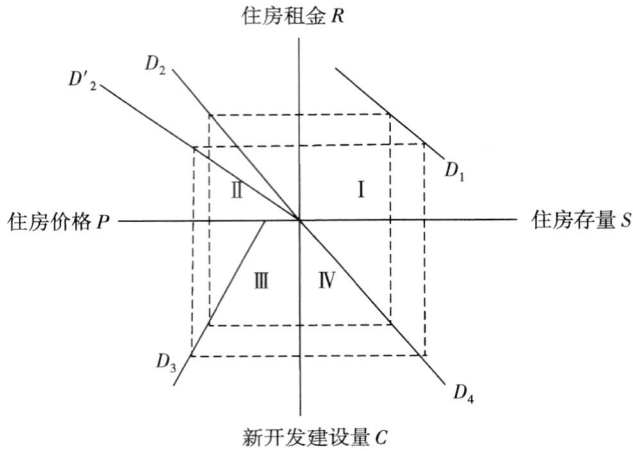

图 2-6　利率变动对房价的影响

开发成本变动对房价的影响：从住房供给角度来看，开发成本也是影响房价的重要因素。利率、地价及其他资金成本等都会影响开发成本，从而影响房价。开发成本增加会降低新开发建设的数量，从而使住房供应曲线从 D_3 外移至 D'_3，如图 2-7 所示。新开发建设量的降低会引起住房存量的减少，进而导致住房租金的提升，并最终形成较高的房价。当初始价格与调整后价格一致时，市场进入新的均衡。可见，建造成本对房价具有正向影响，与实际情况相符。

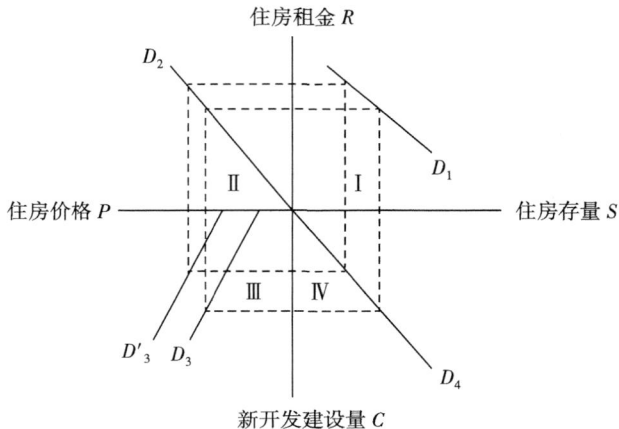

图 2-7　开发成本变动对房价的影响

（3）存量—流量模型理论

存量—流量模型将住房市场划分为存量市场以及增量市场两个住房子

市场，并假设房价由经济变量的即期值来决定，而存量则由上述变量的历史值来决定。为便于分析，假定住房需求 D_t 受家庭数量 H_t 以及所持有房屋的年成本 U_t 的影响，其表达式为

$$D_t = H_t(\beta_0 - \beta_1 U_t) \tag{2.9}$$

该模型认为持有住房的年成本 U_t 完全由房价 P_t、税后抵押贷款利率 R_t 以及房价预期增长率 I_t 决定：

$$U_t = P_t(R_t - I_t) \tag{2.10}$$

该模型进一步假定房价能够迅速调整，从而使市场处于出清状态：

$$D_t = S_t \tag{2.11}$$

联立式（2.9）、式（2.10）以及式（2.11）可得

$$P_t = \frac{\beta_0 - S_t/H_t}{\beta_1(R_t - I_t)} \tag{2.12}$$

由此可知，房价与存量和家庭数量的比值、房价增长率成正比，与抵押贷款利率成反比。

该模型可进一步分析存量变动与房价之间的动态关系。假定 t 期的存量变化等于 $t-1$ 期建设量 C_{t-1} 减去少量的存量，即

$$S_t - S_{t-1} = C_{t-1} - \varphi S_{t-1} \tag{2.13}$$

住房长期均衡存量 ES_t 满足以下两式

$$ES_t = -\theta_0 + \theta_1 P_t \tag{2.14}$$

$$C_t = \eta(ES_t - S_t) \geq 0 \tag{2.15}$$

联立式（2.13）、式（2.14）以及式（2.15），可得房价与存量变化之间的动态关系

$$S_t - S_{t-1} = \begin{cases} \eta(-\theta_0 + \theta_1 P_{t-1} - S_{t-1}) - \varphi S_{t-1}, & -\theta_0 + \theta_1 P_{t-1} > S_{t-1} \\ -\varphi S_{t-1}, & -\theta_0 + \theta_1 P_{t-1} < S_{t-1} \end{cases}$$

$$\tag{2.16}$$

令 $S_t = S_{t-1}$，则当住房存量达到稳态水平时，由式（2.16）可得

$$S^* = \frac{\eta(-\theta_0 + \theta_1 P_{t-1})}{\varphi + \eta} \tag{2.17}$$

联立式（2.12）、式（2.17）可得房价与存量的长期稳态值

$$P^* = \frac{\beta_0 - S^*/H_t}{\beta_1(R_t - I_t)}, \quad S^* = \frac{\eta(-\theta_0 + \theta_1 P^*)}{\varphi + \eta} \tag{2.18}$$

如果模型中的参数与外生变量保持不变，由式（2.18）可得均衡房价

$$P^* = \frac{\beta_0 H_t(\varphi + \eta) + \eta\theta_0}{H_t(\varphi + \eta)\beta_1(R_t - I_t) + \eta\theta_1} \tag{2.19}$$

值得注意的是，上述长期稳态解并非是完全不变的，其值随参数以及外生变量取值的变化而变化。由此可知，稳态解是一种理想状态下的均衡解，而在现实住房市场中很难实现。

2.2.3 经济增长理论

1. 古典经济增长理论

亚当·斯密认为分工是财富增长的源泉，且资本积累是劳动分工和技术进步的决定性动因。李嘉图将研究重点从生产转向分配，主要观点包括：增加劳动者数量或者提高劳动者效率是财富增长的两种途径；土地边际报酬递减规律是阻碍资本积累的因素；对外贸易是财富增长的重要渠道。马尔萨斯人口理论认为人均产出受到人口增长限制，均衡状态下，人口增速为零，经济增速因而也会变为零。穆勒认为如果技术进步没有持续改进或资本没有从富裕国家流向落后国家，则经济增长会趋于停滞。总体而言，古典经济学对经济增长持有悲观观点。

2. 哈罗德—多马经济增长模型

该模型认为储蓄是经济增长的决定性因素，政府能够通过调节储蓄水平、提高资本积累保持经济长期增长。但该模型对于资本和劳动不可替代以及资本产出率不变的假设条件与现实不符，且没有考虑到技术进步的作用。

3. 新古典增长模型

该模型由罗伯特·索罗提出，其修正了哈罗德—多马模型的假设条件，认为资本和劳动可以相互替代。该模型提出了技术进步有利于经济增长的观点。该模型缺陷在于把储蓄率、技术进步等变量均作为外生变量来处理。

4. 内生增长理论

该模型是在新古典经济增长理论基础上发展起来的，主要观点包括：经济增长是内生于技术进步的，与资本、劳动相比，知识和技术是更为关键的生成要素；技术进步具有递增的边际生产率。该模型强调了政策对经济增长的积极作用。该理论的代表性模型包括知识溢出模型、人力资本模型、巴罗模型、雷贝洛模型等。

2.2.4 区域创新理论

1. 区域创新系统理论

该理论由 Cooke（1992）提出，其核心观点是企业与大学、研究机构、政府等社会组织在创新过程中频繁合作、互动，进而构成创新系统。其内涵包括以下几个方面：一是地理位置相邻或相近，更有利于创新主体之间的交流，增进信任程度，进而有利于隐性知识溢出。二是创新主体包括企业、高校、政府以及中介等研究机构。三是良好的制度环境有利于创新知识的形成、溢出。

2. 熊彼特创新理论

熊彼特（1912）认为，创新就是建立全新的生产函数，也即对生成要素进行重新组合，其目的在于最大限度地获取超额利润。熊彼特指出了创新的六种情况：一是采用一种新的产品；二是采取一个新生产方法；三是开辟一个新的市场；四是掠取或控制原材料；五是实现工业的新组织，造成垄断或打破原有垄断。熊彼特理论的基本观点为：一是创新是内生于生产过程的，他认为经济发展来源于内部自行发生而不是外部强加于它的，或变化来自体系内部。二是创新是一种革命性变化。他强调的是创新的突破性和间断性等动态特征。三是创新同时意味着毁灭。在竞争性环境中，新组合通常是和旧组合的激烈竞争中实现的，新组合的产生意味着旧组合的消亡。四是创新能够创造出新价值。他认为先有发明，后有创新，强调创新是新工具或新方法的应用。五是创新是经济发展的本质规定。他认为经济可以被区分为增长和发展两种情况，其所说的创新，指的是执行新的组合。六是创新的主体是企业家。企业家的冒险精神、持久精神是实现某种新组合的必要条件。基于熊彼特创新理论，学术界出现了许多创新体系，如技术推动模型、系统整合网络模型、创新双螺旋等理论体系。

3. 创新失灵理论

该理论认为依靠创新市场自身无法到达最优配置，政府进行适当干预是非常必要的。引起创新失灵的因素包括：一是作为供给品，个体无法将创新产出完全据为己有；二是创新带来的社会收益可能大于个体收益；三是创新具有外部性，存在"搭便车"现象，这会严重降低个体创新的意愿。

第3章　财政分权对房价影响的总效应分析①

与西方发达国家的财政分权体制不同，中国财政分权体制的核心体现为经济上的分权与政治上的集权相并存。面对财政收支不平衡、增长与竞争等压力，地方政府的行为取向发生了较大改变，从而可能对房地产市场产生影响。本章在理论分析的基础上，拟运用多种计量模型考察财政分权与城市房价之间的关系，以期探寻财政分权对城市房价影响的总效应。

3.1　中国财政体制演变历程与理论假说

正如任何历史的演变过程都存在路径依赖性一样，中国现行的财政分权体制也是在不断纠偏、不断修正的改革进程中逐步形成的。中国财政体制内生于经济体制，因此，与经济体制改革进程相呼应，本章将中国财政分权体制的演变进程分为三个阶段来进行梳理。

3.1.1　高度集中体制（1950—1979 年）

改革开放之前，中国实行的是高度集中的计划经济体制。计划经济期间，全国经济一盘棋，中央享有对政治、经济的绝对控制权，其通过行政命令、计划指标来配置整个社会的各种经济资源。与之相对应，该时期中国实行了高度集中的财政体制。在这种体制下，地方财政收入的绝大部分要上缴中央，根据地方上报支出计划，中央再统一拨付地方所需资金。在此期间，中央在集权与放权之间经历了反复尝试、调整，如 1950—1957 年，从"统收统支"转变为"划分收支"、1958—1970 年，从"以收定支"转变为"总额分成"、1971—1979 年，从"定收定支"转变为"增收分成"，但所赋予地方政府的财权与事权十分有限，没有从根本上打破中央政府高

---

① 本章内容主要参考：［1］安勇，王拉娣. 财政分权对我国城市房价的影响机理［J］. 上海经济研究，2017（1）：85 – 92.［2］安勇，王拉娣. 财政分权对城市房价的影响——溢出效应检验及中介路径识别［J］. 软科学，2017，31（11）：30 – 33.

度集权的格局。这一时期，由于缺乏有效激励，地方政府完全没有发挥发展经济的积极性，国民经济处于停滞不前状态。到了 1979 年，宏观经济完全处于崩溃边缘，中央财政出现严重紧缺，已经到了难以维持的局面，各种社会矛盾层出不穷。

3.1.2　财政包干体制（1980—1993 年）

改革开放初期，中央政府不得不对中国的财政体制进行倒逼式改革，废除了先前统收统支的财政制度，继而实行了财政包干体制，俗称分灶吃饭，其核心内容是中央政府对地方政府的分权让利。根据财政包干体制的演化过程，大体可将其划分为三个阶段：第一阶段（1980—1985 年），实行划分收支、分级包干体制；第二阶段（1985—1988 年），转变为划分税种、核定收支、分级包干体制；第三阶段（1988—1993 年），进一步转变为多种形式的包干体制。此次改革使地方政府从中央政府的代理人角色变成了享有地方利益的主体角色，这极大地刺激了地方政府追求经济利益的动力和干劲，改善了地方政府的财政收入。但是，财政包干体制也促成了地方本位与保护主义，诸侯经济现象凸显。地方政府一味地追求自身利益的最大化，却将国家整体利益抛之脑后，从而带来了国家财力的分散化。与此同时，诸侯经济也严重弱化了中央政府的宏观调控能力，造成了中央财政收入占全国财政收入比重的持续下跌，以及中央政府可支配财力中债务比例的持续上升。到了 1993 年，中央财政收入比重下降至 22% 左右，而用于弥补财政赤字的债务占本级支出的比例却高达 32%。此时中央政府财政存在较大的缺口，且中央财政囊中羞涩的局面也严重弱化了其利用财政政策进行宏观调控的能力。1993 年，宏观经济发展出现过热现象，货币供应量超发严重，通货膨胀率急剧恶化，达到了 25%。

3.1.3　分税制改革（1994 年至今）

为解决诸侯经济所存在的弊端，并摆脱财力严重不足的困境，中央政府于 1994 年进行了分税制改革，其实质上就是一种财政分权的制度性变革。分税制改革可以说是新中国成立以来规模最大、内容最深刻、影响最深远的一次财政体制改革。其主要内容包括：第一，划分中央、地方两级政府的事权与支出范围。第二，依据财权事权相对应原则，合理划分中央、地方两级政府的财政收入。财政分权体制将税种划分为中央税（归属于中央财政收入）、地方税（归属于地方财政收入）以及共享税（中央和地方分别享有一定比例）。第三，建立税收返还制度，实行统一上解办法，以确保地方政府的既得利益。第四，建立两套税务机构。其中，国家税务局负责征收中央税以及共享税，地方税务局负责征收地方税。

分税体制变革强化了中央在税收分配上的决策权，中央财政状况因而得到了极大改善。由图3－1可以看出，1993年中央财政收入占全国财政收入的比重仅为22%，而1994年迅速攀升至56%，且这一比例在随后的大部分年份都保持在50%以上，即使最低比例也达45%以上。与此同时，中央财政支出所占比重整体上呈现下降趋势，2008年以后甚至降至20%以下。中央政府的财政盈余能力越来越强，其宏观调控能力也大为增强。随着财政分权体制的逐步推进，中国宏观经济实现了软着陆，既摆脱了1992年以来的高通胀压力，又显著促进了经济的持续快速增长。而且，分税制改革也明确了中央、地方两级政府之间的委托—代理关系，强化了地方政府的财政自主权，进而激发了地方政府发展区域经济的动力。

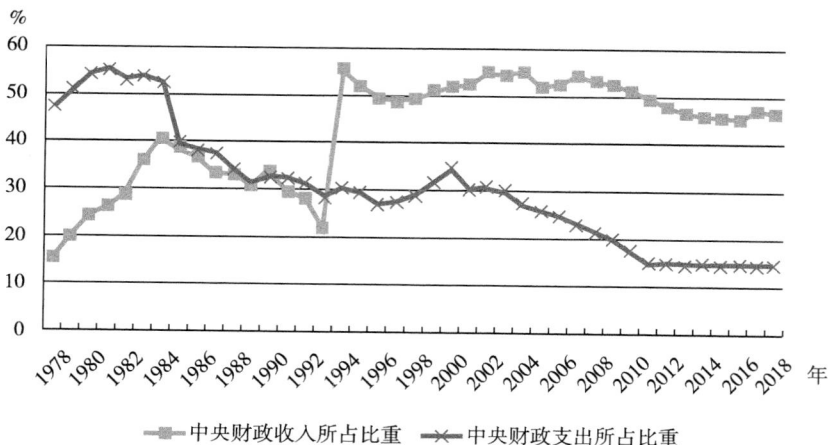

图3－1　中央财政收入与财政支出①占全国财政收入与财政支出比重

然而，与其他制度一样，分税制改革并非十全十美，其也存在一些不足之处，主要体现在：

一是财政分权体制缺乏相应的法制基础。分税制改革虽然划分了中央、地方两级政府之间的财权与事权，但都是以通知、决定等文件来下发的，缺乏法律规范性，且其内容及后续调整缺乏健全的法律依据。因此，地方政府对中央政策无法形成稳定预期，这严重制约了地方政府相应行为的科学性及可持续性，容易造成地方政府行为的短视化。

---

①　数据来源于国研网统计数据库。

　　二是地方政府财权与事权的不对等。财政分权体制实施后，在中央财力好转的同时，地方财政收入比重却明显过低。其主要原因包括：首先，中央税所涉及的税种较大，且税源相对集中，易于收取，而地方税所涉及的税种较小，税源比较分散，其征收成本较高、难度较大。其次，地方税征收缺少税额较大且税源充足的主体税种。众所周知，第二产业是中国税收的主要来源，而中央政府将其中的大部分划归中央财政所有，而营业税、农业税、城建税等归属地方政府财政收入的税种均是增速较慢、增长动力不足的税种。最后，共享税包括增值税、证券交易税、企业所得税、资源税等税种，所涉税种偏多且中央占有比例偏大。如对整个国家税收收入贡献较大（比重超过 40%）的增值税而言，中央政府享有其中 75% 的比例，而地方政府仅享有 25% 的比例。在个人所得税收入中央所占比重为 60%，地方政府所占比重为 40%。然而，在财权上移的同时，地方政府的事权却没有相应减少，仍然承担着本地区行政机构、经济发展以及公共服务等所需支出，并且每一部分支出都具有刚性特征，极难降低支出水平，从而造成了地方政府财力不足的困境，且省级以下政府表现得尤为严重。以基础设施建设为例，地方政府承担了过半的责任，远高于发达国家 35% 以及发展中国家平均 13% 的比重，从而造成了地方财政自给率的严重不足。由图 3-2 可以看出，1994 年以后地方政府从财政盈余状态转变为财政赤字状态，且财政收支缺口基本上处于 50% 以上，地方政府面临着巨大的财政收支不平衡压力。

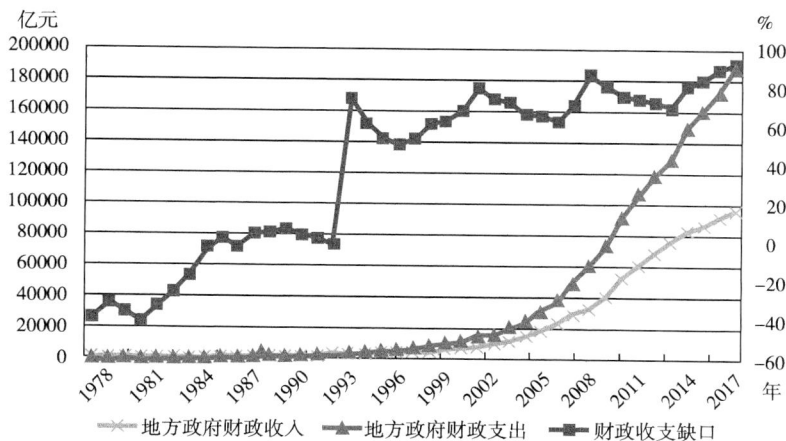

图 3-2　地方政府财政收入、财政支出①与财政收支缺口②

---

①　数据来源于国研网统计数据库。
②　财政收支缺口 =（财政支出 - 财政收入）/ 财政收入。

三是转移支付制度不完善，地区间财力差距较大。现有税收返还额，是以1993年为基年进行核定并以逐年递增方式进行支付的。这一政策实际上默认了不同区域、不同省份在起点上的不公平，经济条件好、财政收入较快的东部地区获得的返还额度较大，财政收入增长较快。而对于中、西部落后地区而言，由于其经济发展落后，导致财政收入增长缓慢甚至是负增长。因此，按照现有税收返还制度测算，其财力自然会增长缓慢，从而形成了穷省越穷、富省越富的马太效应。再者，在分税制改革初期，虽然实现了过渡期转移支付制度，但由于数额较少，无法满足地方政府支出的需求。随后进行的转移支付制度改革，将其分为一般性转移支付与专项转移支付。相比一般转移支付，专项转移支付规模过大，且发放程序、资金使用管理不透明，"跑部钱进"现象时有发生。

3.1.4　研究假说

在财政分权体制冲击下，地方政府行为取向发生了较大改变。考虑到房地产行业在整个国民经济中所处的重要地位，地方政府行为变化势必会影响房地产业的发展，进而对房价产生影响。

一方面，为了缓解地方财政收支不平衡问题，地方政府有很强的动力发展区域经济，尤其加大了对房地产业这一高税收产业的发展力度（方红生和张军，2013）。而且，财政分权一直伴随着政治集权，中央政府始终维持着对地方官员的奖惩和人事任免能力，从而为督促地方官员积极发展地方经济提供了制度保证。改革开放以来，以GDP增长考核为主的官员晋升机制加剧了地方政府之间的横向竞争。在政绩考核激励下，地方官员普遍调整了经济发展思路，将发展目标定格为能在短期内促进经济快速增长的行业，房地产业恰好提供了这个平台。首先，房地产业是中国国民经济的支柱性产业，对国民经济的发展具有强大的带动作用。而且，房地产行业也是关联性很强的行业，在其周边分布着几十个相关产业，形成了一条庞大的"房地产业生物链"。房地产业的健康、快速发展能够带动诸如水泥、钢铁等关联产业的有效投资额。其次，发展房地产业能够有效增加地方政府的相关税费收入。从土地使用权出让到房地产开发、转让及保有等环节，涉及土地和房产税的税种包括6种，即耕地占用税、契税、土地增值税、城建税、城镇土地使用税以及房产税，且全部税收收入划归地方政府所有。除此之外，与房地产开发相关的各政府职能部门都有一定的收费权。这意味着房地产相关税收在地方财政收入中占有很大比重，发展房地产业能够显著增加地方政府的预算内收入。因此，地方政府从主观上并不情愿对房价进行调控，其更倾向于保持房价在可控范围内的上涨（张双长和李稻葵，2010）。因此，在财政分权冲击下，为迅速扩大财源并积累晋升资本，地方政府官员有内在动力扩大对房地产业的扶持力度，房地产投资额因而得到了极大释放，投资需求的增加带动了房价的上涨。

值得关注的是，地方政府也完全有能力推动房价上涨。地方政府对土地具有垄断权，其可以通过缩减土地供应量来提高房价；或是通过购房补贴、降低首付款额度、税费减免等政策来刺激居民的住房需求，从而推高房价。2008 年国际金融危机时期，上述需求刺激政策被许多地方政府所使用以应对市场颓势，并产生了较大的叠加效应，在一定程度上促成了 2009 年房价的报复性上涨；或是将学校、医院等优质资源搬迁到城市规划地区，从而带动周边房地产市场的兴旺。尤其是在目前家长普遍重视子女教育的情况下，房屋销售与学校捆绑现象屡见不鲜，学区房溢价现象十分明显；或是借助媒体、网络平台，通过制造社会舆论来引导市场主体对于房价走势的乐观预期；或是介入金融机构，通过干预其信贷结构来间接影响房地产市场（钱先航，2011）。

另一方面，分税制改革使地方政府拥有了较大的财政自主权，地方政府因而更倾向于依据自身意愿来配置财政收支份额。因此，财政分权体制冲击加之以 GDP 考核为主的官员晋升机制，致使地方政府的财政支出结构出现了严重扭曲。通常情况下，地方政府官员在同一岗位任期时间不长，导致其决策目标具有短视性。为了促进经济短期内的快速发展以及为个人晋升机会增添砝码，地方政府普遍加大了对诸如交通运输、通信、机场、桥梁等基础设施的建设力度，而缩小了对诸如教育、社会保障、医疗卫生等民生类基本公共服务的供给（张军等，2007；余靖雯和龚六堂，2015；余显财和朱美聪，2015）。而且，分税制改革实施后，财权逐层上移以及事权逐层下放致使地方政府，尤其是省级以下地方政府普遍面临着财政收支不平衡问题。财力困境迫使地方政府加大了对预算外收入的攫取力度。由图 3-3 可以看出，分税制改革后，地方政府预算外财政收入整体呈现递增态势，只是在 2008 年之后有小幅度下降，而地方政府预算外财政收入占全国预算外财政收入的比重在 1994 年之后急剧上升，且 1998 年之后始终保持在 91% 的高比例水平上。由此可知，财政分权体制冲击对地方政府行为，如公共品供给结构、地方政府预算外收入等方面产生了显著影响，从而可能对房价产生间接影响。

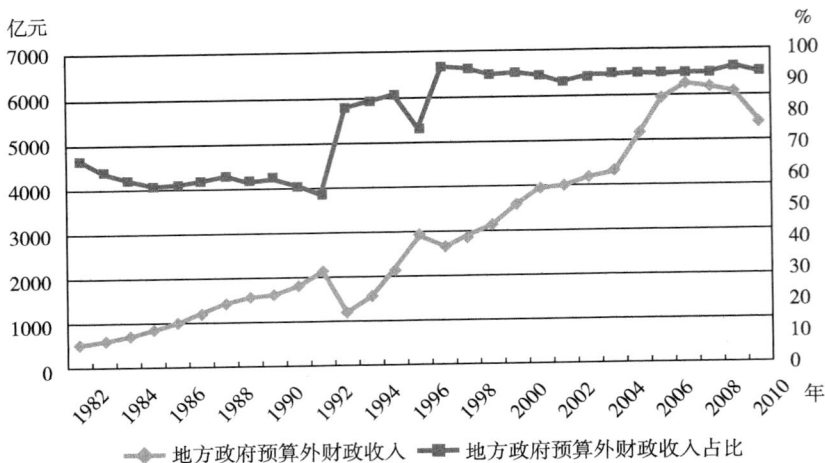

图 3 – 3　地方政府预算外财政收入及其占全国预算外财政收入比重①

根据上述逻辑分析，本章提出研究假说 1：

财政分权对房价的影响存在多条传导渠道，其对房价的作用方向及力度取决于多种效应叠加的结果。

本章首先分析财政分权对城市房价影响的总效应，随后两章对财政分权影响城市房价的传导渠道进行较为深入的探究。

3.2　实证研究

3.2.1　模型设定

本章拟采用空间计量模型考察财政分权对城市房价影响的总效应。空间面板模型包含空间面板滞后模型（SLM）与空间面板误差模型（SEM）两种基本模型，其表达式分别为

$$Y = \rho wY + \beta X + \mu \tag{3.1}$$

$$Y = \beta X + \mu$$

$$\mu = \lambda w\mu + \varepsilon \tag{3.2}$$

其中，Y 为被解释变量；X 为解释变量向量；ρ、λ 分别为空间自回归系数与空间误差系数；w 为空间权重矩阵；μ、ε 为随机干扰项。

---

① 数据来源于《中国统计年鉴》。

空间模型考虑了空间交互效应，这使模型存在内生性问题，此时仍用 OLS 进行回归将存在偏误。因此，参照 Elhorst（2003）的做法，采用极大似然估计法（MLE）对模型进行估计，两类模型的对数似然函数分别为

$$\ln L = -\frac{NT}{2}\ln(2\pi\sigma^2) + T\sum_{i=1}^{N}\ln(1-\rho w_i) - \frac{1}{2\sigma^2}\sum_{t=1}^{T}e'_t e_t$$

$$e_t = (I - \rho w)(Y_t - \bar{Y}) - (X_t - \bar{X})\beta \tag{3.3}$$

$$\ln L = -\frac{NT}{2}\ln(2\pi\sigma^2) + T\sum_{i=1}^{N}\ln(1-\lambda w_i) - \frac{1}{2\sigma^2}\sum_{t=1}^{T}e'_t e_t$$

$$e_t = (I - \lambda w)[Y_t - \bar{Y} - (X_t - \bar{X})\beta] \tag{3.4}$$

其中，N 表示空间维度；T 表示时间维度；σ^2 为样本方差；$\bar{Y}$、$\bar{X}$ 表示相关变量均值。

结合本章研究内容，具体模型设定为

$$\ln HP_{it} = \rho w \ln HP_{it} + \beta FD_{it} + \sum_{i=1}^{n}\lambda_i X_{it} + \varepsilon_{it} \tag{3.5}$$

$$\ln HP_{it} = \beta FD_{it} + \sum_{i=1}^{n}\lambda_i X_{it} + \mu_{it}$$

$$\mu_{it} = \lambda w \mu_{it} + \varepsilon_{it}$$

其中，i 表示城市，t 表示时间；$\ln HP_{it}$ 表示对数房价；FD_{it} 表示财政分权度；X_{it} 表示控制变量组；空间矩阵采用地理反距离矩阵表示，即

$$w_{ij} = \begin{cases} 1/d_{ij}, i \neq j \\ 0, i = j \end{cases}, d_{ij} \text{ 表示两个城市之间的距离。}$$

3.2.2　指标选取与数据说明

1. 指标选取

（1）被解释变量

对数房价（$\ln HP$），其中，房价以城市商品房平均销售价格表示。为直观显示各城市房价分布的演化特征，本章采用高斯核函数对对数房价进行了分析，其表达式为

$$f(\ln HP) = \frac{1}{nh}\sum_{i=1}^{n}K\left(\frac{\ln HP_i - \ln HP}{h}\right) \tag{3.6}$$

核函数通常要满足以下条件：

$$\begin{cases} K(x) \cdot x = 0 \\ K(x) \geqslant 0, \int_{-\infty}^{+\infty} K(x)\,dx = 1 \\ \sup K(x) < +\infty, \int_{-\infty}^{+\infty} K^2(x)\,dx < +\infty \end{cases} \qquad (3.7)$$

图 3-4 描绘了 2005 年、2009 年、2013 年、2017 年对数房价的动态演化趋势。首先，从房价核密度曲线位置来看，69 个大中城市房价的分布曲线呈现逐年右移态势，表明这些城市房价整体呈现上涨态势。其次，从波峰高度来看，69 个大中城市房价分布曲线呈现先升高后下降的变化趋势。这表明，2005 年、2009 年、2013 年三年中，不同城市间房价差异逐步缩小，呈现收敛态势，但 2009 年、2013 年两年中房价分布具有双峰形状，表明房价具有极化现象。同时，2017 年波峰呈现下降态势，表明城市间房价差异又趋向变大，呈现出发散态势。出现这种情况的原因与各城市经济发展水平、资源禀赋及人口流动等存在较大差异有关。

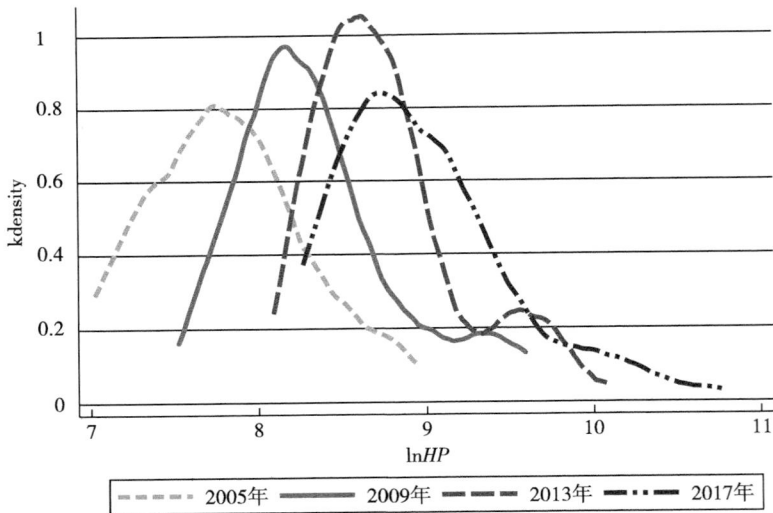

图 3-4　69 个大中城市房价动态演化特征

（2）核心解释变量

财政分权度（*FD*），用来衡量上下级政府之间的财政分权程度。通常，其与地方政府的财政自主性具有正相关性。学术界从不同视角对该指标进行了度量，具体包括：平均分成率（Ma，1997）或边际分成率（Lin 和 Liu，2000），用来衡量分税制改革前后中央、地方两级政府之间财政分权水平不一的情形；财政收入或支出指标（Jin 和 Zou，2002；郭庆旺和贾俊雪，2010）。这是国际货币基金组织（IMF）在《政府财政统计》中的通用形式。樊勇（2006）指出，如果对不同国家或地区的财政分权程度进行比较分析时，应采用收入法，而研究宏观经济问题时，应采用支出法。分税制改革后，税种以及税率的确定完全由中央决定，地方政府只能被动接受（周业安和章泉，2008），其税收权利的缺失影响了收入指标的可靠性（丁菊红，2008；许罡等，2012）。而且，由于转移支付数据不易获取，仅以财税收入来衡量地方政府的财政收入水平存在较大偏差（胡贺波，2014）。同时，乔宝云（2002）认为，在财税收入分配方面，中央、地方两级政府存在烦琐的隶属关系。由此，收入分权无法真实描述各级政府可用的财税资源。然而，分税制改革后地方政府在财政支出方面享有较大权力，因此采用支出指标更能体现实际分权情况（张宴，2005）。财政支出分权指标同时也能描述地方政府事实上的财政支出责任或财政不平衡状况（宫汝凯，2015）。谢贞发和张玮（2015）基于文献分析的研究表明，支出指标获得了多数文献的认可。鉴于此，本书主要采用财政支出分权形式。并且，为有效排除人口因素的影响，借鉴张曙霄和戴永安（2012）的思路，利用市人均财政支出/（市人均财政支出 + 省人均财政支出 + 中央人均财政支出）来衡量财政分权度。

在此基础上，图 3 - 5 直观展示了 2005 年、2009 年、2013 年、2017 年 69 个大中城市财政分权的动态演化规律。首先，从财政分权核密度曲线位置来看，69 个大中城市财政分权分布曲线呈现逐年右移态势，表明这些城市财政分权整体呈现上涨态势。其次，从波峰高度来看，69 个大中城市财政分权分布曲线呈现逐年升高态势，且宽度小幅度收窄。这表明，69 个大中城市财政分权的差异逐年缩小，呈现收敛态势。

（3）控制变量

居民收入（$\ln DI$），以城市居民人均可支配收入的对数值来表示；人口密度（$\ln D$），以城市单位国土面积人口数量的对数值来表示；利率（R），以 5 年期以上贷款利率衡量，如有调整，按天数进行加权计算；产业结构（IS），以第三产业占 GDP 比重来表示。

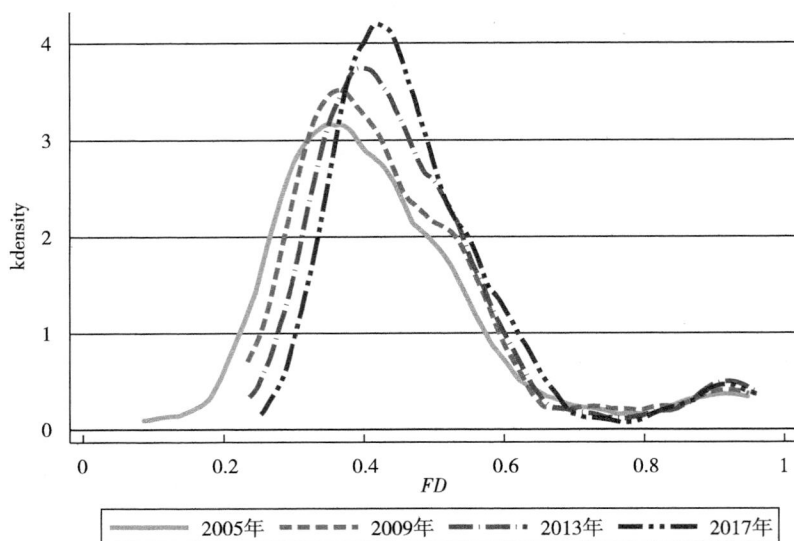

图 3 - 5　69 个大中城市财政分权动态演化特征

2. 数据来源与说明

本章以国家统计局重点监测的 70 个大中城市为研究对象，由于大理各变量的历年数据缺失情况比较严重，故将其剔除，最终选择剩余的 69 个城市为研究对象。同时，考虑数据的可得性，样本期间选为 2005 年至 2017年。其中，城市房价数据来自 CEIC 统计数据库，并通过各城市统计年鉴对其中缺失的数据进行了补全；中央、各省一般财政预算支出金额数据来自《中国统计年鉴》（2006—2018 年）；各城市一般财政预算支出金额数据来自《中国区域经济统计年鉴》（2006—2018 年），并通过各城市统计年鉴对其中缺失的数据进行了补全；人均可支配收入数据来自《中国城市统计年鉴》（2006—2018 年）；人口数量、人口密度、第三产业比重数据均来自国研网统计数据库；利率数据来自中国人民银行网站。同时，以 2004 年为基期对各名义指标进行了消长处理。为了减弱异方差的影响，对房价、人均可支配收入、人口密度等数据进行了取对数处理。表 3 - 1 对各变量进行了基本统计分析。

表 3 - 1　变量描述性统计

变量	含义	样本数	均值	标准差	最小值	最大值
lnHP	对数房价	897	8.501	0.606	7.023	10.778
FD	财政分权度（%）	897	46.692	15.518	8.637	96.024

变量	含义	样本数	均值	标准差	最小值	最大值
ln*DI*	对数人均可支配收入	897	9. 966	0. 452	8. 837	11. 044
ln*D*	对数人口密度	897	6. 091	0. 671	4. 180	7. 738
R	利率（%）	897	3. 754	1. 595	- 0. 810	8. 689
IS	第三产业比重（%）	897	45. 179	10. 426	24. 920	85. 730

表 3 - 2 给出了各变量之间的相关系数。可以看出，被解释变量城市房价与核心解释变量财政分权的相关系数为 0. 618，表明财政分权与城市房价具有正相关关系。控制变量方面，人均可支配收入与城市房价的相关系数为 0. 839，表明人均可支配收入仍是推高房价的主要因素之一；人口密度、第三产业比重与城市房价的相关系数分别为 0. 452、0. 605，表明人口密度、第三产业比重均与城市房价具有正相关性；利率与城市房价具有负相关性，但程度较弱。同时，绝大多数解释变量之间相关系数的绝对值都小于 0. 5，表明各解释变量之间不存在严重的多重共线性。事实上，基于方差膨胀因子的检验表明，各解释变量的方差膨胀因子均小于 10，因此建模中可以忽略多重共线性的影响。

表 3 - 2　各变量之间的 Spearman 相关系数

	ln*HP*	*FD*	ln*DI*	ln*D*	*R*	*IS*
ln*HP*	1. 000					
FD	0. 618	1. 000				
ln*DI*	0. 839	0. 432	1. 000			
ln*D*	0. 452	0. 452	0. 297	1. 000		
R	- 0. 003	0. 021	0. 011	0. 006	1. 000	
IS	0. 605	0. 479	0. 429	0. 166	0. 042	1. 000

在实证分析之前，为了直观了解财政分权与城市房价之间的相互关系，本章绘制了财政分权度与城市房价的散点图，如图 3 - 4 所示。可以看出，两个变量具有正相关关系。因此，初步判定财政分权对城市房价具有正向溢出效应。

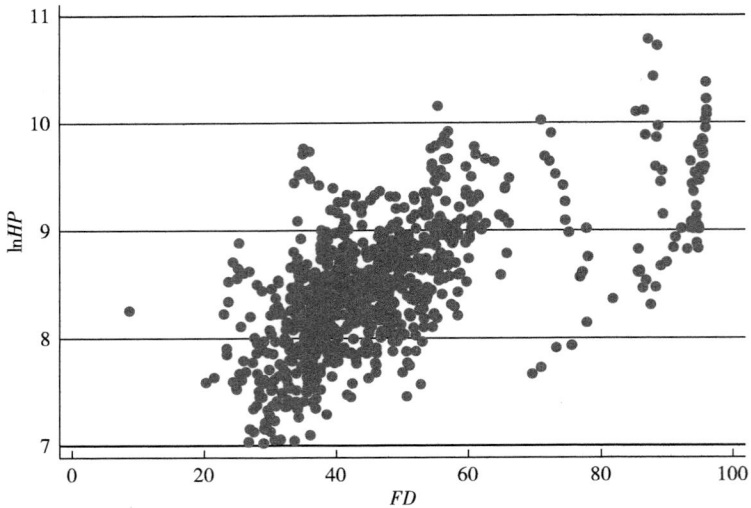

图 3 - 6   财政分权度与城市房价的散点图

3.2.3   面板数据单位根检验

为避免可能存在的伪回归现象，首先对各变量进行面板单位根检验。根据各截面序列是否具有相同单位根，面板单位根检验分为同质单位根检验和异质单位根检验。为了增强结果的可信度，这里同时采用同质 LLC 方法、Breitung 方法、异质 IPS 方法以及 Fisher - ADF 方法进行检验，检验结果如表 3 - 3 所示。由表 3 - 3 可知 R 在四种检验中均在 1% 水平上显著，表明 R 是平稳序列；而 $\ln HP$、$\ln DI$、FD、$\ln D$ 以及 IS 在四种检验中均存在不一致性，稳妥起见可把四个变量看作非平稳序列。对上述四个变量滞后一阶值的检验表明，四个变量均是一阶单整序列。进一步地，通过协整检验表明上述变量之间存在协整关系。

表 3 - 3   面板数据单位根检验

变量	LLC	IPS	Fisher - ADF	Breitung
$\ln HP$	- 13. 669 ***	- 1. 056	1. 099	13. 107
FD	- 5. 681 ***	- 0. 691	1. 301	3. 765
$\ln DI$	- 17. 641 ***	- 4. 700 ***	5. 704 ***	19. 546
$\ln D$	- 0. 516	2. 803	- 3. 029	10. 020
R	- 10. 420 ***	- 10. 54 ***	20. 29 ***	- 6. 435 ***

续表

变量	LLC	IPS	Fisher – ADF	Breitung
IS	14.963	22.128	– 6.332	10.839
$D(\ln HP)$	– 9.688 ***	– 9.495 ***	25.392 ***	– 11.940 ***
$D(FD)$	– 8.518 ***	– 11.909 ***	57.544 ***	– 9.774 ***
$D(\ln DI)$	– 13.705 ***	– 6.677 ***	10.149 ***	– 9.470 ***
$D(\ln D)$	– 10.672 ***	– 8.269 ***	36.918 ***	– 7.977 ***
$D(IS)$	– 10.712 ***	– 3.220 ***	11.363 ***	– 6.785 ***

注: *** $p < 0.01$, ** $p < 0.05$, * $p < 0.1$ 。

3.2.4　空间相关性检验

在进行空间计量分析之前，本书首先利用 $Moran's\ I$ 指数来检验城市房价是否存在空间关联性，计算公式如下：

$$Moran's\ I = \frac{\sum\limits_{i=1}^{69}\sum\limits_{j=1}^{69} w_{ij}(Y_i - \bar{Y})(Y_j - \bar{Y})}{S^2 \sum\limits_{i=1}^{69}\sum\limits_{j=1}^{69} w_{ij}} \tag{3.8}$$

其中，Y_i 表示城市 i 的房价，$\bar{Y}$ 和 S^2 表示城市房价的样本均值与样本方差。$Moran's\ I$ 在 [–1, 1] 取值，其值在 (0, 1] 则表明城市房价存在正空间相关性，其值在 [–1, 0) 则表明城市房价存在负空间相关性，其值等于0则表明城市房价具有随机分布，不存在空间相关性。由表 3 – 4 可以看出，2005—2017 年，城市房价的 $Moran's\ I$ 检验值均显著为正，表明城市房价存在正向空间溢出效应。因此，构建空间计量模型进行分析是合理的。

表 3 – 4　城市房价空间相关性检验

年份	$Moran's\ I$	年份	$Moran's\ I$
2005	0.088 *** (5.240)	2008	0.079 *** (4.821)
2006	0.080 *** (4.869)	2009	0.098 *** (5.801)
2007	0.085 *** (5.128)	2010	0.089 *** (5.327)

续表

年份	Moran's I	年份	Moran's I
2011	0. 096 *** (5. 666)	2015	0. 062 *** (3. 954)
2012	0. 094 *** (5. 577)	2016	0. 066 *** (4. 190)
2013	0. 083 *** (5. 032)	2017	0. 066 *** (4. 186)
2014	0. 076 *** (4. 656)		

3.2.5　基准回归结果

首先，由 LM 检验和 Robust LM 检验结果可知，SLM 模型和 SEM 模型的检验值分别为（5121. 46，1969. 04）和（3451. 91，299. 48），且均在 1% 水平上显著，但通过对比可以看出，SLM 模型的 LM 值和 Robust LM 均大于 SEM 模型。因此，本章选取 SLM 模型来剖析财政分权等因素对城市房价的影响，表 3 – 5 给出了采用 MLE 方法估计的结果。为了便于对比分析，表 3 – 5 同时列出了采用 FE 模型和 SEM 模型估计的结果。

由表 3 – 5 可以看出，SLM 模型估计结果的 R^2 值均大于 FE 和 SEM 模型，这也表明构建 SLM 模型进行分析更具合理性，故后续分析均基于 SLM 模型展开。基于 SLM 模型的估计结果显示，空间滞后系数 ρ 在 1% 水平下显著为正，表明城市房价存在显著的空间集聚特征，其他城市房价对本城市房价具有正向溢出效应。财政分权度的回归系数为正，且在 1% 水平下显著，说明财政分权对城市房价具有显著的正向溢出效应。由此可知，地方政府的财政分权水平越高，城市房价越高。由理论分析可知，财政分权对城市房价的影响是多种效应叠加的结果。1994 年实行的分税制改革，造成了地方政府财政收支不平衡的局面。而且，在官员晋升锦标赛激励下，地方政府之间产生了激烈的横向竞争。由此，在双向竞争压力下，地方政府的各种行为取向势必会有所改变，从而对城市房价产生了挤出或挤入效应。从回归结果可知，财政分权对城市房价影响的总效应为正。

控制变量方面，人均可支配收入对城市房价具有显著的促进作用。从古至今，房子在普通民众的日常生活中占据着不可或缺的位置，中国居民有着很深的买房情节。居民收入水平的提高,可以有效增加居民对住房的改善性需求。同时,中国资本市场发展迅速,越来越多的流动性进入虚拟经济以寻求投资投机机会。在股市、期市不景气的情况下,房地产投资不失为投资者的更好选择。居民收入水平的提高,致使大量闲置资金流入房地产市场以寻求套利机会,从而有效增加了住房的投资、投机性需求,而住房供给具有短期刚性特征,供需矛盾造成了房价的持续攀升;人口密度对城市房价具有推动作用,这表明城镇化建设及由此所产生的人口集聚效应是推高城市房价的不可或缺的因素;利率工具对城市房价没有影响。这一结论与许多国外文献的研究结论相悖(Cho,2006;Bjornland,2010)。究其原因,我们认为,中国在很长一段时期内实行的是管制利率,利率自由化程度较低,利率水平无法如实反映市场参与主体对资产价格风险的预期,因而也无法反映市场对资金的真实需求,从而造成了利率对房价调控效果的不理想。此外,城市化进程的不断加快产生了大量的住房刚性需求,这在一定程度上也抑制了利率对房价的调控效果;第三产业占比对城市房价具有显著的促进作用。随着社会、经济的快速发展,民众越来越注重居住城市的城市品质特征。第三产业占比增加,表明城市生活服务水平更高,这显著增强了城市的宜居性,并进而带来了人口的净流入,最终推高了房价。

表 3 - 5　财政分权对城市房价影响的估计结果

变量	模型 1	模型 2	模型 3
	FE	SEM	SLM
ρ			0.843 ***
			(27.34)
λ		0.962 ***	
		(124.82)	
FD	0.0074 ***	0.0054 ***	0.0062 ***
	(2.73)	(4.08)	(4.53)
$\ln DI$	0.859 ***	− 0.016	0.0746 **
	(25.97)	(− 0.24)	(2.34)
$\ln D$	0.849 ***	0.419 ***	0.470 ***
	(3.36)	(5.17)	(6.03)
R	− 0.012	− 0.01	− 0.009
	(− 0.11)	(− 0.18)	(− 0.13)

变量	模型 1	模型 2	模型 3
	FE	SEM	SLM
IS	0.183***	0.258**	0.106***
	(2.59)	(2.15)	(4.15)
常数项	−5.492***		
	(−3.81)		
R^2	0.894	0.484	0.911

注：*** $p < 0.01$，** $p < 0.05$，* $p < 0.1$；（　）内为 t 值或 z 值。下同。

3.2.6　稳健性检验

为验证结果的可靠性，本章通过以下三种方式进一步对模型进行了稳健性检验，结果如表 3−6 所示。

1. 剔除异常样本点

与其他城市相比，北京、天津、上海以及重庆四个直辖市无论在经济功能方面还是政治功能方面都具有特殊性，其财政分权特征可能与其他城市截然不同。对此，本章通过剔除四个直辖市数据对基准模型进行了重新估计，估计结果如模型 4 所示。可以看出，在剔除可能存在的异常点后，城市房价仍存在空间相关性，且财政分权的回归系数仍显著为正，证实了财政分权对城市房价具有正向溢出效应的结论。

2. 按时间分组的估计

考虑到地方政府的行为方式可能在国际金融危机前后有所不同，本章以 2008 年为节点将整体样本按时间分为 2005—2008 年以及 2009—2017 年两个子样本进行了重新估计，结果如模型 5 所示。可以看出，无论是国际金融危机前还是国际金融危机后，城市房价仍存在空间相关性，且财政分权的回归系数均显著为正，表明前述估计结果是比较稳健的。但国际金融危机发生后，财政分权的回归系数显著增大。这表明地方政府行为在国际金融危机前后具有显著差异，导致财政分权对城市房价的影响发生了结构性变化。与国际金融危机前相比，国际金融危机后财政分权的正向溢出效应增大了 23.46%。

3. 改变空间权重矩阵

在空间计量分析中空间权重矩阵是外生给定的，其选取缺乏严密的理论依据，研究结论因而可能具有随机性。因此，有必要改变空间权重矩阵

来检验前述研究结论的稳健性。本章进一步构建了经济距离权重矩阵

$$w_{ij} = \begin{cases} G/d_{ij}^2 & i = j \\ 0 & i = j \end{cases} \tag{3.9}$$

其中，G 表示各城市人均 GDP 均值，进而对模型进行了重新估计，结果如模型 6 所示。可以看出，城市房价仍具有显著的空间集聚特征，且财政分权的回归系数仍显著为正，表明财政分权仍然对城市房价具有显著的促进作用。

表 3 – 6　稳健性检验

变量	模型 4	模型 5		模型 6
		国际金融危机前	国际金融危机后	
ρ	0.849 ***	0.801 ***	0.765 ***	0.882 ***
	(20.33)	(17.56)	(19.78)	(21.12)
FD	0.0076 ***	0.0081 ***	0.010 ***	0.0065 ***
	(3.45)	(3.15)	(3.62)	(4.26)
$\ln DI$	0.901 ***	0.883 ***	0.902 ***	0.917 ***
	(20.24)	(16.12)	(15.34)	(21.43)
$\ln D$	0.794 ***	0.778 * **	0.801 **	0.811 ***
	(3.59)	(4.57)	(2.50)	(3.09)
R	− 0.0087	− 0.0081	− 0.0074	− 0.010
	(− 0.13)	(− 0.16)	(− 0.20)	(− 0.53)
IS	0.174 ***	0.165	0.183 ***	0.196 ***
	(4.52)	(0.21)	(3.83)	(5.66)
R^2	0.898	0.705	0.793	0.914

3.2.7　面板分位数模型回归结果

1. 面板分位数方法

传统 OLS 回归也称为条件均值回归，该方法只能反映解释变量 x_{it} 对被解释变量 $\ln HP_{it}$ 的平均影响。但是，如果条件分布 $(\ln HP_{it} | x_{it})$ 具有非对称性，则条件期望 $E(\ln HP_{it} | x_{it})$ 难以刻画条件分布的全貌。因此，本章拟采用面板分位数模型进一步考察财政分权对城市房价影响的异质性。分位数回归最早由 Koenker 和 Bassett（1978）提出，与传统 OLS 回归相比，分位数回归具有对异常值不敏感、不必设定数据的分布类型以及统计信息更加丰富等优点。Koenker（2004）进一步将其拓展到面板 FE 模型。基于面板

分位数的城市房价影响因素模型可表述为

$$Q_{\ln HP_{it}}(\tau_j \mid x_{it}) = \alpha_i + x'_{it}\beta(\tau_j) \tag{3.10}$$

其中，α_i 为与分位点无关的固定效应；系数 $\beta(\tau_j)$ 满足如下约束条件：

$$\{[\beta(\tau_j,\lambda)]_{j=1}^J, [\alpha(\lambda)]_{i=1}^n\} = \operatorname*{argmin}_{(\alpha,\beta)} \sum_{j=1}^J \sum_{t=1}^T \sum_{i=1}^N \omega_j \rho_{\tau_j}(\ln HP_{it} - \alpha_i - x'_{it}\beta(\tau_j)) + \lambda \sum_{i=1}^n |\alpha_i|$$

$\rho_{\tau_j}(\mu) = \mu(\tau_j - I(\mu \leqslant 0))$ 表示分位损失函数；$I(\cdot)$ 表示示性函数。

Koenker（2004）建议采用 Bootstrap 方法来估计参数标准误。

2. 整体样本回归结果分析

本章采用面板分位数模型来考察财政分权对城市房价影响的异质性。具体操作中，选择了 5 个典型分位点 0.1、0.25、0.5、0.75、0.9 进行说明，模型估计结果如表 3 - 7 所示。为了能够更为直观地了解财政分权对城市房价的影响，图 3 - 7 进一步描绘了财政分权影响城市房价的分位图。

表 3 - 7　整体样本回归结果

变量	分位点				
	0.1	0.25	0.5	0.75	0.9
FD	0.00728 ***	0.00672 ***	0.00611 ***	0.00518 ***	0.0073 ***
	(6.55)	(10.26)	(8.92)	(4.21)	(3.77)
ln*DI*	0.807 ***	0.837 ***	0.825 ***	0.872 ***	0.891 ***
	(23.54)	(30.00)	(32.70)	(33.77)	(20.00)
ln*D*	0.182 ***	0.145 ***	0.128 ***	0.118 ***	0.133 ***
	(8.58)	(13.01)	(7.19)	(5.32)	(5.05)
R	-0.01	-0.01	-0.002	-0.012	-0.012
	(-0.23)	(-0.21)	(-1.00)	(-0.30)	(-0.43)
IS	1.168 ***	1.077 ***	1.206 ***	1.313 ***	1.655 ***
	(7.40)	(11.89)	(12.09)	(15.54)	(5.59)
常数项	-1.811 ***	-1.687 ***	-1.345 ***	-1.611 ***	-1.983 ***
	(-6.18)	(-6.10)	(-5.02)	(-7.11)	(-4.93)

财政分权的回归系数在全部 5 个分位点中均为正，且在 1% 水平下显著，说明财政分权水平的提升对推高城市房价具有一定的解释力度，此结论与空间面板模型估计结果相一致，表明研究结论具有较高的稳健性。具体来讲，在分位点由低向中高变化的过程中，财政分权的回归系数逐步减

小。这说明在低房价和中高房价城市，房价越低的城市，财政分权对房价
影响的力度越大。分位点 0.75 处与分位点 0.1 处相比，财政分权的正溢出
效应降低了 28.85%。但是，在高分位点处，财政分权的正向作用力度出现
反转，且在整个分位点上达到最大值。究其原因可能在于，房价较低的城
市大多是经济发展相对落后的三四线及以下城市，这些城市的地方政府的
财政状况普遍不理想。面对财政赤字压力以及 GDP 增长压力，政府财政支
出结构的偏倚度较其他城市更大，其更注重能够促进经济短期、快速发展
的行业，房地产业就是其中之一，房地产投资需求的增加会间接推高房价。
而高房价地区大都处于东部和东部沿海地区，对这些地区而言，房地产业
较为繁荣，推高房价是缓解地方政府财政压力的重要途径与手段。

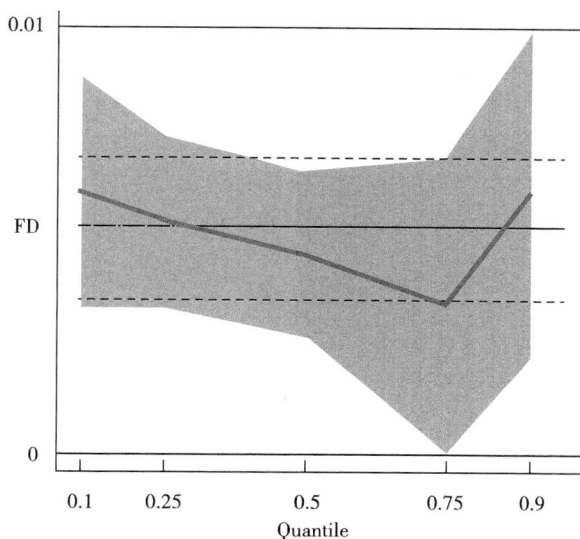

图 3-7　财政分权对城市房价影响的动态变化

在控制变量方面，人均可支配收入的回归系数在全部分位点均显著为
正，且整体随着分位点的变大而变大。这表明房价越高的城市，人均可支
配收入对城市房价的正向作用力度越大；人口密度的回归系数在所有分位
点处均显著为正，且在分位数由低到高的变化过程中，其数值呈现先快速
减小，后缓慢增大的变化趋势。因此，人口密度对低房价的作用力度越大，
对中等房价的作用力度较小，对较高房价的作用力度相近；利率的回归系
数为负，但各分位点均未通过显著性检验，表明利率政策对城市房价的调
控效果不佳；第三产业比重的回归系数在所有分位点处均显著为正，且在
分位点由低到高的变化过程中，其数值呈现先小幅下降再大幅增大的趋势。

因此，对于房价更高的城市，服务业发展对房价的作用效果更大，而对于房价相对较低的城市，其正向作用力度较小。

3. 区域样本回归结果分析

受自然禀赋、经济发展水平等因素的影响，不同区域城市的房价水平存在差异，其影响因素也理应有所差别。对此，我们将整体样本划分为东部地区以及中西部地区两个区域，进而考察财政分权水平对城市房价影响的区域差异性。检验结果如表 3 - 8 所示。

总体而言，不论是东部地区还是中西部地区，财政分权的回归系数在大多数分位点显著为正，说明财政分权对城市房价具有正向溢出效应。这一结论与前述研究相一致，表明研究结论具有较高的稳健性。具体而言，财政分权对城市房价的影响具有区域异质性。对东部地区而言，在所有分位点处财政分权的回归系数均显著为正，且随着分位点的逐步提高，财政分权的回归系数逐渐减小。如与低分位数 0.1 处的回归系数相比，高分位点 0.9 处的回归系数下降了 17.50%。这表明对于房价越高的城市，财政分权对房价的正向溢出效应越小。同时，在中西部地区，财政分权对城市房价的影响呈现出了与东部地区相似的结论。财政分权对中西部城市房价的影响在中高分位点 0.75、0.9 处不显著，而在中低分位点显著为正，且财政分权的影响效果随着分位点的逐步提高而逐步下降。与此同时，从图 3 - 8 可以看出，与中西部地区相比，财政分权对东部地区城市房价的正向影响程度更大。

表 3 - 8　区域样本回归结果

区域	变量	分位点				
		0.1	0.25	0.5	0.75	0.9
东部地区	FD	0.00823***	0.00817***	0.00761***	0.00703***	0.00679***
		(4.13)	(3.80)	(3.98)	(4.01)	(4.40)
	$\ln DI$	0.816***	0.861***	0.890***	0.935***	0.992***
		(6.63)	(6.31)	(5.96)	(5.59)	(4.96)
	$\ln D$	0.104***	0.153***	0.147***	0.147	0.149
		(3.71)	(3.76)	(4.22)	(0.45)	(1.02)
	R	-0.010	-0.010	-0.011	-0.015	-0.014
		(-1.34)	(-1.37)	(-1.16)	(-1.51)	(-0.28)
	IS	1.012***	1.129***	1.153***	1.189***	1.826***
		(3.89)	(4.14)	(4.28)	(4.90)	(4.47)
	常数项	-1.222***	-1.307	-1.612	-1.904**	-1.456
		(-3.41)	(-1.00)	(-0.18)	(-2.54)	(-1.01)

区域	变量	分位点				
		0.1	0.25	0.5	0.75	0.9
中西部地区	FD	0.00644 ***	0.00605 ***	0.00547 **	0.00486	0.0035
		(3.76)	(4.15)	(2.54)	(1.13)	(0.26)
	$\ln DI$	0.903 ***	0.932 ***	0.954 ***	0.915 ***	0.914 ***
		(6.01)	(6.83)	(6.97)	(5.89)	(6.18)
	$\ln D$	0.113 ***	0.126 ***	0.104 ***	0.099 ***	0.087 * **
		(4.63)	(3.95)	(4.35)	(4.10)	(3.86)
	R	−0.020	−0.014	−0.0097	−0.010	−0.011 **
		(−1.01)	(−0.64)	(−0.75)	(−1.04)	(−2.10)
	IS	1.342 ***	1.395 ***	1.674 ***	1.769 ***	1.801 ***
		(5.09)	(5.78)	(5.27)	(5.52)	(3.99)
	常数项	−3.01	−2.764 ***	−2.557 ***	−1.95	−1.575
		(−1.01)	(−3.96)	(−3.76)	(−0.17)	(−1.34)

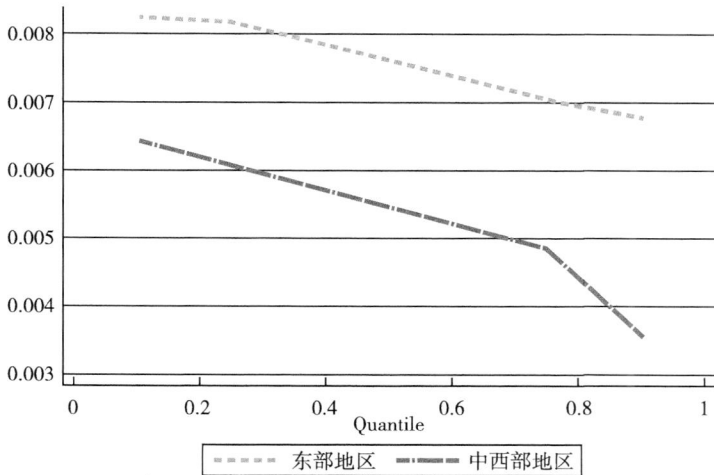

图 3 - 8　财政分权对不同区域城市房价的影响

3.3　本章小结

在理论分析基础上，本章通过选取国家统计局重点监控的 69 个大中城

71

市 2005—2017 年的面板数据，综合利用空间面板滞后模型以及面板分位数模型考察了财政分权对城市房价的影响。主要研究结论如下：

1. 财政分权改变了地方政府的行为取向，进而对房价产生了显著影响。基于空间面板滞后模型的估计结果表明，城市房价具有显著的空间集聚特征，其他城市房价对本城市房价具有正向溢出效应；财政分权水平越大，城市房价越高；控制变量方面，人均可支配收入、人口密度以及第三产业比重均对城市房价具有促进作用；基于剔除异常样本点、分时段以及改变空间权重矩阵的稳健性检验表明，模型估计结果具有较高的可靠性，财政分权的确对城市房价具有显著的正向溢出效应。

2. 与此同时，本章还通过引入面板分位数模型，试图进一步考察财政分权对城市房价影响的异质性。研究结果表明，整体而言，财政分权对城市房价具有正向溢出效应；具体而言，在分位点由低到高的变化过程中，财政分权的回归系数先逐步减小再变大。这表明在房价较低和较高的城市，财政分权对城市房价的正向作用力度更大；基于区域差异性的估计结果表明，随着分位点的提高，财政分权对各地区城市房价的正向影响效果逐步减弱，但在东部地区以及中西部地区存在显著差别，财政分权对东部城市房价的正向溢出效应更大。

基于以上分析，本书认为财政分权对城市房价影响的总效应为正，财政分权水平确实推高了城市房价。中国财政分权改革实践表明，作为一种财税制度，财政分权可能会通过改变政府行为进而对城市房价产生影响。那么，财政分权对城市房价的影响具有何种间接作用机制？其作用方向以及作用程度如何？以上疑问我们将在后面章节予以考究。

第4章　财政分权、土地财政与房价[①]

本章首先从理论上分析财政分权下土地财政对房价的作用机理，并据此提出财政分权通过催生地方政府的土地财政策略进而对房价产生影响的研究假说；其次，利用中介效应检验法以及面板门槛模型，实证考察土地财政对城市房价的影响，并重点探究财政分权—土地财政—城市房价这一传导路径的存在性及其作用效果。

4.1　理论分析与假说

4.1.1　财政分权对土地财政影响的理论分析

分税制改革后，财权和事权的分离造成了财政收支的纵向不平衡（Huang 和 Chen，2012），地方政府普遍存在财政收入入不敷出的困境。穷则思变，地方政府除依赖房地产外，还得寻找其他财政来源。与西方国家土地制度不同，中国地方政府对辖区土地具有管理和经营双重权力，其享有对土地的完全垄断权，土地出让收入完全属于地方政府所有。而且，该收入属于地方预算外收入，中央对该资金使用用途的监管力度较弱，地方政府享有对该资金很大的支配权。因此，面对财政收支不平衡压力，地方政府迫不得已加大了对土地出让收入以及相关税费、债务收益的攫取力度，土地财政当仁不让地成为地方政府的"第二财政"。而且，中国的官员晋升机制属于典型的零和博弈，某个官员的晋升必将降低其他官员的升迁机会。因此，作为理性经济人，在任官员通常具有短视行为，其会更加注重辖区经济在短期内的快速增长。然而，面对捉襟见肘的财政收入，上述目标的实现就需要多渠道资金的支持。其中，土地出让收入便是地方政府倚重的

---

① 本章内容主要参考：安勇，王拉娣. 财政分权对城市房价的影响——溢出效应检验及中介路径识别 [J]. 软科学，2017，31（11）：30–33.

资金来源渠道之一。借助土地出让金收入，地方政府可以在短期内实施大规模的基础设施建设。辖区投资环境的改善有利于外来资金的进入，从而增加了招商引资的机会，并有效增加了地方政府的税收收入，地方政府因而可以进一步实施基础设施建设。如此循环往复，地方官员便为自身的晋升积累了大量的政治资本，从而有利于其在晋升竞争中获胜。

土地财政主要包括三种形式：

一是通过土地出让获取大量的土地出让金。分税制改革后，地方政府普遍加大了对土地出让收入的攫取力度，其通过在城市扩张过程中的低买高卖策略获取了可观收益。土地招拍挂制度实施以来，土地出让收入在地方财政收入的比重不断提升，其已经成为地方预算外收入的主要来源。由图 4 – 1 可以看出，全国土地出让收入增长比较快，且其在地方政府财政收入中的比重不断攀升。1998—2000 年，全国土地出让收入在地方政府财政收入中的比重不足 10%。伴随着 2002 年土地招拍挂制度的实施，土地出让收入及其占地方政府财政收入比重均呈现快速上涨趋势。2003 年，全国土地出让收入达到 5421 亿元，比 2002 年增长了 124.3%，且其占地方政府财政收入的比重达到 55%，比 2002 年增长了 26.7%。自 2009 年以来，地方政府对土地财政的依赖程度日趋严重。2010 年，全国土地出让收入攀升至 27464 亿元，其占地方政府财政收入的比重达到了 67.7%，站在了历史最高点。整个 2009—2018 年，土地出让收入在地方政府财政收入中的比重高达 54.93%。

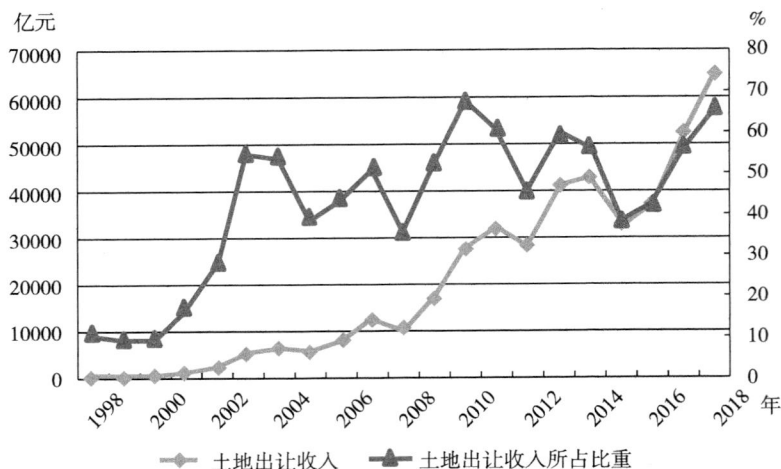

图 4 – 1　土地出让收入①及其占地方政府财政收入比重

---

①　数据来源于《中国国土资源统计年鉴》。

　　二是与土地相关（直接或间接）的各种税费收入，主要包括城镇土地使用税、契税、耕地占用税、房产税、土地增值税、城建税以及营业税种涉及不动产的营业收入等，这些税收收入均属地方政府所有。由图 4 - 2 可以看出，自土地招拍挂制度实施以来，除 2018 年耕地占用税相比 2017 年有所下降外，与土地相关的各种税收收入均呈现逐年递增趋势。以房产税为例，其数值从 2003 年的 323.86 亿元增长至 2018 年的 2888.56 亿元，年均增长 13.51%。由此可见，与土地相关的各种税费收入对地方政府的财政收入具有较大的贡献度。

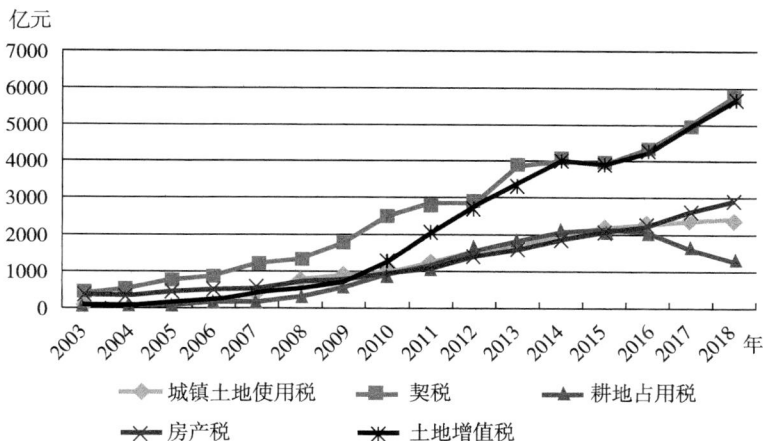

图 4 - 2　与土地相关的各种税收收入①

　　三是以土地为抵押向银行举债。在官员晋升锦标赛刺激下，地方官员具有强烈的晋升动力（周黎安，2007），并为追逐政绩而努力提升本地区的经济绩效。同时，伴随着工业化和城市化进程的快速发展，地方政府需要庞大的资金来加大对基础设施建设、工业园区的投入力度（傅勇和张晏，2007），并会加大对管辖区域投资环境的改善力度，以争取更多的招商引资机会，从而实现本地经济的短期、快速增长，并为获得晋升的机会增加砝码。分税制改革后，地方财政能力远不能满足区域经济发展的需要。在此背景下，地方融资平台应运而生，并逐步成为区域经济发展的主要承担者。借助融资平台以及自身良好的信用，地方政府可以通过土地抵押获得数量可观的银行贷款，从而可以顺利进行公共基础设施类项目的建设开发、经营管理等活动。然而，对于地方政府，尤其是直辖市、地级市政府而言，

---

　　①　数据来源于《中国统计年鉴》。

其还款主要还得依靠卖地收入。

4.1.2 土地财政对房价影响的理论分析

房地产市场处于一个复杂的网络系统中，其价格决定受到政府、房产商以及个人市场行为的影响。现实情况中，三类市场主体相互影响、相互制约，三种力量叠加产生的合力决定了房价水平的高低。地方政府土地财政策略的实施，能够通过影响地方政府、房产商以及个人的决策行为，而对房价产生显著的影响。

一是土地财政改变了地方政府的行为取向，进而对房价产生影响。在中国，地方政府对辖区土地享有绝对的管理与经营权力，土地市场因而成为垄断市场。垄断市场本身的特性从客观上决定了土地供应量的供给小于完全竞争市场。与此同时，在快速工业化与城市化背景下，土地需求量反而有所增加，这加剧了土地供需的严重失衡。另外，分税制改革后，为缓解财政收支不平衡压力，地方政府普遍采取了土地财政策略。在土地财政策略下，"限量供应、维护卖方市场"成为地方政府经常使用的土地经营策略，这从主观上也造成了土地供给不足的现状。而房地产市场的房屋供应量最终要受到土地供应量的限制，因此房地产市场会处于供小于求的不平衡状态，供需失衡最终导致房价上涨。而且，在招商引资过程中，地方政府往往以较低地价，甚至是零地价的方式出让工业用地，吸引发展前景好的企业进入工业园区，以谋求日后稳定增长的税收收入。工业用地的大量出售又进一步挤占了住房用地的数量，从而进一步推动了房价的上涨。图4-3利用四象限模型阐述了土地财政下土地供应量变动对城市房价的影响机理。

图4-3中第Ⅰ象限为住房市场；第Ⅲ象限为土地市场；第Ⅱ象限用来反映房价与土地价格之间的关系，通常情况下二者呈高度正相关性，这里假设二者存在线性关系；第Ⅳ象限用来反映土地供应量与住房供应量之间的关系，通常情况下，住房供应量随土地供应量的增加而增加，这里假设二者存在线性关系。地方政府实施土地财政之前，土地市场的均衡点为 A 点，住房市场的均衡点为 C 点。在地方政府实施土地财政策略后，土地供给弹性有所减小，供给曲线从原来的 S_{L1} 转变为 S_{L2}，其与新的需求曲线 D_{L2} 相交于 B 点。在此均衡点上，土地供给量由 Q_{L1} 降低至 Q_{L2}，土地价格从 P_{L1} 上涨至 P_{L2}。鉴于住房供给量由土地供应量所决定，住房市场的供给曲线由原来的 S_{H1} 转变为 S_{H2}，其与需求曲线 D_H 相较于 D 点，由此决定了均衡房价

从原来的 P_{H1} 上涨至 P_{H2}。如果再考虑到市场预期因素的影响，住房市场的需求必将有所增加，导致需求曲线 D_H 会向右上方移动，从而会进一步推高房价。

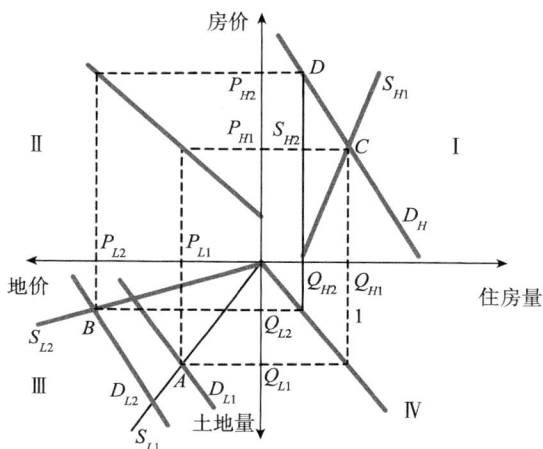

图 4-3　土地财政对房价的影响机理

　　二是土地财政改变了房地产开发商的市场行为，进而对城市房价产生了影响。首先，分税制改革后，地方政府的财权与事权处于不对等状态，面对捉襟见肘的财政收入，土地财政成为地方政府增加财政收入的救命稻草。受国家 18 亿亩土地红线的制约，加之土地的不可移动性及非再生性，客观上限制了土地供应量的持续增长。在土地供应量缺乏弹性的情形下，地方政府增加土地出让收入的最有效方法就是抬升地价（刘民权和孙波，2009）。同时，地方政府的招商引资行为以及土地抵押贷款行为，最终埋单人还是地方政府，地方政府不得已还得通过提高地价来增加土地出让收入，从而有效增加财政收入。地价抬升显著增加了开发商的土地成本。对于处于卖方市场的开发商而言，为了保证自身的高额利润，其势必会将抬升的地价加入房屋销售价格，进而将成本转嫁给消费者，从而促成了房价的节节高升。其次，土地财政促使开发商产生地价持续上涨的预期，进而引发了开发商的囤地行为。在房地产市场中，一部分开发商的囤地行为并不是为了房屋建造开发，而是为了追逐低买高卖的高额卖地利润，这在一定程度上减少了现期住房供应量。但是，城镇化进程加快能够产生大量的住房刚性需求，从而使总体需求仍然保持旺盛。国家统计局统计数据显示，2015 年中国城镇化率仅为 56.1%，远低于发达国家的 80%，而且还有一定比例的人群并非完全固定生活在城市，中国城镇化水平因而还有很大的上升空间。伴随着中国新型城镇化改革的逐步推进，中国城市人口数量还将继续攀升，导致对城市住房的需求也将持续增加。由此，住房市场的供需失衡局面会造成城市房价的高企。目前，大中城市地王频出事件与土地财政可谓是紧密相连的。

三是土地财政改变了居民对房价变动的预期，进而影响了房价。在地方政府实施土地财政策略下，居民会产生地价、房价持续上涨的预期，从而加大了对当前房屋的追逐力度。这是因为，一方面对自住性需求的居民来讲，未来购房会显著增加成本，因此会选择当前购房；另一方面对于投机性需求的居民而言，在当前股票市场、期货市场不景气的情况下，投资房地产不失为最优的选择。在房价上涨预期下，大量流动性会进入房地产市场进行套利，以谋求高额的投资回报。由此，住房消费性需求以及投机性需求会显著增加，进而推高了城市房价。而且，房地产市场并非是完全有效市场，其中充斥着大量的非理性投资者，房价持续走高会引发市场跟风现象、羊群行为的发生，这在一定程度上会进一步加剧房价的上涨效应。

4.1.3 研究假说

根据上述逻辑分析，本章提出研究假说 2 ~ 4，并给出了传导机理（见图 4 - 4）。

研究假说 2：中国式财政分权下，财政分权水平的提升是引发地方政府依赖土地财政的制度性因素。具体而言，财政分权水平越高，地方政府对土地财政的依赖程度越大。

研究假说 3：地方政府的土地财政策略对城市房价具有正向溢出效应。

研究假说 4：土地财政是联结财政分权与城市房价的中介变量，且随着财政分权水平的提升，土地财政的作用效果被逐步强化。

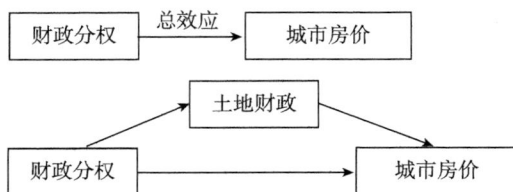

图 4 - 4 "财政分权—土地财政—城市房价" 中介效应模型

4.2　实证研究

4.2.1　模型设定

在理论分析基础上，拟采用中介效应检验法（Hayes，2009），对财政分权通过影响土地财政进而影响城市房价的作用机理进行识别：

$$\ln HP_{it} = \rho w \ln HP_{it} + \beta FD_{it} + \sum_{i=1}^{n} \lambda_i X_{it} + \varepsilon_{it} \tag{4.1}$$

$$\ln LF_{it} = \alpha' + \beta' FD_{it} + \sum_{i=1}^{n} \lambda'_i X_{it} + \varepsilon_{it} \tag{4.2}$$

$$\ln HP_{it} = \rho w \ln HP_{it} + \beta'' FD_{it} + \delta \ln LF_{it} + \sum_{i=1}^{n} \lambda''_i X_{it} + \varepsilon_{it} \tag{4.3}$$

其中，i 表示城市，t 表示时间；$\ln HP_{it}$ 表示对数房价；FD_{it} 表示财政分权度；$\ln LF_{it}$ 表示土地财政；X_{it} 为控制变量组；ε_{it} 表示随机扰动项。

本章拟采用三阶段回归法对中介效应的存在性进行检验，该方法能够保证犯两类错误的概率均比较小（温忠麟等，2004；钱雪松等，2015）。其具体检验步骤如下：

第一步对模型（4.1）进行回归，考察核心变量财政分权与房价之间的关系，如果 β 显著，此时转入下一步；第二步对模型（4.2）进行回归，考察核心变量财政分权与中介变量土地财政之间的关系，如果 β' 显著，转入下一步；第三步对模型（4.3）进行回归，如果土地财政对房价的回归系数 δ 显著，则表明中介效应存在。其中，如果 β'' 不显著，则存在完全中介效应；若 β'' 仍然显著，则存在部分中介效应。另外，如果 β'，δ 两者中至少有一个不显著，则需要进行 Sobel 检验。检验流程如图 4-5 所示。

Sobel 检验统计量为 $Z = \beta'\delta/S$。其中，$S = \sqrt{\beta'^2 S_\delta^2 + \delta^2 S_{\beta'}^2}$，$S_\delta$，$S_{\beta'}$ 分别是 δ，β' 的标准误。MacKinnon 模拟发现，统计量 Z 显著性水平 5% 对应的临界值为 0.97。

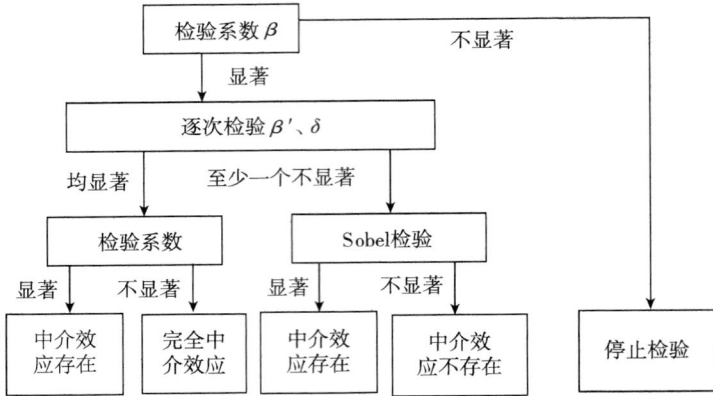

图 4 – 5　中介效应检验流程

4.2.2　指标选取与数据说明

1. 指标选取

土地财政（lnLF），目前对土地财政指标的度量主要存在两种方式。其中，狭义土地财政通常利用地方政府的土地出让金收入来衡量，广义土地财政则是利用土地出让金收入与土地相关的各种税费收入（如耕地占用税、城镇土地使用税、土地增值税等）之和来衡量。作为一般预算外收入，土地出让金收入部分数额巨大且比较规整。而与土地相关的各类税收存在税种及数额较小且不易收取的弊端。目前，基于地级市层面的土地相关税收收入数据难以获取。因此，参照现有文献的做法（吴群和李永乐，2010；邵朝对等，2016），本章选取土地出让金收入作为土地财政的代理变量。

另外，其他变量选取及说明与第 3 章相同，这里不再一一赘述。

2. 数据来源与说明

本章实证部分仍以 69 个大中城市为研究对象，考虑数据的可得性，样本期间选为 2005—2017 年。其中，各城市土地出让金数据来自《中国国土资源统计年鉴》（2006—2018 年），并以 2004 年为基期进行了消长处理。同时，为了减弱异方差的影响，对土地出让金数据进行了取对数处理。其余数据来源与第 3 章相同。表 4 – 1 对本章中涉及的变量进行了基本统计分析。

表 4 - 1　变量描述性统计

变量	含义	样本数	均值	标准差	最小值	最大值
lnHP	对数房价	897	8.501	0.606	7.023	10.778
lnLF	对数土地出让金	897	13.760	1.368	9.252	17.118
FD	财政分权度（%）	897	46.692	15.518	8.637	96.024
lnDI	对数人均可支配收入	897	9.966	0.452	8.837	11.044
ln$D$	对数人口密度	897	6.091	0.671	4.180	7.738
R	利率（%）	897	3.754	1.595	-0.810	8.689
IS	第三产业比重（%）	897	45.179	10.426	24.920	85.730

表 4 - 2 给出了各变量之间的相关系数。可以看出，被解释变量房价、核心解释变量财政分权与中介变量土地财政两两之间存在较大的相关系数，初步判定三个变量两两之间具有正相关关系；控制变量方面，各解释变量之间的相关系数的绝对值均小于 0.5，表明各解释变量之间不存在严重的多重共线性。基于方差膨胀因子的进一步检验表明，上述三个方程中各解释变量的方差膨胀因子均小于 10，因此建模中可以忽略多重共线性的影响。

表 4 - 2　各变量之间的 Spearman 相关系数

变量	lnHP	lnLF	FD	lnDI	ln$D$	R	IS
lnHP	1.000						
lnLF	0.746	1.000					
FD	0.618	0.613	1.000				
lnDI	0.839	0.695	0.432	1.000			
ln$D$	0.452	0.531	0.452	0.297	1.000		
R	-0.003	0.102	0.021	0.011	0.006	1.000	
IS	0.605	0.378	0.479	0.429	0.166	0.042	1.000

4.2.3　面板数据单位根检验

本章仍采用同质 LLC 方法、Breitung 方法、异质 IPS 方法以及 Fisher - ADF 方法对 lnLF 序列进行单位根检验。由表 4 - 3 可知，基于稳健性，lnLF 可认为是一阶平稳序列。进一步检验发现，土地财政与其他变量间存在协整关系。

表 4 – 3　面板数据单位根检验

变量	LLC	IPS	Fisher – ADF	Breitung
$\ln LF$	– 8.522 ***	– 2.940 ***	3.583 ***	3.054
$D(\ln LF)$	– 18.522 ***	– 13.377 ***	68.133 ***	– 13.828 ***

注: *** $p < 0.01$, ** $p < 0.05$, * $p < 0.1$。

4.2.4　土地财政中介效应检验

依次对式（4.1）、式（4.2）、式（4.3）进行回归。其中，式（4.1）、式（4.3）采用空间面板滞后模型进行估计，式（4.2）采用 FE 进行估计。表 4 – 4 给出了中介效应检验的估计结果。

对于式（4.1）而言，财政分权的回归系数为正，且在 1% 水平下显著，说明财政分权对城市房价具有显著的正向溢出效应。因此，步骤 I 成立，进入下一步。

对于式（4.2）而言，财政分权的回归系数为正，且在 1% 水平下显著，说明财政分权对土地财政具有显著的正向溢出效应。这充分表明财政分权水平是引发地方政府依赖土地财政的制度性因素。尤其是分税制改革后，面对财政收支不平衡压力以及 GDP 考核压力，地方政府更是加大了对土地出让收入的攫取力度。因此，假说 2 得以证实。控制变量方面，人均可支配收入、人口密度的回归系数为正，且在 1% 水平下显著，说明二者均对土地财政具有显著的促进作用。人均可支配收入可以间接表征城市的经济发展水平。通常情况下，经济发展水平越高，其对土地出让的需求越大，为了增加财政收入，地方政府的土地出让行为也越发严重。同时，在纵向和横向双向竞争下，城市化成为地方政府攫取土地出让收入的重要渠道之一。人口密度越大，城市化发展进程越快，其对地方政府土地财政行为的激励和强化作用力度越大。因此，步骤 II 成立，进入下一步。

对于式（4.3）而言，土地财政的回归系数在 1% 水平下显著为正，说明土地财政对城市房价具有显著的促进作用，假说 3 得以证实。因此，存在中介效应。而且，财政分权的回归系数仍在 1% 水平下显著为正，只是数值有所减小。因此，存在部分中介效应，通过测算可知土地财政发挥的中介功能为 25.81%。因此，土地财政是联结财政分权与城市房价的中介变量，且财政分权通过土地财政对城市房价具有正向作用。

表 4 - 4 中介效应检验结果

变量	Ⅰ，因变量 lnHP	Ⅱ，因变量 lnLF	Ⅲ，因变量 lnHP
ρ	0.843 ***		0.775 ***
	(27.34)		(21.08)
FD	0.0062 ***	0.0346 ***	0.0046 ***
	(4.53)	(3.68)	(3.40)
lnLF			0.049 ***
			(7.28)
lnDI	0.0746 **	1.478 ***	0.065 *
	(2.34)	(12.08)	(1.86)
lnD	0.470 ***	1.690 **	0.418 ***
	(6.03)	(2.51)	(5.45)
R	− 0.009	0.070 ***	0.010
	(− 0.13)	(4.15)	(0.09)
IS	0.106 ***	− 2.099 ***	0.169 *
	(4.15)	(− 0.13)	(1.86)
常数项		− 11.932 ***	
		(− 3.29)	
R^2	0.911	0.605	0.928

注：*** $p < 0.01$ ，** $p < 0.05$ ，* $p < 0.1$ ；（ ） 内为 t 值或 z 值。下同。

4.2.5 传导渠道的门槛效应分析

1. 模型构建与估计方法

上部分研究表明，财政分权通过土地财政这一中介变量而对城市房价产生了间接影响。那么，财政分权—土地财政—城市房价这条路径是否存在结构性变化？是否财政分权水平越高，越有利于通过土地财政而推高城市房价呢？上述回归结果是否具有稳健性？为回答以上疑问，本节利用Hansen（1999）提出的面板门槛模型，进一步考察财政分权对于土地财政推动城市房价上涨的非线性传导机理。单一门槛模型设定如下：

$$\ln HP_{it} = \beta_1 \ln LF_{it} \cdot I(FD_{it} \leqslant \gamma) + \beta_2 \ln LF_{it} \cdot I(FD_{it} > \gamma) + \eta_i + \alpha' X_{it} + \varepsilon_{it}$$

$$(4.4)$$

其中，$\ln LF_{it}$ 为核心解释变量；FD_{it} 为门槛变量；$I(\cdot)$ 为示性函数，当满足括号内条件时其值取 1，否则取 0；γ 为待估门槛值；其他变量含义与前述相同。

面板门槛回归模型的估计过程如下：

第一，利用 OLS 对方程进行一致估计，从所有可能的门槛值中选择 $\hat{\gamma}$，使得残差平方和 $SSR(\hat{\gamma})$ 最小，从而得到估计系数 $\hat{\beta}(\hat{\gamma})$；

第二，检验门槛效应的显著性，构造似然比检验（LR）统计量

$$LR = [SSR^* - SSR(\hat{\gamma})]/\hat{\sigma}^2 \qquad (4.5)$$

其中

$$\hat{\sigma}^2 = SSR(\hat{\gamma})/N(T-1) \qquad (4.6)$$

在 H_0 成立的情况下，LR 统计量的渐进分布不是标准的卡方分布，Hansen 给出了其置信区间的公式。在显著性水平 α 下，如果

$$LR \leqslant -2\ln(1 - \sqrt{1-\alpha}) \qquad (4.7)$$

则接受原假设 $H_0: \beta_2 = \beta_3$，此时不存在门槛效应。特别地，在 5% 显著性水平下，其临界值为 7.3523；

第三，如果拒绝原假设 $H_0: \beta_2 = \beta_3$，则认为存在门槛效应，进一步给出 γ 的置信区间。

类似地，可以考虑多个门槛值的面板回归模型，这里不再一一赘述。

2. 门槛效应的检验

首先，采用"自抽样法"重复抽样 300 次对门槛效应的存在性进行检验，结果如表 4-5 所示。

由表 4-5 可知，财政分权的三重门槛均通过了 1% 显著性水平的检验，但三重门槛的第二、三个门槛值非常接近，故借鉴 Hansen（1999）的做法，采用双重门槛进行分析。进一步分析发现，双重门槛模型对应的门槛值分别为 27.3 与 33.81。因此，可将门槛变量财政分权划分成低财政分权水平（$FD \leqslant 27.30$）、中财政分权水平（$27.30 < FD \leqslant 33.81$）、高财政分权水平（$FD > 33.81$）三个区制。

表 4-5　门槛效应检验结果

估计值				
模型	F 值	P 值	门槛值	95% 置信区间
单一门槛	43.98	0.0000***	33.81	[30.87, 34.06]
双重门槛	44.52	0.0000***	27.30	[25.51, 28.23]

图 4-6 给出了门槛值的估计结果及其 95% 置信区间的构成特征。其中，门槛估计值为 LR 统计量等于零时 γ 的取值，虚线表示 LR 统计量在 5% 显著性水平对应的临界值 7.3523。

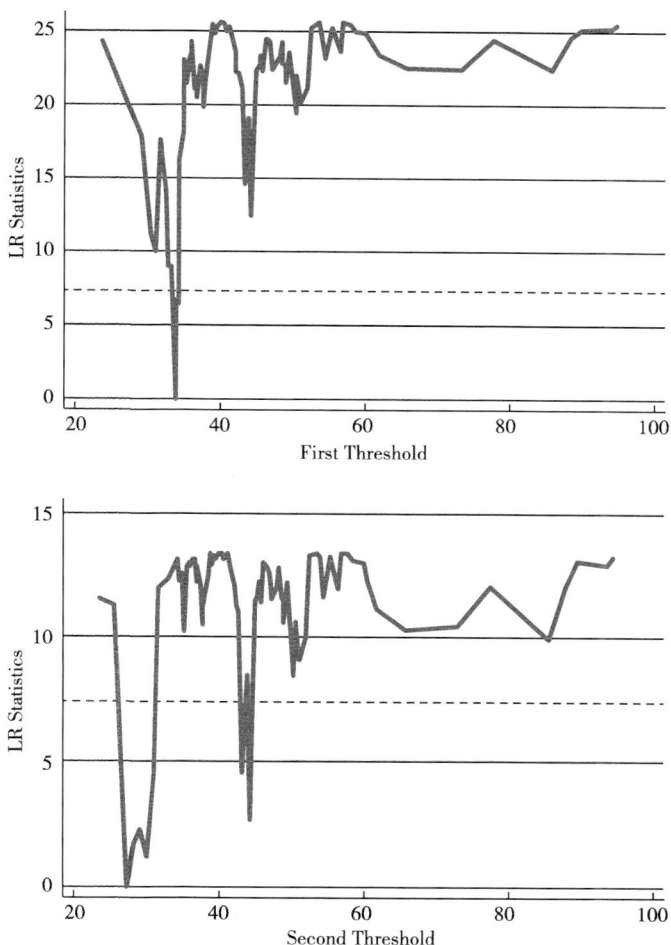

图 4 - 6　FD 门槛值的 LR

3. 门槛效应结果分析

表 4 - 6 给出了面板门槛模型的估计结果。首先，无论是在财政分权的低区制、中区制或是高区制中，土地财政的回归系数均为正，且在 1% 水平下显著。因此，总体而言，土地财政对城市房价具有显著的促进作用，土地财政是推高房价的不可或缺的因素之一。其次，在财政分权的不同区制中，土地财政的回归系数具有显著差别，说明土地财政对城市房价的影响存在显著的结构性变化。具体而言，在低财政分权水平下，土地财政的回归系数为 0.070；在中财政分权水平下，土地财政的回归系数提高至 0.083。在高财政分权水平下，土地财政的回归系数提高至 0.091。由此可见，在财

政分权水平从低区制经由中区制向高区制转化过程中，土地财政对城市房价的正向作用力度逐步增大。具体而言，与低财政分权水平相比，高财政分权水平下，土地财政对城市房价的正向作用力度提升了 30%。

通过对样本数据进行分析可以发现，2007 年后，除南充以及遵义 2 个城市外，其他城市的财政分权水平均跨越了 33.81% 的分界线而进入了高区制。此现实情况为土地财政发挥更大的作用创造了空间，其对城市房价的推动作用成为不容忽视的重要因素之一。

综上所述，财政分权对城市房价的影响存在间接作用机制，土地财政是联结二者的中介变量之一。进一步地，财政分权强化了土地财政对城市房价的正向溢出效应，假说 4 得以证实。因此，可以认为土地财政推高城市房价只是问题的表象，隐藏在其背后的真正逻辑是，财政分权这一制度性变革引发了地方政府对土地财政的高度依赖，从而引发了城市房价的持续攀升。

表 4-6　面板门槛模型估计结果

变量	估计值	t 值
$\ln DI$	0.718***	37.66
$\ln D$	0.720***	7.90
R	−0.005	−0.14
IS	0.046	0.41
$\ln LF \cdot I(FD \leq \gamma_1)$	0.070***	8.13
$\ln LF \cdot I(\gamma_1 < FD \leq \gamma_2)$	0.083***	10.46
$\ln LF \cdot I(FD > \gamma_2)$	0.091***	11.90
常数项	−4.30**	−8.47
R^2	0.913	

4.3　本章小结

本章首先从理论上分析了财政分权下土地财政对房价的作用机理，并据此提出了相关研究假说。在此基础上，选取 69 个大中城市 2005—2017 年的面板数据进行了实证检验。主要研究结论如下：

1. 理论分析表明，分税制改革实施后，地方政府面临的财政收支不平衡压力迫使其采取了土地财政策略，且财政分权水平越高，地方政府对土地财政的依赖程度越大；

地方政府采取的土地财政策略影响了房地产市场中地方政府、开发商以及个人的行为，进而对房价产生了显著的正向溢出效应。

2. 通过中介效应检验的分析表明，财政分权对土地财政具有正向影响；土地财政对城市房价也具有正向影响；且土地财政是联结财政分权与城市房价的中介变量。进一步地，基于面板门槛模型的分析表明，存在财政分权—土地财政—城市房价的非线性传导渠道。在门槛变量财政分权从低区制经由中区制向高区制转换的过程中，土地财政对城市房价的影响程度显著变大，其作用力度提升了 30%。2007 年，除南充以及遵义 2 个城市外，其他城市的财政分权水平均跨越了 33.81% 的分界线而进入了高区制。此现实情况为土地财政发挥更大的作用创造了空间，其对城市房价的推动作用成为不容忽视的重要因素之一。

由此可知，存在财政分权—土地财政—城市房价的间接作用机制，且财政分权强化了土地财政对城市房价的正向作用力度。这在某种程度上表明，土地财政推高城市房价只是问题的表象，财政分权体制冲击才是促成这一问题的内在动因。

第 5 章 财政分权、公共品供给与房价

本章首先从理论上分析财政分权下公共品供给结构对房价的作用机理，并据此提出财政分权能够通过影响地方政府对公共品供给的偏好进而对房价产生影响的研究假说；其次，选取与城市房价密切相关的交通基础设施建设、公共教育供给以及公共医疗卫生供给三种公共品，利用中介效应检验法以及面板门槛模型，实证考察不同类型的公共品供给对城市房价的差异化影响，并重点探究财政分权—公共品供给—城市房价这一传导路径的存在性及其作用效果。

5.1 理论分析与假说

5.1.1 财政分权对公共品供给影响的理论分析

传统的财政分权理论认为，相比中央，地方政府对辖区居民的偏好享有信息优势。因此，由地方政府提供公共物品更有利于公共品供给效率的提升。Tiebout（1956）最早提出"用脚投票"机制，指出鉴于不同区域公共品供给的质量存在差异，居民可以通过自由迁徙而流入公共品供给效率较高的辖区，这加剧了地方政府的竞争程度，进而能够激励地方政府向辖区居民提供合意的公共品数量。随后，许多学者也得出了相似结论（Oates，1972；Besley 和 Coats，2003；Baicker，2005）。然而，随着财政分权与公共品供给理论研究的逐步深入，部分学者对 Tiebout 模型提出了质疑，其理由是 Tiebout 机制建立在许多假设之下，在现实世界中很难完全满足（Prud'Homme，1995）。如迁徙成本的存在使得"用脚投票"机制的作用效果大打折扣；中央对地方政府缺乏有效的监管机制，导致地方政府运行并非是完全有效率的，且其极易被利益集团所利用（Treisman，2000）；受人力资本有限、管理水平较低等条件的制约，财政分权水平越高越有可能导致地方政府公共品供给效率的低下（Bardhan，2002）。由此可知，财政分权究竟是

促进或是抑制公共品供给效率不能一概而论，其依赖于不同国别或区域的具体情况。下面，我们将基于中国现实，分析中国式财政分权对公共品供给结构的影响。

首先，从整体环境来看，Tiebout 模型不完全适用于中国现实。Tiebout 模型适用的两个重要假设是人口能够自由流动以及存在完全民主的选举制度，这两者在中国均不成立。一方面，中国的户籍管理制度制约了人口的自由流动。由于中国普遍存在地方保护主义，从财政收入视角考虑，地方政府更倾向于富人或是高素质人才流入本地区，从而带动区域经济发展，增加税收收入。随着中国人口户籍改革的逐步推进，人口流动所受限制会越来越少。但是，作为一个人口大国，实行完全的人口自由流动尚需很长时间；而且，人口流动具有较大的机会成本。原因在于，诸如教育、医疗卫生以及社会保障等非经济性公共品供给均与户籍挂钩，外来人口在没有取得户籍的情况下，无法享有基本的公共物品保障。因此，权衡人口流动的收益与成本，如果成本大于收益，作为理性人将会选择不进行迁徙；同时，受传统文化的影响，中国人具有很深的故乡情，致使其不会轻易进行迁徙。另一方面，"用手投票"的民主机制在中国还很不健全。中国的政府官员任命完全由上级政府所决定，普通民众所起的作用微乎其微，其对地方官员行为没有有效的约束作用。对上负责，而不是对下负责的机制使得地方官员通常会想方设法满足上级领导的意愿，从而为晋升机会增添砝码，而不会过多考虑普通民众的意愿。

其次，中国式财政分权的核心内容是经济分权与政治集权相并行，中央享有对地方政府官员的完全人事任命权。中国式分权下的激励约束机制以及考核机制造成了公共品供给结构的扭曲，地方政府普遍存在重视基础设施建设，而看轻基础性公共品供给的现状（傅勇，2010）。第一，财政分权赋予地方政府分享一定比例财政收入的权利，同时地方政府也享有较大的财政自主权。因此，这种财政激励使地方政府有内在动力加大对基础设施等经济性公共品的供给力度，而弱化了对经济短期发展推动效果不显著的诸如基础教育、医疗卫生等非经济性公共品的供给力度。更有甚者，在中央政府对地方财政支出监管力度不够的情况下，地方政府甚至将本应用于非经济性公共品的支出挪用到经济性公共品领域，从而造成了公共品供给结构的扭曲。第二，现行的以 GDP 考核为主的官员晋升机制成为制约基础性公共品供给的主要动因。中国式分权下，中央和地方政府之间隐含着一种契约机制，两者形成了委托—代理关系。作为理性经济人，地方官员完全按照中央的偏好以及激励机制来制定最优的策略，以实现自身效用的最大化。以 GDP 增长论英雄的现实加剧了地方政府之间的横向竞争，从而使得地方政府纷纷加大了对基础设施建设的投入力度，而忽视了教育、医疗等非经济性公共品的供给。随着社会的发展，中央也在试图增加民生类公共服务的考核指标，以期从多维度指标对地方政府官员进行考核。然而，由于民生类公共服务绩效考核指标本身存在难以量化的缺陷，其实施效果并不理想，没有从根本上改变以 GDP 考核为主的激励机制。接下来，我们将借鉴 Holmstrom 和 Milgrom（1991）的研究框架，通过构建多任务委托—代理模型，进而分析财政分权下中央政府激励机制的不完善性对地方政府公共品供给结构的影响。

假设中央政府和地方政府分别是风险中性以及风险规避型的；中央政府从两个维度对地方政府进行考核，即 GDP 增长以及公共服务；地方政府对两项任务所付出的努力程度为 $t = (t_1, t_2)$；付出的相应成本为 $C(t_1, t_2)$，且其为严格凸函数；带来的期望收益为 $B(t_1, t_2)$，且其为严格凹函数。

中央政府观察到的地方政府的政绩指标为

$$X(t_1, t_2) = \mu(t_1, t_2) + \varepsilon \tag{5.1}$$

其中，μ 为凹函数，$\varepsilon \sim N(0, \sum)$ 为白噪声向量。

中央对地方官员的激励机制具有线性函数形式

$$w(X) = \alpha' X + \beta \tag{5.2}$$

由此，地方政府的期望效用函数为

$$u(CE) = E\{u[w(\mu(t_1, t_2) + \varepsilon) - C(t_1, t_2)]\} \tag{5.3}$$

其中，$u(w) = -e^{-rw}$。

其对应的确定性等价收入为

$$CE = \alpha'\mu(t_1, t_2) + \beta - C(t_1, t_2) - 0.5r\alpha' \sum \alpha \tag{5.4}$$

中央政府的期望收入为

$$B(t_1, t_2) - E[w(X)] = B(t_1, t_2) - \alpha'\mu(t_1, t_2) - \beta \tag{5.5}$$

中央政府的最终目标是最大化社会的整体收益，其确定性等价收入为

$$TCE = B(t_1, t_2) - C(t_1, t_2) - 0.5r\alpha' \sum \alpha \tag{5.6}$$

由此，该委托—代理问题可以表述为

$$\max_{t_1, t_2, \alpha} B(t_1, t_2) - C(t_1, t_2) - 0.5r\alpha' \sum \alpha \tag{5.7}$$

$$\text{s.t.} \quad (t_1, t_2) \in \max \alpha'\mu(t_1, t_2) - C(t_1, t_2) \tag{5.8}$$

为了便于分析，假设 $X(t_1, t_2) = (t_1 + \varepsilon_1, t_2 + \varepsilon_2)'$

由此，激励约束式（5.8）可表示为

$$\alpha_i = C_i(t_1, t_2) \tag{5.9}$$

式（5.9）两边对 t 求偏导，可得二阶条件

$$\frac{\partial \alpha}{\partial t} = [C_{ij}] \text{ 以及 } \frac{\partial t}{\partial \alpha} = [C_{ij}]^{-1} \tag{5.10}$$

式（5.10）中第二个方程可以用来描述 α 影响地方政府努力程度的作用机制。

由此，该委托—代理问题的一阶条件为

$$\alpha = (I + r[C_{ij}] \sum)^{-1} B' \tag{5.11}$$

其中，$B' = (B_1, B_2)$ 为 $B(t_1, t_2)$ 的一阶偏导数。

进一步地，如果地方政府的行为是相互独立的，我们可得

$$\alpha_i = B_i (1 + rC_{ii}\sigma_i^2)^{-1} \tag{5.12}$$

由式（5.12）可知，α_i 是 σ_i^2 的单调递减函数。这意味着，如果中央政府对第 i 项任务的考核指标越明确，越容易被地方政府所观测到（σ_i^2 越小），地方政府越会对第 i 项任务付出更多的努力，从而可以取得更好的考核结果。极端情况下，如果第 i 项任务完全不能被观测到，即 $\sigma_i^2 \to +\infty$，则有 $\alpha_i = 0$。此时，地方政府会完全放弃对第 i 项任务的努力，其会把所有支出投向其他任务。中国式财政分权下，中央对地方政府的考核以 GDP 为主，虽然也加入了非经济性公共服务的绩效考核指标，但由于存在信息不对称问题，中央对此类考核指标的设定具有模糊性，且难以量化。随着财政分权程度的加大，地方政府的财政自由度也随之加大，为了在横向竞争中取胜，地方政府会更倾向于加大对基础设施等经济性公共品的供给力度，而忽视了对非经济性公共品的供给，由此产生了重基础设施建设轻基础性公共品供给的政府行为扭曲问题。

最后，财政分权体制设计方面存在权责不明确、不对等、转移支付制度不完善以及中央对地方政府监管不到位等缺陷，这些因素都会不同程度地制约地方政府公共服务的效率。

5.1.2　公共品供给对房价影响的理论分析

地方政府公共品供给能力增强能够显著提升城市价值，并显著提升了城市宜居性，从而引致了人口的净流入，尤其是高端人才的集聚，这会显著增加城市住房的刚性需求。同时，公共品供给水平提高在某种程度上也降低了已有居民的居住成本，这等于变相增加了居民的持久性收入。因此，

居民对住房的改善性需求以及投资性需求会显著增强。上述效应的总和会带动城市房价的攀升。接下来，我们将借助 Stadelmann 和 Billon （2012） 的研究框架，从理论上探讨公共品供给对房价的正资本化效应。

假设研究系统由 I 个城市组成；所有城市消费者共计 N 个；每个消费者均可在不同城市间自由流动，并且偏好相同，其只进行购买住房和一般组合商品的消费；一般组合商品的价格标准化为 1，房价为 p_i；政府所征收的收入税税率为 t_i；作为补偿，政府所提供的公共服务为 g_i；消费者的决策目标是实现自身效用的最大化。

由此，典型消费者的效用函数为

$$U = u(c_i, h_i) + \gamma(g_i) \tag{5.13}$$

$$\text{s.t.} \quad (1 - t_i)y_i = c_i + h_i p_i \tag{5.14}$$

其中，c_i 表示一般商品的消费量，h_i 为住房消费量。

通过求解最大化问题可得间接效用函数 $V(y_i, p_i, g_i)$。由于消费者的自由流动性，系统均衡的条件为任意两个消费者的间接效用函数值均相同，即

$$V(y_i, p_i, g_i) = V(y_j, p_j, g_j), i, j = 1, \cdots, I, i \neq j \tag{5.15}$$

假设城市 i 有 n_i 个消费者，则住房需求总量为 $n_i h_i(p_i)$，再假设城市 i 住房供给量为 S_i。则房地产市场处于出清状态时，有

$$n_i h_i(p_i) = S_i \tag{5.16}$$

由 $\sum_{i=1}^{I} n_i = N$，可得

$$\sum_{i=1}^{I} \frac{S_i}{h_i(p_i)} = N \tag{5.17}$$

式 （5.15） 和式 （5.17） 分别对 g_i 求偏导，得

$$\frac{1}{h_i} \frac{\partial S_i}{\partial p_i} \frac{\partial p_i}{\partial g_i} - \frac{1}{h_i^2} \frac{\partial h_i}{\partial p_i} \frac{\partial p_i}{\partial g_i} + \sum_{j \neq i} \left(\frac{1}{h_j} \frac{\partial S_j}{\partial p_j} \frac{\partial p_j}{\partial g_j} - \frac{1}{h_j^2} \frac{\partial h_j}{\partial p_j} \frac{\partial p_j}{\partial g_j} \right) = 0 \tag{5.18}$$

$$\frac{\partial V}{\partial p_i} \frac{\partial p_i}{\partial g_i} + \frac{\partial V}{\partial g_i} - \frac{\partial V}{\partial p_j} \frac{\partial p_j}{\partial g_i} = 0 \tag{5.19}$$

由 Roy 定理，可得

$$h_i \frac{\partial p_i}{\partial g_i} - h_j \frac{\partial p_j}{\partial g_i} = \frac{\partial V}{\partial g_i} \bigg/ \frac{\partial V}{\partial y_i} \tag{5.20}$$

由式 （5.18）、式 （5.19） 和式 （5.20） 可得

$$\frac{\partial p_i}{\partial g_i} = \frac{MRS_i \cdot \sum_{j \neq i} \frac{n_j}{p_j}(\varphi_j - \varphi_j)h_i}{\sum_{j \neq i} \frac{n_j}{p_j}(\varphi_j - \varphi_j)h_i + \frac{n_i}{p_i}(\varphi_i - \varphi_i)h_j} > 0 \tag{5.21}$$

其中，$MRS = \dfrac{\partial V}{\partial g} / \dfrac{\partial V}{\partial y} > 0$ 表示公共服务与收入的边际替代率；$\varphi = \dfrac{\partial h}{\partial p} \dfrac{p}{h} < 0$
表示住房需求价格弹性；$\varphi = \dfrac{\partial S}{\partial p} \dfrac{p}{S} > 0$ 表示住房供给价格弹性。

5.1.3　研究假说

根据上述理论分析，本章提出研究假说 5 ~ 7，并给出了传导机理（见图 5 – 1）。

研究假说 5：中国式财政分权下，地方政府对不同类型公共品供给具有不同偏好。具体来讲，随着财政分权水平的提升，地方政府会倾向于加大对基础设施建设等经济性公共品的供给力度，而忽视对公共教育、医疗卫生等非经济性公共品的供给水平。

研究假说 6：公共品供给对城市房价具有正向溢出效应。

研究假说 7：公共品供给是联结财政分权与城市房价的中介变量，且财政分权水平提升能够强化经济性公共品的正资本化效应，而抑制非经济性公共品的正资本化效应。

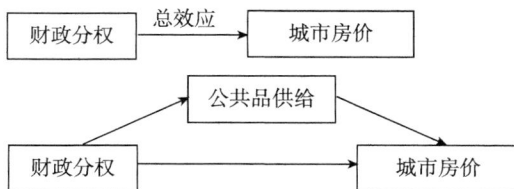

图 5 – 1　"财政分权—公共品供给—城市房价"中介效应模型

5.2　实证研究

5.2.1　模型设定

在理论分析基础上，拟采用中介效应检验法，对财政分权通过影响公共品供给进而影响城市房价的作用机理进行识别：

$$\ln HP_{it} = \alpha w \cdot \ln HP_{it} + \beta FD_{it} + \sum_{i=1}^{n} \lambda_i X_{it} + \varepsilon_{it} \qquad (5.22)$$

$$PG_{it} = \alpha' + \beta' FD_{it} + \sum_{i=1}^{n} \lambda'_i X_{it} + \varepsilon_{it} \qquad (5.23)$$

$$\ln HP_{it} = \alpha''w \cdot \ln HP_{it} + \beta''FD_{it} + \delta PG_{it} + \sum_{i=1}^{n} \lambda''_{i} X_{it} + \varepsilon_{it} \quad (5.24)$$

其中，i 表示城市，t 表示时间；$\ln HP_{it}$ 表示对数房价；FD_{it} 表示财政分权水平；$PG_{it} = (ROAD_{it}, EDU_{it}, PBED_{it})$ 为公共品供给组，$ROAD_{it}$ 表示交通基础设施建设，EDU_{it} 表示公共教育供给，$PBED_{it}$ 表示公共医疗卫生供给；X_{it} 为控制变量组；ε_{it} 表示随机扰动项。

5.2.2 指标选取与数据说明

1. 指标选取

对于公共品供给的度量，现有文献主要采用下述两种方式：一是采用支出法，即利用地方政府对公共品的财政支出来衡量；二是采用产出法，如利用师生比、人均医生数或病床数来衡量公共教育和医疗卫生。Bardhan（2002）、傅勇（2010）认为财政分权影响的是政府的支出效率而非公共品支出本身。因此，本章采用产出法来衡量各种公共品供给。

交通基础设施建设（$ROAD_{it}$），用全市铺装道路面积/全市面积的对数值来表示。由于中国城市统计年鉴只列出了市辖区的数据，为了和本章其他数据相匹配，这里参照左翔和殷醒民（2013）的思路，以 GDP 为权重进行了相应调整，具体公式为

调整值 =（市辖铺装道路面积 × 全市 GDP）/（全市面积 × 市辖 GDP）

公共教育供给（EDU_{it}），现有文献主要采用小学入学率（乔宝云等，2005）、师生比（Eckaus，2003）来衡量。然而，在中国九年义务教育政策下，小学入学率无法准确反映各城市教育质量的差异性。因此，我们最终采用中小学师生比作为代理变量。

公共医疗卫生供给（$PBED_{it}$），参照郭庆旺与贾俊雪（2008）的做法，我们采用每万人病床数的对数值来衡量。

另外，其他变量选取及说明与第 3 章相同，这里不再一一赘述。

2. 数据来源与说明

本章实证部分仍以 69 个大中城市为研究对象，考虑数据的可得性，样本期间选为 2005—2017 年。其中，各城市市面积数据来自《中国国土资源统计年鉴》（2006—2018 年），铺装道路面积、小（中）学学生数及教师数、医疗机构病床数等数据均来自国研网数据库，其余数据来源与第 3 章相同。表 5-1 对本章中涉及的变量进行了基本统计分析。

表 5 – 1 变量描述性统计

变量	含义	样本数	均值	标准差	最小值	最大值
lnHP	对数房价	897	8.501	0.606	7.023	10.778
FD	财政分权度（%）	897	46.692	15.518	8.637	96.024
$ROAD$	对数铺装道路面积	897	8.062	0.984	5.643	11.371
EDU	中小学师生比（%）	897	6.595	1.437	3.154	28.501
$PBED$	对数每万人病床数	897	3.785	0.420	1.357	4.844
lnDI	对数人均可支配收入	897	9.966	0.452	8.837	11.044
ln$D$	对数人口密度	897	6.091	0.671	4.180	7.738
R	利率（%）	897	3.754	1.595	−0.810	8.689
IS	第三产业比重（%）	897	45.179	10.426	24.920	85.730

表 5 – 2 给出了各变量之间的相关系数。可以看出，被解释变量房价、核心解释变量财政分权与中介变量各类公共品供给两两之间存在较大的相关系数，初步判定三个变量两两之间具有正相关关系；控制变量方面，各解释变量之间的相关系数的绝对值均小于 0.5，表明各解释变量之间不存在严重的多重共线性。基于方差膨胀因子的进一步检验表明，上述三个方程中各解释变量的方差膨胀因子均小于 10，因此建模中可以忽略多重共线性的影响。

表 5 – 2 各变量之间的 Spearman 相关系数

变量	lnHP	FD	$ROAD$	EDU	$PBED$	lnDI	ln$D$	R	IS
lnHP	1.000								
FD	0.618	1.000							
$ROAD$	0.683	0.523	1.000						
EDU	0.304	0.244	−0.146	1.000					
$PBED$	0.639	0.511	0.221	0.363	1.000				
lnDI	0.839	0.432	0.478	0.361	0.632	1.000			
ln$D$	0.452	0.452	0.341	0.035	0.148	0.297	1.000		
R	−0.003	0.021	0.020	0.029	0.012	0.011	0.006	1.000	
IS	0.605	0.479	0.334	0.232	0.635	0.429	0.166	0.042	1.000

5.2.3 面板数据单位根检验

本章仍采用同质 LLC 方法、Breitung 方法、异质 IPS 方法以及 Fisher –

ADF 方法对 *ROAD* 、*EDU* 以及 *PBED* 序列进行单位根检验。由表 5 - 3 可知上述 3 个变量属于一阶单整序列。进一步地，协整检验表明上述变量间存在长期均衡关系。

表 5 - 3　面板数据单位根检验

变量	LLC	IPS	Fisher - ADF	Breitung
ROAD	− 6. 279 ***	4. 012	0. 277	7. 991
EDU	− 6. 863 ***	1. 659	3. 536 ***	7. 850
PBED	− 6. 598 ***	4. 310	0. 743	8. 842
D(*ROAD*)	− 6. 650 ***	− 7. 092 ***	41. 244 ***	− 9. 921 ***
D(*EDU*)	− 7. 775 ***	− 10. 458 ***	47. 388 ***	− 10. 424 ***
D(*PBED*)	− 7. 215 ***	− 6. 350 ***	32. 430 ***	− 8. 842 ***

注：$***p < 0.01$ ，$**p < 0.05$ ，$*p < 0.1$ 。

5.2.4　公共品供给中介效应检验

依次对式（5.22）、式（5.23）、式（5.24）进行回归。式（5.22）、式（5.24）采用空间面板滞后模型进行估计，式（5.23）采用 FE 进行估计，检验结果如表 5 - 4 所示。

1. 交通基础设施建设中介变量识别

对于式（5.22）而言，财政分权的回归系数为正，且在 1% 水平下显著，说明财政分权对城市房价具有显著的正向影响。因此，步骤Ⅰ成立，进入下一步。

对于式（5.23）而言，财政分权的回归系数为正，且在 1% 水平下显著，说明财政分权对交通基础设施建设具有显著的促进作用。这充分表明财政分权水平越高，地方政府财政支出的自由度越大。面对以 GDP 为主的考核机制，地方政府之间的横向竞争日益激烈，为了促进经济短期内的快速发展，地方政府更加倾向于加大对基础设施建设的供给力度。控制变量方面，人均可支配收入对交通基础设施建设具有显著的促进作用。人均可支配收入越大，在一定程度上表明城市经济发展水平越高，经济发展速度越快，地方政府对交通基础设施建设的供给能力自然会有所提高；人口密度对交通基础设施建设具有显著的促进作用。人口集聚程度越高，其对交通基础设施建设的需求也会随之增加，而交通基础设施建设供给增加会直接进入经济函数而带来 GDP 的增长。因此，作为理性经济人，地方政府会不断增加交通基础设施建设的供给力度。因此，步骤Ⅱ成立，进入下一步。

对于式（5.24）而言，交通基础设施建设的回归系数在1%水平下显著为正，说明交通基础设施建设对城市房价具有显著的促进作用。其原因在于交通基础设施建设具有较强的正外部性效应。首先，交通可达性能够降低居民的通行成本，从而能够增强城市的宜居性，并能带来人口集聚，其所产生的拥堵效应间接推高了城市房价；其次，交通便利能够带动区域经济的快速发展，居民的可支配收入进而能够显著增加，其对住房的改善性需求以及投机性需求显著增强，从而能够带动房价上涨。由上可知，存在中介效应。而且，财政分权的回归系数仍在1%水平下显著为正，只是数值有所减小。因此，存在部分中介效应，交通基础设施建设是联结财政分权与城市房价的中介变量，且财政分权通过交通基础设施建设对城市房价具有正作用。

与上述研究过程相类似，可得以下主要结论：

2. 公共教育供给中介变量识别

财政分权对公共教育具有负向影响。作为非经济性公共品，公共教育供给不会直接进入经济函数，其无法促进经济在短期内的快速增长。面对财政压力以及激烈的横向竞争，地方政府更倾向于将有限的财政收入投入到基础设施建设领域，而缺少激励去增加教育这种纯公共品的供给水平；公共教育对城市房价具有促进作用。目前中国中小学实行的是按户籍就近入学制度，这使得房屋成为获取优质资源的关键。为了使孩子能够接受高质量的小、中学教育，家长倾尽全力或是举债在教育质量高的城市或区域购买房屋，教育质量已经资本化为高房价（张浩等，2014），学区房溢价现象也是十分普遍（胡婉旸等，2014）。由此，地方政府公共教育供给能力提升的同时，却推动了区域房价的上涨。其深层次原因还在于中国优质教育资源供给的稀缺性以及不均衡性所致。由上可知，存在中介效应。而且，财政分权的回归系数仍在1%水平下显著为正，只是数值有所增大。因此，存在部分中介效应，公共教育是联结财政分权与城市房价的中介变量，且财政分权通过公共教育对城市房价具有副作用。

3. 公共医疗卫生中介变量识别

财政分权对公共医疗卫生具有正向影响，该结论与假说5不符，但与李拓等（2016）的研究结论相一致。与公共教育供给不同的是，公共医疗卫生供给是较易市场化的公共品（郭庆旺和贾俊雪，2008）。通过与市场相结合，其能够在短期内对区域经济增长有所贡献（李拓等，2016）。因此，随着财政分权度的逐步提高，地方政府会倾向于加大对公共医疗卫生的供给力度；公共医疗卫生对城市房价具有正向影响。地方政府公共医疗卫生供给能力的增强，一方面能够给居民生活带来便利，从而使得城市宜居性增强，并进而产生人口集聚效应；另一方面则会产生规模效应，居民看病成本会显著降低，从而变相增加了居民持久性收入。上述效应的叠加能够显著增加居民对住房的刚性需求、改善性需求以及投资性需求，进而推高房价。因此存在中介效应。而且，财政分权的回归系数仍在1%水平下显著为正，只是数值有所减小。故存在部分中介效应，公共医疗卫生是联结财政分权与城市房价的中介变量，且财政分权通过公共医疗卫生对城市房价具有正作用。

综上所述，财政分权对交通基础设施建设、公共医疗卫生供给具有正向影响，而对公共教育具有负向影响；三种不同类型的公共品供给均对城市房价具有正向影响；交通基础设施建设、公共医疗卫生供给以及公共教育均是联结财政分权与城市房价的中介变量，且前两种公共品发挥了正中介效应功能，而公共教育发挥了负中介效应功能。

表 5 – 4　中介效应检验结果

变量	I，因变量 lnHP	ROAD		EDU		PBED	
		II，因变量 ROAD	III，因变量 lnHP	II，因变量 EDU	III，因变量 lnHP	II，因变量 PBED	III，因变量 lnHP
ρ	0.843 *** (27.34)		0.801 *** (20.25)		0.816 *** (25.55)		0.840 *** (27.14)
FD	0.0062 *** (4.53)	0.0346 *** (8.08)	0.0052 *** (4.19)	- 0.071 *** (- 4.25)	0.0066 *** (4.78)	0.0192 ** (2.62)	0.0044 *** (2.98)
PG			0.028 *** (4.28)		0.0051 *** (4.73)		0.0924 *** (3.09)
lnDI	0.0746 ** (2.34)	0.523 *** (7.71)	0.0785 *** (8.01)	0.024 *** (5.33)	0.0745 *** (3.87)	0.487 *** (10.11)	0.0317 (0.91)
lnD	0.470 *** (6.03)	0.826 *** (9.43)	0.471 *** (4.99)	0.267 (0.29)	0.466 *** (3.93)	- 0.087 (- 0.51)	0.479 *** (6.17)
R	- 0.009 (- 0.13)	0.001 (0.15)	0.01 (0.32)	0.001 (0.67)	0.011 (0.17)	0.001 (0.03)	0.010 (0.36)

续表

变量	I，因变量 lnHP	ROAD		EDU		PBED	
		II，因变量 ROAD	III，因变量 lnHP	II，因变量 EDU	III，因变量 lnHP	II，因变量 PBED	III，因变量 lnHP
IS	0.106***	0.0029	0.113**	−0.06	0.124***	−0.040	0.092
	(4.15)	(0.89)	(2.56)	(−0.19)	(4.40)	(−0.20)	(1.00)
常数项		−3.06***		−1.53***		−1.418	
		(−5.52)		(−4.38)		(−1.46)	
R^2	0.911	0.635	0.917	0.738	0.915	0.802	0.901

注：$***p < 0.01$，$**p < 0.05$，$*p < 0.1$；模型估计采用了稳健标准误形式；（　　）内为 t 值。
下同。

5.2.5　传导渠道的门槛效应分析

1. 模型构建与估计方法

为考察财政分权—公共品供给—城市房价这条路径是否存在结构性变化，以及上述回归结果是否具有稳健性，本节利用 Hansen（1999）提出的面板门槛模型，进一步考察财政分权对于公共品供给推动城市房价上涨的非线性传导机理。三种公共品的单一门槛模型设定如下：

$$\ln HP_{it} = \beta_1 ROAD_{it} \cdot I(FD_{it} \leq \gamma) + \beta_2 ROAD_{it} \cdot I(FD_{it} > \gamma)$$
$$+ \beta_3 EDU_{it} + \beta_4 PBED_{it} + \eta_i + \alpha' X_{it} + \varepsilon_{it} \qquad (5.25)$$

$$\ln HP_{it} = \beta_1 EDU_{it} \cdot I(FD_{it} \leq \gamma) + \beta_2 EDU_{it} \cdot I(FD_{it} > \gamma)$$
$$+ \beta_3 ROAD_{it} + \beta_4 PBED_{it} + \eta_i + \alpha' X_{it} + \varepsilon_{it} \qquad (5.26)$$

$$\ln HP_{it} = \beta_1 PBED_{it} \cdot I(FD_{it} \leq \gamma) + \beta_2 PBED_{it} \cdot I(FD_{it} > \gamma)$$
$$+ \beta_3 EDU_{it} + \beta_4 ROAD_{it} + \eta_i + \alpha' X_{it} + \varepsilon_{it} \qquad (5.27)$$

其中，交通基础设施建设（$ROAD_{it}$）、公共教育供给（EDU_{it}）、公共医疗卫生供给（$PBED_{it}$）三种公共品供给均为门槛被解释变量；FD_{it} 为门槛变量；$I(\cdot)$ 为示性函数，当满足括号内条件时其值取 1，否则取 0；γ 为待估门槛值；其他变量含义与前述相同。

2. 门槛效应的检验

首先，采用"自抽样法"重复抽样 300 次对门槛效应的存在性进行检验，结果如表 5-5 所示。

由表 5-5 可知，三种公共品供给的单一门槛效应均通过了 1% 显著性水平的检验，而双重门槛即使在 10% 水平上仍不显著。因此，选择单一门槛模型进行分析是合理的。进一步分析发现，交通基础设施建设、公共教育供给、公共医疗卫生供给三种公共品供给的单一门槛模型对应的门槛值分别为33.87、29.81、33.81。由此3个模型中均可将门槛变量财政分权划分成低财政分权水平、高财政分权水平两个区制。

表5-5 门槛效应检验结果

门槛被	检验值			估计值	
解释变量	模型	F值	P值	门槛值	95%置信区间
ROAD	单一门槛	37.82***	0.00***	33.87	[32.21, 34.96]
	双重门槛	12.95	0.3133		
EDU	单一门槛	38.87	0.00***	29.81	[29.02, 30.38]
	双重门槛	13	0.31		
PBED	单一门槛	39.29	0.00***	33.81	[32.82, 38.66]
	双重门槛	13.01	0.35		

图5-2、图5-3、图5-4给出了门槛值的估计结果及其95%置信区间的构成特征。其中，门槛估计值为 LR 统计量等于零时 γ 的取值，虚线表示 LR 统计量在5%显著性水平对应的临界值7.3523。

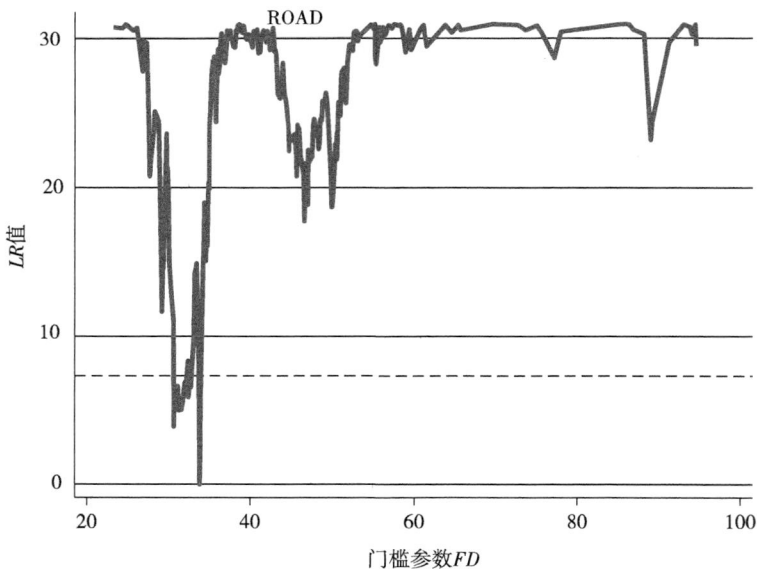

图5-2 FD门槛值的 LR 图（ROAD）

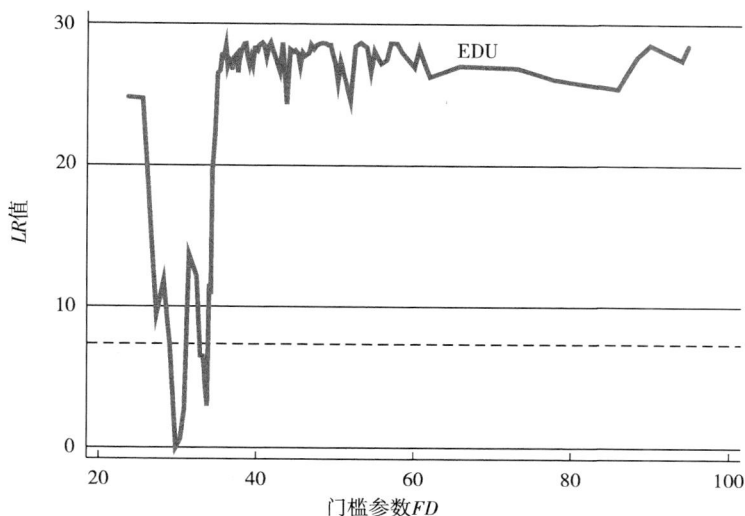

图 5 - 3　*FD* 门槛值的 *LR* 图（EDU）

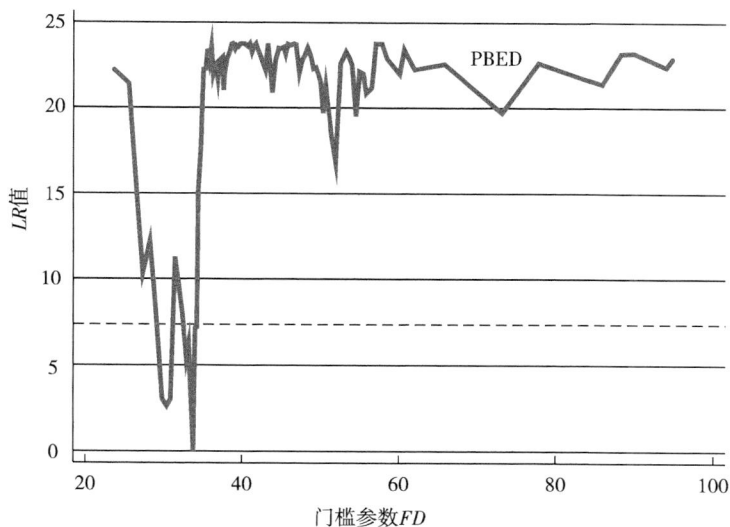

图 5 - 4　*FD* 门槛值的 *LR* 图（PBED）

3. 门槛效应结果分析

表 5 - 6 给出了面板门槛模型的估计结果（控制变量的估计与前述章节基本一致，为节省篇幅，表中略去了控制变量的回归结果）。总体而言，无论是在财政分权的低区制或是高区制中，三种公共品供给的回归系数均为正，表明公共品供给对城市房价具有正向影响，前述 FE 模型估计结果具有

较强的稳健性。

表 5 -6　面板门槛模型估计结果

变量	估计值		
	模型 1	模型 2	模型 3
$ROAD$		0.0155 *** (5.63)	0.0131 *** (4.76)
EDU	0.0027 ** (2.80)		0.0022 *** (4.03)
$PBED$	0.209 *** (4.87)	0.217 *** (4.67)	
$ROAD \cdot I(FD \leqslant \gamma)$	0.0123 *** (4.50)		
$ROAD \cdot I(FD > \gamma)$	0.0168 *** (5.09)		
$EDU \cdot I(FD \leqslant \gamma)$		0.0020 *** (3.99)	
$EDU \cdot I(FD > \gamma)$		0.0019 *** (6.30)	
$PBED \cdot I(FD \leqslant \gamma)$			0.116 *** (3.17)
$PBED \cdot I(FD > \gamma)$			0.150 *** (4.22)
控制变量	控制	控制	控制

由模型 1 可知，交通基础设施建设对城市房价的影响存在基于财政分权水平的门槛效应。具体而言，当财政分权水平处于低区制时（$FD \leqslant$ 33.87），交通基础设施建设的回归系数为 0.0123，且在 1% 水平下显著；当财政分权水平处于高区制时（$FD > 33.87$），交通基础设施建设的回归系数为 0.0168，且在 1% 水平下显著。随着财政分权水平从低区制向高区制的转换，交通基础设施建设对城市房价的正向影响程度逐步增大，增长幅度为 36.59%。因此，财政分权水平提升能够强化交通基础设施建设对城市房价的促进作用。

由模型 2 可知，公共教育供给对城市房价的影响存在基于财政分权水平的门槛效应。具体而言，当财政分权水平处于低区制时（$FD \leqslant 29.81$），公共教育供给的回归系数为 0.0020，且在 1% 水平下显著；当财政分权水平处于高区制时（$FD > 29.81$），公共教育供给的回归系数为 0.0019，且在 1% 水平下显著。随着财政分权水平从低区制向高区制的转换，公共教育供给对城市房价的正向影响程度趋于减弱，降幅高达 5%。因此，财政分权水平提升弱化了公共教育供给的正资本化效应。

由模型 3 可知，公共医疗卫生供给对城市房价的影响存在基于财政分权水平的门槛效应。具体而言，当财政分权水平处于低区制时（$FD \leqslant 33.81$），公共医疗卫生供给的回归系数为 0.116，且在 1% 水平下显著；当财政分权水平处于高区制时（$FD > 33.81$），公共医疗卫生供给的回归系数为 0.150，且在 1% 水平下显著。随着财政分权水平从低区制向高区制的转换，公共医疗卫生供给对城市房价的正向影响程度趋于增强，增长幅度为 29.31%。因此，财政分权水平提升强化了公共医疗卫生供给对城市房价的促进作用。

综上所述，公共品供给对城市房价的影响存在基于财政分权的门槛效应，且财政分权的作用方向具有不一致性。具体来讲，财政分权提升强化了交通基础设施建设、公共医疗卫生供给对城市房价的正向影响，同时也抑制了公共教育供给对城市房价的正资本化效应。

5.3　本章小结

本章首先从理论上分析了财政分权下公共品供给结构对房价的作用机理，并据此提出了相关研究假说。在此基础上，选取 69 个大中城市 2005—2017 年的面板数据进行了实证检验。主要研究结论如下：

1. 理论分析表明，中国式财政分权冲击下，以经济增长考核为主的官员晋升激励对地方政府行为具有显著影响，导致地方政府对不同种类的公共品供给产生差异化偏好。地方政府更倾向于加大对经济性公共品的供给力度，而减小对非经济性公共品的供给水平；

地方政府公共品供给能力增强能够显著提升城市价值，并显著提升了城市宜居性，从而引致了人口的净流入，尤其是高端人才的集聚，这会显著增加城市住房的刚性需求。同时，公共品供给水平提高在某种程度上也降低了已有居民的居住成本，这等于变相增加了居民的持久性收入。因此，居民对住房的改善性需求以及投资性需求会显著增强。上述效应的总和会带动城市房价的攀升。

2. 通过中介效应检验的分析表明，财政分权对交通基础设施建设以及公共医疗卫生供给具有正向影响，而对公共教育供给具有负向影响；交通基础设施建设、公共医疗卫生供给以及公共教育均对城市房价具有正向影响；且上述三种不同类型的公共品供给均是联结财政分权与城市房价的中介变量。进一步地，基于面板门槛模型的分析均表明，存在财政分权—公共品供给—房价的非线性传导渠道。在门槛变量财政分权从低区制向高区制转换的过程中，财政分权强化了交通基础设施建设以及公共医疗卫生供给对城市房价的正向作用力度，但却弱化了公共教育供给的作用效果。

由此可知，存在财政分权—公共品供给—城市房价的间接作用机制。财政分权冲击下中央对地方政府的激励约束机制影响了地方官员的行为取向。而作为理性经济人，地方政府势必会对不同类型的公共品供给产生差异化偏好，进而对城市房价产生了间接影响。因此，财政分权冲击下公共品配置失衡也是促成城市房价分化的重要因素。

第6章 财政分权与房价波动演化①

中国城市住房市场并非完全有效市场。由于存在市场摩擦、信息不对称等市场干扰因素，房价无法实现对外部冲击的完全同步调整。因此，房价通常会处于波动之中。本章依据房价波动理论，对中国城市房价的波动特征，即自相关性以及均值回复性进行了探究，并通过引入城市经济变量，如财政分权、人均可支配收入、利率等，考察了外生冲击对城市房价波动的影响，进而对房价波动所具有的城市异质性特征进行了探究。在此基础上，通过构建房价泡沫测度模型，分析了中国城市房价泡沫的存在性及其运行轨迹。

6.1 理论模型构建

房价波动是指房价运行过程中所体现出来的震荡特征，即在各种宏观、微观因素影响下，住房实际价格围绕长期均衡价格所呈现出的上下起伏波动的运行特征，如图6-1所示。

从波动形态上来看，房价波动可以分为正常波动以及异常波动两种波动形态。其中，正常波动是指经过供需双方面的调整、匹配，住房实际价格最终向均衡房价靠拢。房价正常波动的影响因素包括外部冲击（如需求冲击、供给冲击、政策冲击等）以及内部冲击（如时滞因素、市场特征因素、市场主体博弈行为等）；异常波动是指房价所呈现出的短期剧烈波动特征，通常是由于房地产市场的不完善性所导致的市场非理性行为所造成的。从房价波动周期来看，受时间以及空间因素的差异化影响，每个房价波动周期的波动幅度、波动持续时间均有所差别。同时，对于中国住房市场而言，由于自然禀赋、经济发展程度在不同区域存在显著差别，导致房价波

---

① 本章部分内容参考：安勇，王拉娣. 中国城市房价收敛性及其驱动因素［J］. 经济问题探索，2015（12）：45－50.

动通常具有显著的区域异质性。从整体来看，东部地区房价波动的幅度大于中西部地区。结合中国城市住房市场实际情况，本章将重点考察城市房价的短期波动特征。

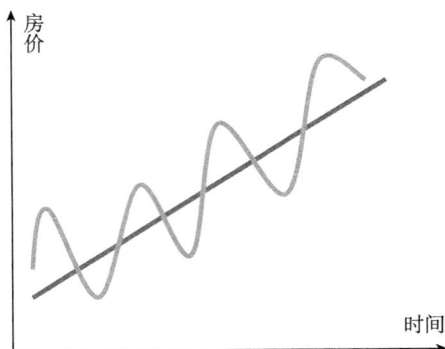

图 6 - 1　房价波动特征

基于 Capozza 和 Hendershott（2004）的研究思路，本章将房价运行分解为两个部分。其中，第一部分分析住房长期均衡价格的形成机理，考察房价长期运行趋势的决定因素；第二部分分析房价短期波动的动态特征，拟结合中国住房市场现实情况，对基准模型进行拓展，构建能够测度房价短期波动是否具有时空异质性的理论模型。

6.1.1　住房长期均衡价格决定模型

受内、外部冲击的影响，房价时常会处于变动当中。然而，一个普遍的共识是住房市场存在着一个长期均衡价格，均衡价格会产生某种向心力，其在长期能够促使实际价格向均衡价格靠拢。已有研究表明，住房均衡价格由供求机制以及经济基本面等因素共同决定，即

$$\ln HP_{it}^* = F(X_{it}) \tag{6.1}$$

其中，下标 i 表示城市，t 表示时期；$\ln HP_{it}^*$ 表示对数住房均衡价格；X_{it} 表示决定住房均衡价格的宏观经济变量组。考虑到数据可得性以及多重共线性，涉及的解释变量包括对数人均可支配收入 $\ln DI_{it}$、对数人口数量 $\ln D_{it}$、利率 R_{it} 以及第三产业占 GDP 比重 IS_{it}。因此，实证分析中所用的房价决定模型可进一步表示为

$$\ln HP_{it} = \ln HP_{it}^* + \mu_{it} = \alpha' X_{it} + \eta_i + \mu_{it} \tag{6.2}$$

其中，η_i 表示个体固定效应；μ_{it} 表示随机扰动项。

6.1.2　房价波动空间差异模型

1. 基准模型

由于存在市场摩擦、信息不对称等市场干扰因素，房价无法实现对外部冲击的完全同步调整。因此，房价在短期通常处于波动之中。参照 Capozza 和 Hendershott（2004）的研究思路，房价短期波动特征由自相关过程以及均值回复过程所决定。房价短期波动方程可分解为前期房价变动、实际房价与均衡价格的偏离以及均衡价格变动 3 个部分。

由此，房价短期波动模型可表示为

$$\Delta \ln HP_{it} = \alpha \Delta \ln HP_{i,t-1} + \beta(\ln HP^{*}_{i,t-1} - \ln HP_{i,t-1}) + \gamma \Delta \ln HP^{*}_{it} \quad (6.3)$$

其中，Δ 表示一阶差分；α 表示自相关系数，用来刻画前一期房价波动对当期房价波动的影响程度；β 表示均值回复系数，用来刻画住房实际价格向均衡价格调整的速度；γ 表示同步调整系数，用来刻画住房均衡价格变动所引起的实际价格变动的同期调整程度。如果住房市场是完全有效市场，实际价格变动将会实现同期完全调整，此时 $\alpha = 0$ 且 $\gamma = 1$。但是现实中，实际价格变动通常只能实现同期部分调整，未调整部分将在未来若干期内完成，因此 $0 < \gamma < 1$。

为了便于分析房价短期波动的动态特征，将式（6.3）改写成差分方程形式

$$\ln HP_{it} - (1 + \alpha - \beta)\ln HP_{i,t-1} + \alpha \ln HP_{i,t-2} = \gamma \ln HP^{*}_{it} + (\beta - \gamma)\ln HP^{*}_{i,t-1}$$
$$(6.4)$$

式（6.4）的特征方程为

$$\lambda^{2} - (1 + \alpha - \beta)\lambda + \alpha = 0 \quad (6.5)$$

结合差分方程相关理论可知，特征根的收敛性决定了房价短期波动的动态特征。而特征根完全由 α 和 β 确定，因此房价短期波动特征最终取决于 α 和 β 的符号与取值大小。

图 6-2 描述了房价短期波动的动态特征，其中的曲线对应的方程为

$$(1 + \alpha - \beta)^{2} = 4\alpha \quad (6.6)$$

房价保持平稳的充要条件为 $|\alpha| < 1$ 且 $\beta > 0$。如果满足平稳性条件，则房价存在两种类型的运行轨迹：

当 $(1 + \alpha - \beta)^{2} > 4\alpha$ 时，(α,β) 处于无震荡收敛区域（区域 1）。此区域内，房价会单调收敛于长期均衡价格。此时，住房实际价格周期只反映住房基本价值的周期变动。在区域 1 中存在一个子区域，即如果 $-1 < \alpha <$

0，则房价将呈现减幅锯齿形收敛模式。

当 $(1 + \alpha - \beta)^2 < 4\alpha$ 时，(α,β) 处于震荡收敛区域（区域2）。此时，房价呈减幅震荡波动特征，并逐步向均衡价格收敛。其中，房价波动的幅度与频率分别由 α，β 来决定，且与 α，β 成正比关系。

当 $\alpha \geq 1$ 或 $\beta \leq 0$ 时，(α,β) 处于不平稳状态。此时，房价将呈现增幅震荡发散波动（区域3）或快速发散波动特征（区域4）。但现实中这种价格运行方式不具有持续性。

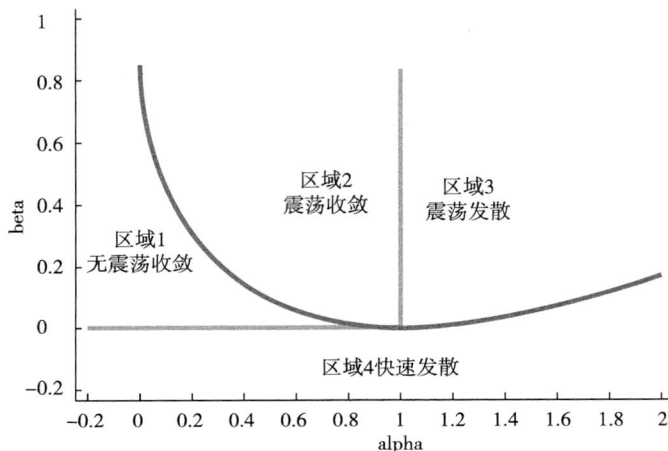

图 6 - 2 房价波动特征

2. 空间差异模型

为了考察外生冲击是否会影响房价短期波动的自相关性以及均值回复性等特征，并进而探究房价短期波动是否具有空间异质性特征，参照 Capozza 和 Hendershott（2004）的研究思路，本书引入财政分权、其他宏观经济变量与自相关项以及均值回复项的交互项，进一步将基准模型（6.3）扩展为如下模型：

$$\Delta \ln HP_{it} = \left(\alpha + \sum \alpha_j X_{ijt}\right)\Delta \ln HP_{i,t-1} + \left(\beta + \sum \beta_j Y_{ijt}\right)$$
$$\left(\ln HP_{i,t-1}^* - \ln HP_{i,t-1}\right) + \gamma \Delta \ln HP_{it}^* \tag{6.7}$$

其中，j 表示变量标号；X_{ijt} 和 Y_{ijt} 分别表示影响自相关性以及均值回复性的城市经济变量。因此，各城市房价短期波动的时变参数分别为

$$\alpha_{it} = \alpha + \sum \alpha_j X_{ijt} \tag{6.8}$$

$$\beta_{it} = \beta + \sum \beta_j Y_{ijt} \tag{6.9}$$

6.1.3　房价泡沫测度模型

在对房价长期运行趋势以及短期波动特征进行分析的基础上，本章进一步对房价高估部分进行透析，从中剥离出房价泡沫成分，从而构建房价泡沫测度模型，进而对 69 个大中城市房价泡沫的存在性及程度进行探究。

房价高估可以表示为住房实际价格高于均衡房价的部分，即

$$\ln HP_{it} - \ln HP_{it}^* \tag{6.10}$$

参照 Glindro（2011）的思路，房价高估部分可以分解为周期性成分以及泡沫成分。周期性成分可以表示为

$$\ln HP_{i,t-1} + E(\Delta \ln HP_{it}) - \ln HP_{it}^* \tag{6.11}$$

其中，$E(\Delta \ln HP_{it})$ 为式（6.7）的预测值。

周期性成分归因于市场摩擦所产生的内生性房价周期。房价高估部分中剔除周期性因素即为房价泡沫成分，其大小为

$$\ln HP_{it} - \ln HP_{i,t-1} - E(\Delta \ln HP_{it}) \tag{6.12}$$

房价泡沫成分主要归因于市场参与主体的乐观预期、跟风或投机行为。

6.2　实证分析

6.2.1　变量选取与数据说明

本章涉及变量包括房价、财政分权水平、居民收入、人口密度、利率、产业结构以及部分变量的增长率。本章仍以国家统计局重点监测的 69 个大中城市为研究对象，考虑数据的可得性，样本期间选为 2005—2014 年。其中，城市房价数据来自 CEIC 统计数据库，并通过各城市统计年鉴对其中缺失的数据进行了补全；中央、各省一般财政预算支出金额数据来自《中国统计年鉴》；各城市一般财政预算支出金额数据来自《中国区域经济统计年鉴》，并通过各城市统计年鉴对其中缺失的数据进行了补全；人均可支配收入数据来自《中国城市统计年鉴》；人口数量、人口密度、第三产业比重数据均来自国研网统计数据库；利率数据来自中国人民银行网站。同时，以 2005 年为基期对各名义指标进行了消长处理，为了减弱异方差的影响，对房价、人均可支配收入、人口密度等数据进行了取对数处理。

6.2.2　城市房价波动空间异质性分析

1. 城市房价基础价值测算

首先对 69 个大中城市住房长期均衡价格决定模型进行拟合，结果如

表 6 – 1 所示。Hausman 检验结果显示，应采用固定效应模型进行估计。

由表 6 – 1 可知，人均可支配收入、人口密度、第三产业比重均对城市房价具有显著的促进作用。同时，利率对房价具有负向影响，但不显著，说明单纯依靠利率政策工具来对城市房价进行调控的效果不理想。

表 6 – 1　城市住房长期均衡价格估计结果

变量	模型 1	模型 2	模型 3
	OLS	FE	RE
lnDI	1.034 ***	1.00 ***	1.012 ***
	(31.77)	(39.34)	(44.39)
ln$D$	0.167 ***	0.411 ***	0.201 ***
	(10.35)	(2.97)	(5.05)
R	− 0.014 ***	− 0.0092	− 0.011
	(− 2.28)	(− 0.98)	(− 0.56)
IS	0.019 ***	0.0018 ***	0.0067 ***
	(16.98)	(2.76)	(4.25)
常数项	− 3.61 ***	− 4.06 ***	− 3.13 ***
	(− 12.78)	(− 5.47)	(− 11.00)
R^2	0.791	0.80	0.797

注：$^{***} p < 0.01$，$^{**} p < 0.05$，$^* p < 0.1$；模型估计采用了稳健标准误形式；（　）内为 t 值。

2. 城市房价短期波动特征

（1）基准模型的估计结果

式（6.3）中含有被解释变量的滞后项，为动态面板模型。在动态模型中，滞后因变量与随机误差项之间存在自相关性，使得混合 OLS 估计和 FE 估计存在动态面板偏误问题，从而导致估计结果是有偏的和非一致的。通常情况下，GMM 估计是克服内生性的有效方法。GMM 估计包括差分 GMM、水平 GMM 以及系统 GMM。然而，差分 GMM 估计中存在弱工具变量问题困扰，水平 GMM 要求因变量的滞后差分项与个体效应不相关，条件过于苛刻，而系统 GMM 估计将差分 GMM 和水平 GMM 结合在一起作为一个方程系统来进行估计，从而显著提高了模型估计的效率。因此，系统 GMM 成为目前普遍采用的估计方法。

有鉴于此，这里采用两步系统 GMM 法对动态面板模型进行了估计，估计结果如表 6 – 2 中模型 1 所示。Sargan 检验结果显示，工具变量设定均有效；Arellano – Bond 检验结果显示，误差项不存在显著的二阶自相关性，表明系统 GMM 估计结果是有效的。

根据 Capozza 和 Hendershott（2004）的建模思路，房价短期波动特征取决于自相关系数 α、均值回复系数 β 取值的符号与大小。回归结果显示，整体而言，中国城市房价具有显著的短期波动特性。具体来讲：

自相关系数显著为正，表明中国城市住房市场存在惯性，房价序列不属于随机游走过程，其具有一定程度的路径依赖性，前期房价波动对当期房价波动具有同向推动作用。因此，中国城市住房市场不符合 Fama（1970）提出的弱式有效市场假说，其并非完全有效市场，此结论与王克强等（2006）的研究相一致；同时也表明，中国住房市场参与主体大多为适应性预期者。其原因在于，中国住房市场信息化建设尚处于初级阶段，存在信息资源零散、流通不畅、共享机制不健全等问题。因此，在进行消费或投资决策时，现有市场主体只能根据房价历史变化信息来判断未来房价走势。这意味着过去房价会影响其对现期价格的预期。如果过去房价处于持续上涨态势，市场主体会形成价格继续上涨的信念，从而会出现及早买房的群体性投资行为，以期获得未来高额价差利润。再者，市场中充斥着大量的跟风购房者。对于这些参与者而言，一旦市场形成房价持续上涨的信息氛围后，其会模仿已有的投机购房者的行为，迅速进入市场进行跟风购房行动，从而造成房价的持续、快速上涨。上述预期、羊群效应等市场行为促成了房价波动具有路径依赖特征。

均值回复系数显著为正，表明中国城市住房实际价格具有向均衡价格收敛的变化趋势，"万有引力定律"适用于中国城市住房市场的均值回复过程。因此，虽然受内部及外部因素的冲击，房价时常会处于实际价格与均衡价格的偏离状态，然而，由于价格和供需之间存在着相互制约的机制，这会推动实际价格向均衡价格的靠拢。

同期调整系数显著为正，但数值（0.386）明显小于1，表明中国城市住房市场并非是完全有效市场。具体来看，当住房均衡价格发生变动时，只有38.6%的变动反映在同期实际价格变动中，其余61.4%的变动只能随着时间推移而逐步调整。Swank 等（2002）认为昂贵的交易成本以及住房供给的无弹性是导致住房市场非有效的主要原因。

（2）城市房价波动的空间差异性

国外大量研究表明，由于不同区域的经济变量具有显著的差异性，导致房价波动的自相关程度以及均值回复速度具有显著的时空异质性特征（Capozza 和 Hendershott，2004；Glaeser 等，2008）。对中国各城市而言，财政分权度、人均可支配收入、实际利率等经济变量存在较大差别。那么，中国城市住房市场是否同样如此？其形成机理是什么？为了对上述疑问进行检验，本章进一步引入了城市经济变量与自相关项以及均值回复项的交互项。表6-2中模型2是剔除交互作用不显著的变量后得出的估计结果。Sargan检验和Arellano - Bond检验结果显示模型设定是有效的。实证结果显示：

表6-2　房价短期波动估计结果

	模型1		模型2	
	系数值	z值	系数值	z值
α	0.142 ***	5.16	0.047	1.53
β	0.428 ***	8.32	0.58 ***	33.79
$\alpha_{\Delta \ln DI}$			0.718 **	2.14
$\beta_{\Delta FD}$			- 0.041 ***	- 16.66
$\beta_{\Delta R}$			0.0096 ***	10.94
γ	0.386 ***	4.03	0.484 ***	14.58
Sargan	[0.000]		[0.000]	
AR（1）	[0.000]		[0.000]	
AR（2）	[0.543]		[0.664]	

注：*** $p < 0.01$，** $p < 0.05$，* $p < 0.1$；（）内为z值；[]内为p值。

人均可支配收入变动对城市房价波动的自相关性具有正向影响。此结论与Capozza和Hendershott（2004）的研究相一致。Capozza和Hendershott认为，与住房市场萧条时期相比，房价波动在繁荣时期能够体现出更强的自相关性。人均可支配收入可以从侧面反映住房市场的运行状况。人均可支配收入增长越快，住房市场刚性需求、改善性需求以及投资投机性需求会明显增加，市场主体对于房价持续上涨的预期也会显著增强。此时，住房市场通常会处于运行周期的繁荣时期。因此，房价波动的自相关性会随着人均可支配收入增长速度的加快而逐步加大。

财政分权水平变动对城市房价波动的均值回复速度具有显著的负向影响。财政分权水平增长越快，其对地方政府行为取向的干扰性越强，各种效应的叠加导致房价波动的均值回复速度减慢。

利率变动对城市房价波动的均值回复速度具有显著的正向影响。利率正向变动幅度越大，表明政府对房价的调控力度越大，这会有效遏制市场主体的投资投机性行为，并会降低房价持续上涨的市场非理性预期，从而导致房价以更快的速度向均衡价格靠拢。

中国幅员辽阔，受自然条件、资源禀赋、经济环境等多种因素的影响，财政分权水平、人均可支配收入以及实际利率等外生冲击在时间维度和空间维度存在较大差异，从而导致自相关系数和均值回复系数呈现出显著的城市差异性。

为了直观了解 69 个大中城市房价短期波动的具体形态，本章基于表 6 - 2 中模型 2 的估计结果绘制了自相关系数与均值回复系数的散点图，如图 6 - 3、图 6 - 4 所示。其中，图 6 - 3 描绘了各城市 621 对动态参数的关系，以期从宏观层面了解中国城市房价短期波动的动态特征；图 6 - 4 则给出了各城市房价短期波动的动态参数的年度平均值，以期从微观层面了解房价短期波动所具有的城市异质性特征。

结合图 6 - 3、图 6 - 4，我们可以看清以下几个客观事实：

621 个观测值全部落在了收敛区域，其中有 535 个观测值（占比 86.1%）落在了震荡收敛区域，有 78 个观测值（占比 12.6%）落在了无震荡收敛区域，而其余的 8 个观测值（占比 1.3%）落在了锯齿形交替收敛区域。因此，中国城市房价短期波动主要呈现出震荡收敛的动态特征。事实上，自相关系数平均值与均值回复系数平均值所组成的二维点（0.105，0.558）也落在了震荡收敛区域，从而进一步证实了上述结论的可靠性。

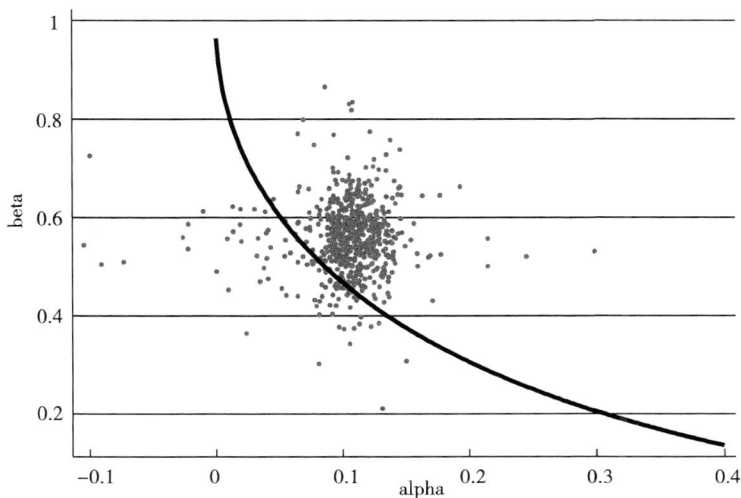

图 6 - 3 城市房价波动的动态特征

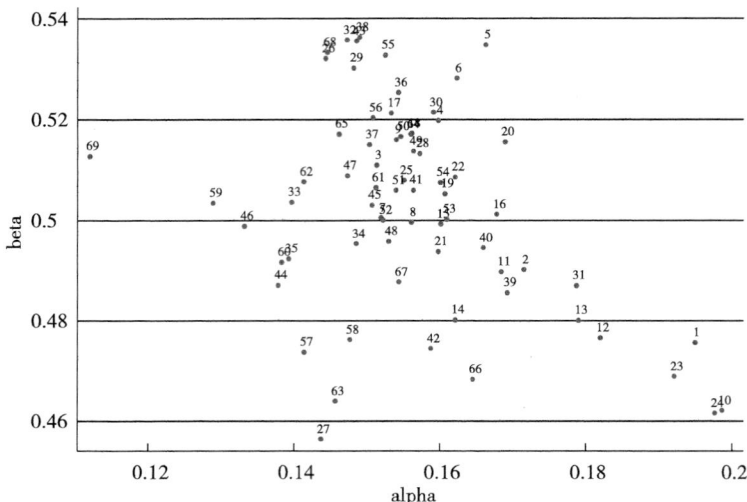

图 6 - 4　城市房价波动的差异性

就动态参数的年度平均值而言，中国 69 个大中城市房价短期波动具有较大的差异性。首先，69 个城市的观测值均落在了震荡收敛区域；其次，各城市房价波动的振幅截然不同。从区域层面来看，以上海、深圳、北京等为代表的东部沿海开放城市，其房价波动的幅度明显高于其他城市。

由以上分析可知，受外部异质性冲击因素的综合影响，中国城市房价短期波动呈现出显著的城市异质性特征。但从整体来看，中国城市房价短期波动仍处于收敛区域，其价格运行机制是平稳的。

6.2.3　城市房价泡沫空间异质性分析

在对中国 69 个大中城市房价长期运行趋势及短期波动特征进行分析的基础上，进一步对房价实际与均衡房价的偏离进行了测算，并将其分解为周期波动成分以及泡沫成分，进而对城市房价泡沫进行了估算，结果如图 6 - 5 所示。通过对图 6 - 5 的分析，我们可以形成以下几点认识：

从整体来看，中国城市房价不存在全局性高估状态，且不存在全局性泡沫。根据住房实际价格对均衡房价的偏离状况，可以将 69 个大中城市划分为两类：第一类是具有明显循环波动特征的城市，且各城市波动形态不一，如北京、上海、杭州、深圳等城市的房价波动呈现出从低估到高估的态势，而沈阳、丹东和锦州等城市房价波动则呈现出相反态势；第二类是具有温和波动特征的城市，如南宁、西宁、桂林等城市，这类城市住房实际价格与均衡房价具有稳定的均衡关系，不存在明显的高估或低估状态。与此同时，虽然在整个样本期内局部性房价泡沫时有发生，但是大部分城市的泡沫程度都比较低（低于10%）。

具体来讲，无论是住房实际价格与均衡房价的偏离程度，还是房价泡沫程度，69个大中城市都存在显著差别。东部沿海开放城市的房价普遍在2008年之后呈现出大幅度的高估状态。通过房价泡沫分解发现，东部沿海开放城市房价泡沫程度也明显较大。其原因在于，东部沿海开放城市的经济基础比较雄厚且发展速度较快，其人口集聚效应比较突出，其中也不乏大量高端人才的流入，这势必会强化市场主体对于房价上涨的预期；同时，东部沿海开放城市的住房市场发展较快、活跃度较高，市场中充斥着大量的套利者，导致住房交易投机氛围浓重，且极易产生噪声交易、羊群行为以及过度自信等非理性行为。上述因素势必会催生房价泡沫。与此同时，部分中西部城市，如安庆、赣州、遵义等也存在相对较大的价格泡沫。但整体而言，由于中西部城市缺乏基本面支撑，其房价上涨动力不足，房价上涨预期程度较低以及市场投机行为不活跃，从而导致房价泡沫相对较低。

基于以上研究结论，我们认为以往住房市场调控效果之所以不佳，其部分原因在于相关部门没有全面透析城市房价的运行特征，导致其对调控目标的把握不准确，从而使调控政策具有很大的盲目性、随机性。因此，为使住房市场调控政策收到预期效果，一方面，摒弃过去全国漫灌式的"一刀切"方式，应针对不同城市情况采取滴灌式的分类调控方式。其中，东部城市应将调控重点放在抑制投机、跟风等市场非理性行为上，以有效抑制房价泡沫。而西部城市应更加注重降低房价短期波动的幅度及频率，以使房价周期性波动处于可控区间内，避免周期性波动所引致的房价大涨大跌。另一方面，上述研究结论表明，财政分权变动对城市房价波动的均值回复速度具有显著的负向影响。因此，在调控政策工具选择方面，应注重供需两方面的有机结合，在继续实施现有需求管理政策外，政府也应实施合理的供给端调控政策。我们认为在以往住房价格调控政策基础上，还应注重以下政策措施：相关部门应当适当降低地方政府的财政分权水平，并将部分事权上移，同时给予财政困难地区合理的财政支持力度，以有效缓解地方政府的财政收支不平衡问题；保持住房调控政策的稳定性与长期性，避免政策制定中存在的随意性、短视性问题，以有效改变市场主体对于房价持续上涨的预期。

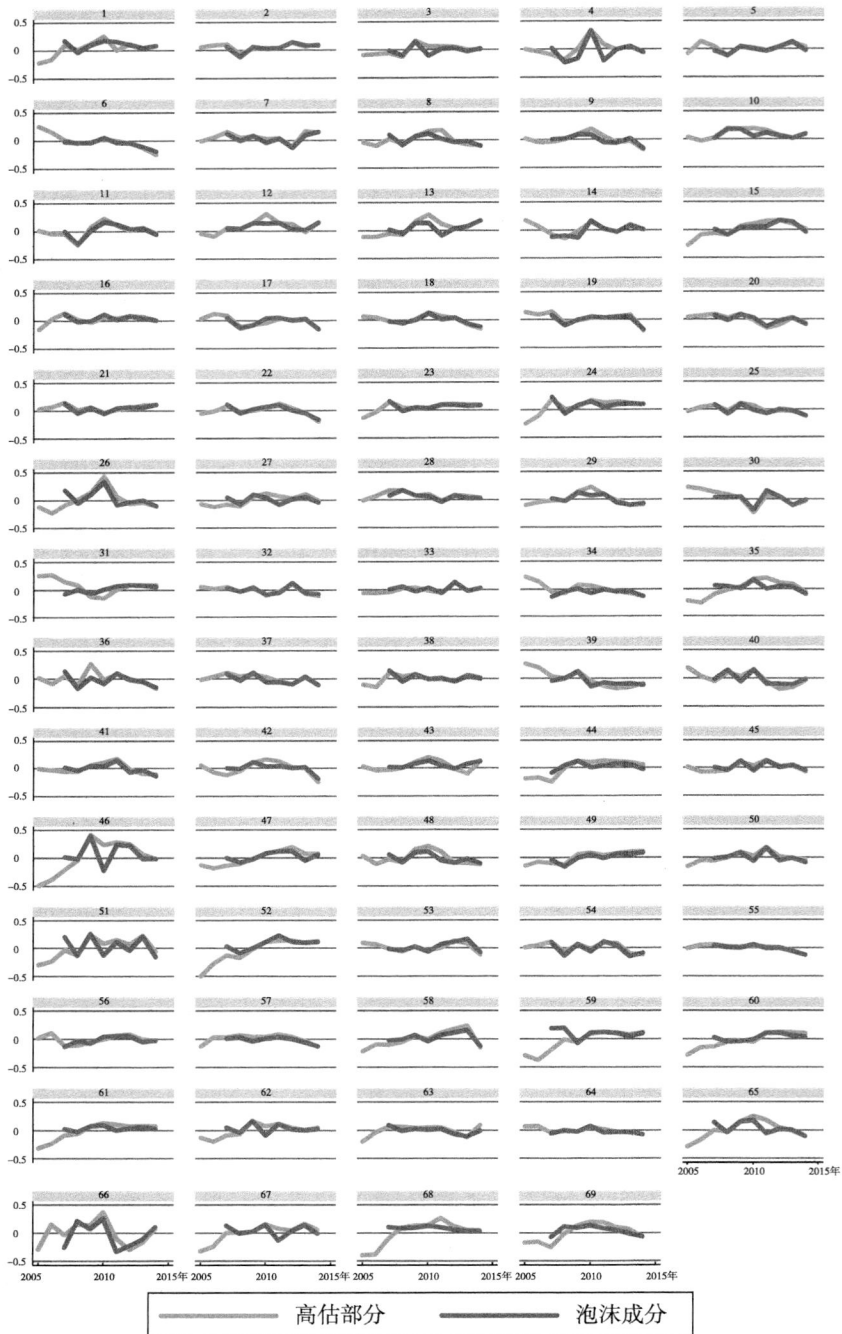

图 6 - 5　城市房价泡沫分解

6.3 本章小结

近年来，中国城市房价始终处于较大幅度的波动中，而国内学者对该问题的研究还很不成熟。基于此，本章系统分析了中国城市房价波动的动态特征，并重点考察了财政分权、人均可支配收入、利率等城市经济变量对城市房价短期波动产生的差异化影响，进而分析了房价波动所具有的城市异质性特征。在此基础上，进一步对城市房价泡沫进行了测度。首先，结合中国城市房价波动现实情况，利用 Capozza 和 Hendershott（2004）的分析框架，构建了房价波动基准模型以及能够体现房价波动城市异质性的拓展模型。在此基础上，进一步将房价高估部分分解为周期成分以及泡沫成分，进而构建了合理的房价泡沫测度模型。其次，基于国家统计局重点监控的 69 个大中城市面板数据，系统分析了城市房价的短期波动特征以及城市房价有无泡沫问题。主要结论如下：

1. 中国城市住房市场不满足弱式有效市场假说，城市房价具有一定程度的路径依赖性，前期房价波动对当期房价波动具有同向推动作用；中国城市住房实际价格具有向均衡价格收敛的趋势，"万有引力定律"适用于中国城市住房市场的均值回复过程。

2. 外生冲击对中国城市房价的短期波动具有显著影响，进而使房价波动呈现出城市异质性特征。具体来讲，人均可支配收入变动是造成房价波动的自相关性具有城市差异的重要因素，其对自相关性具有正向影响；而财政分权水平变动、实际利率变动则对城市房价波动的均值回复过程具有显著影响。其中，财政分权水平变动对均值回复速度具有负向影响，而利率变动则对均值回复速度产生了正向影响。

3. 总体而言，动态参数落在了震荡收敛区域，表明中国城市房价波动尚处于可控范围之内，但城市差异性较大，东部城市房价波动的幅度普遍较大。

4. 中国不存在全局性的房价泡沫，但不同城市在不同时点具有房价高估与房价泡沫现象，且这种现象具有区域差异性。国际金融危机后，东部沿海开放城市呈现出较大幅度的房价高估与房价泡沫现象。

第 7 章　房价波动对经济高质量
发展的影响分析[①]

前述第 3 章至第 6 章从分税制改革后的财政分权制度视角剖析了房价波动形成机理，使我们对中国房价波动成因有了更为清晰、深入的认识和了解。本书遵循房价波动"成因—后果"的逻辑分析框架，在厘清财政分权诱发房价波动成因基础上，第 7 章至第 9 章主要考察房价波动的经济效应，结合新时代背景及中国经济发展现实情况，将研究视角聚焦于房价波动与经济高质量发展之间的内在联系，并重点剖析房价波动影响经济高质量发展的创新创业作用渠道，尝试全面厘清房价波动对经济高质量发展的作用机理，进而为制定精准化经济高质量发展相关政策提供理论与现实依据。

7.1　房价波动对经济高质量发展影响的理论分析

当前，国内部分学者对经济高质量发展的影响因素进行了剖析。如李彦等（2020）认为高铁能够促进技术进步，进而对经济高质量发展具有促进作用。范庆泉（2020）认为环境规制有利于发挥产业结构升级对经济高质量发展的促进作用。黄永明和姜泽林（2019）认为金融结构对经济高质量发展具有促进作用，且其对产业集聚的作用效果存在门槛效应。储德银和费冒盛（2020）认为财政纵向失衡、土地财政是制约中国经济高质量发展的重要制度性因素。郭文伟和李嘉琪（2019）认为房地产持续繁荣所造成的房价泡沫抑制了经济高质量发展。陈欢等（2020）、刘志永等（2020）认为企业家精神有助于经济高质量发展水平提升。文献梳理发现，近两年国内学者对经济高质量发展的影响因素进行了一定程度的探索，为本章写作提供了较为丰富的素材，但从房价波动视角进行剖析的文献较为鲜见。

---

　　① 本章部分内容参考：安勇，王拉娣. 房价高增长、扭曲效应与企业家创业精神［J］. 数理统计与管理，2020，39（5）：902–912.

房价波动会带来个体禀赋与偏好、投资行为以及企业经营行为的异化，进而会影响全社会的创新创业行为、消费升级以及产业结构升级等，并最终会影响到经济高质量发展。而企业家精神（创新创业精神）是提升消费升级与产业结构升级的内在动力，对推动经济高质量发展至关重要。鉴于此，本章主要从企业家精神视角剖析房价高增长对经济高质量发展的作用机理。

伴随着中国经济步入新常态，人口红利消失、产能过剩、环境恶化等深层次问题日益凸显，传统的粗放型增长模式难以为继。三期叠加背景下，经济发展不能单纯理解为经济总量的增长，而应当兼顾经济增长、环境优化、社会和谐等目标。党的十九大提出，中国经济已由高速增长阶段转向高质量发展阶段，正处在转变发展方式、优化经济结构、转换增长动力的攻关期，建设现代化经济体系是跨越关口的迫切要求和中国发展的战略目标。经济高质量发展是党在新时代对经济发展所提出的新要求，具有典型的中国特色。因此，经济高质量发展是解决当前社会矛盾的最重要途径（逄锦聚等，2019；高培勇，2019）。其中，如何提高经济投入产出比是需要解决的重要环节之一，这离不开企业家精神的充分释放和发挥。企业家精神作用于经济增长的理论源于熊彼特（1934）的"创造性破坏"思想，他认为企业家精神就是打破经济静态"循环流动"下的总量增长，最终实现经济增长"质"的飞跃。企业家精神包含创业与创新精神两大核心要素，是实现经济高质量增长的内生动力。主要体现在：首先，企业家精神蕴含着企业家的自信、冒险精神和成就需要等微观特质，其能够通过产品创新、关键技术创新等，提高资源利用效率，满足人民多维度需求。在当前中国产业结构向高水平服务业转化过程中，企业家的创新、创业能够引领和创造需求，有利于消费升级和产业结构升级。其次，企业家精神能够通过优化资源配置、推动制度变迁、发挥"干中学"等提升人力资本水平、资源配置效率以及优化制度环境等，进而有利于经济高质量发展。然而，房价快速增长会造成经济主体（政府、企业、机构、个人）行为的异化，如造成人力资本缺失、企业经营方向转变（本应用于创新的资金进入房地产领域进行套利）以及权力寻租等，这些都会抑制企业家精神的充分释放，进而会造成产业结构不合理以及资源配置效率低下等问题，房价高增长对实体经济的"抽血"效应最终会影响到经济高质量发展。房价高增长影响经济高质量发展的理论逻辑框架如图 7-1 所示。

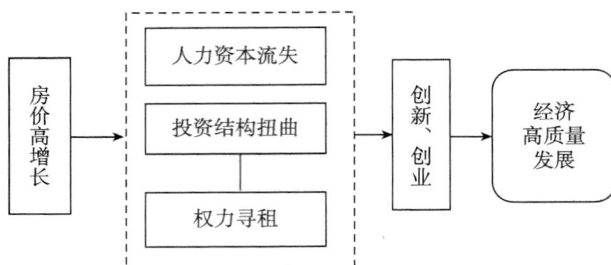

图 7 - 1　房价高增长影响经济高质量发展路径

7.2　经济高质量发展综合评价指数构建

7.2.1　评价指标体系选取

金碚（2018）认为经济高质量发展是能够满足人民不断增长的多方面需求的经济结构、发展方式和动力状态。肖周燕（2019）认为经济高质量发展是经济增长、环境、社会的协调发展，其最终目标是社会福利的最大化。任保平和文丰安（2018）认为经济高质量发展在追求经济发展的同时，应兼顾人的全面发展以及生态环境改善。张军扩等（2019）认为经济高质量发展是一种公平、可持续发展，其应同时注重经济、政治、社会、文化以及生态文明的协调。关于经济高质量发展指标测度，目前主要有两种方式：其一是利用效率指标，如全要素生产率（吕薇，2018；刘志永等，2020）。其二是构建综合评价指标体系，并借助主成分分析法、熵值法等测算经济高质量发展综合评价指数（詹新宇和崔培培，2016；储德银等，2020；潘雅茹和罗良文，2020；李娜娜和杨仁发，2019）。总体而言，单一指标无法全面诠释经济高质量发展内涵，构建综合评价指数更为合理，其中利用客观赋权法更具科学性。

通过文献梳理可以看出，经济高质量发展体现了"创新、协调、开放、绿色、共享"的发展理念，强调经济、政治、社会、文化、生态等的协同发展，其最终目标是解决人民日益增长的美好生活需要和不平衡不充分发展之间的矛盾。基于经济高质量发展内涵，立足"创新、协调、绿色、开放、共享"五大发展理念，借鉴詹新宇和崔培培（2016）的思路，构建由5个一级指标、20个二级指标构成的经济高质量发展综合评价指标体系，如表7 - 1所示。

表 7 - 1　经济高质量发展评价指标体系

一级指标	二级指标	指标度量
创新	R&D 经费投入	R&D 内部经费支出/GDP
	R&D 人员投入	R&D 人员全时当量
	专利授权	发明专利授权量
	教育水平	每万人大学生数
协调	资本产出率	GDP/固定资产投资额
	产业结构高级化	高级化指数
	最终消费率	消费支出/GDP
	劳动效率	GDP/就业人员数量
	金融结构	股票市价总值/银行信贷余额
绿色	森林覆盖率	森林覆盖率
	废水排放	废水排放量/GDP
	废气排放	SO_2 排放量/GDP
	固体废物排放	固体废物排放量/GDP
	电耗量	电力消费总量/GDP
开放	地区开放程度	进出口总额/GDP
	外资依存度	外商直接投资额/GDP
共享	医疗水平	每万人病床数
	信息基础设施	每万人上网人数
	图书馆覆盖率	每平方公里公共图书馆数
	社会保障	每人社会保障经费

7.2.2　综合评价指数测度

熵值法可以利用指标所提供的信息熵对指标进行客观赋权，进而避免了诸如主成分分析法、因子分析法赋权时人为因素的干扰。因此，接下来采用熵值法对经济高质量发展综合评价指数进行测度。其步骤如下：

1. 指标无量纲标准化处理

$$\begin{cases} x_{ij} = \dfrac{X_{ij} - \min(X_{ij})}{\max(X_{ij}) - \min(X_{ij})} & X_{ij} \text{ 为正向指标} \\[3mm] x_{ij} = \dfrac{\max(X_{ij}) - X_{ij}}{\max(X_{ij}) - \min(X_{ij})} & X_{ij} \text{ 为逆向指标} \end{cases} \tag{7.1}$$

2. 指标信息熵确定

$$E_j = -1/\ln n \sum_{i=1}^{n} \left[\left(x_{ij} / \sum_{i=1}^{n} x_{ij} \right) \ln \left(x_{ij} / \sum_{i=1}^{n} x_{ij} \right) \right] \quad (7.2)$$

3. 指标权重确定

$$W_j = (1 - E_j) / \sum_{j=1}^{m} (1 - E_j) \quad (7.3)$$

4. 经济高质量发展综合评价指数确定

$$HG_i = \sum_{j=1}^{m} W_j X_{ij} \quad (7.4)$$

其中，n 代表省份数，m 代表指标数。

7.2.3 经济高质量发展动态演化特征

为直观展示中国经济高质量发展的动态演化特征，本章采用高斯核函数对其进行了分析，并绘制出 2004 年、2008 年、2012 年以及 2016 年的经济高质量发展分布的核密度曲线，如图 7-2 所示。可以看出，中国经济高质量发展具有典型的时变特征。首先，从曲线位置来看，经济高质量发展的核密度曲线逐年右移，表明中国经济高质量发展水平呈逐年提升态势。其次，从波峰高度与数量来看，除 2008 年外，波峰整体呈现下降态势，且具有多重波峰，这表明经济高质量发展的区域差异逐步增大，且呈现极化现象。

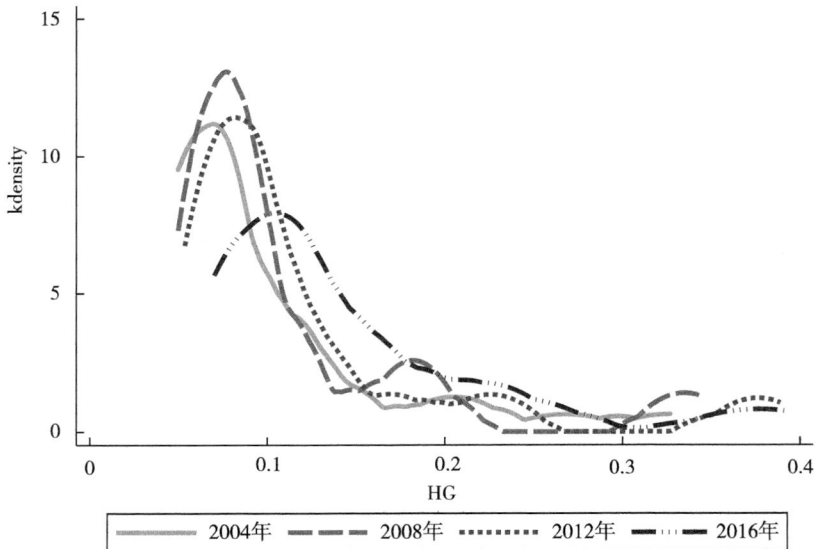

图 7-2 经济高质量发展的动态演化特征

中国东、中、西部地区在资源禀赋、经济发展水平、对外开放、市场化水平方面存在显著差异，经济高质量发展在三大区域中的发展路径必然存在差别，为直观展示东、中、西部三大区域经济高质量发展的空间差异，本章进一步测算了各区域历年经济高质量发展的均值，并绘制了其动态演化图，如图 7 - 3 所示。

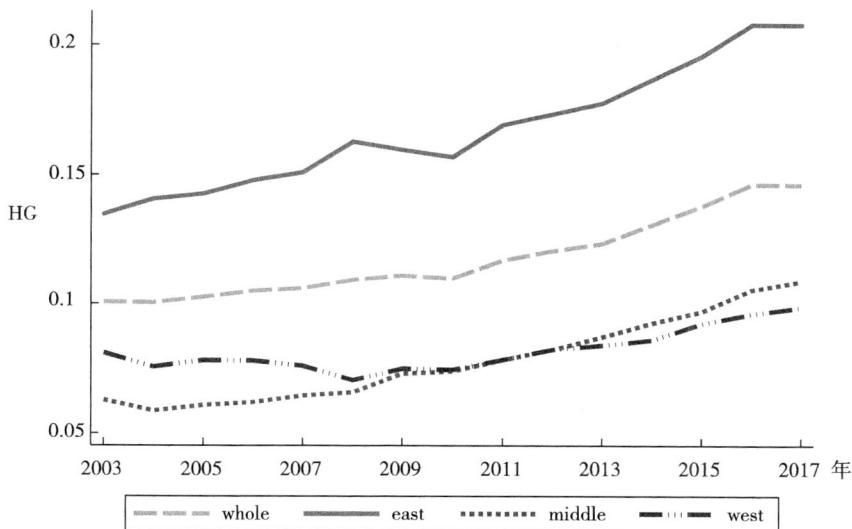

图 7 - 3　经济高质量发展的区域差异

整体而言，东、中、西部三大区域经济高质量发展均呈现上升态势，2003—2017 年，三大区域经济高质量发展年均增长分别为 2.81%、4.10%、1.54%。但具体而言，三大区域经济高质量发展水平存在显著空间差异，东部地区经济高质量发展水平最高，2013 年之前西部地区经济高质量发展水平高于中部地区，而 2013 年之后中部地区实现反超，且两者差距逐年拉大。2003—2017 年，东部地区经济高质量发展水平年度均值分别是中部地区和西部地区的 2.13 倍、2.22 倍。充分发挥东部地区优势，在技术、人力、资金等方面扶持中、西部地区，进而实现区域协调发展是亟须解决的问题。

7.3　研究设计

7.3.1　空间模型设定

本章采用空间计量模型考察房价高增长对经济高质量发展的挤出效应。空间面板滞后模型（SLM）与空间面板误差模型（SEM）设定如下：

$$HG_{it} = \rho W \cdot HG_{it} + \alpha HPR_{it} + \beta X_{it} + \mu_{it} \qquad (7.5)$$

$$HG_{it} = \alpha HPR_{it} + \beta X_{it} + \mu_{it}$$

$$\mu_{it} = \lambda W\mu_{it} + \varepsilon_{it} \qquad (7.6)$$

其中，HG_{it} 为 i 省份 t 年的经济高质量发展综合评价指数；HPR_{it} 为房价增长率；X 为控制变量组，包括金融发展水平（FIN）、外资依存度（FDI）、基础设施水平（INF）、人力资本（HC）。空间矩阵 W 采用地理反距离矩阵表示，即

$$W_{ij} = \begin{cases} 1/d_{ij}, i \neq j \\ 0, i = j \end{cases}, d_{ij} \text{ 表示两个城市之间的距离。}$$

7.3.2　变量选取与数据说明

被解释变量为经济高质量发展（HG），利用由熵值法测算的经济高质量发展综合评价指数衡量。

解释变量为房价增长率（HPR），由（本期房价 – 上期房价）／上期房价计算得出。

控制变量：金融发展水平（FIN），采用非国有部门贷款占 GDP 比重来衡量金融发展水平，在中国存在所有制信贷歧视背景下，该指标能够真实反映金融机构对非国有企业的支持力度，因而能够较好地衡量金融发展的整体状况，参照白俊红和刘宇英（2018）的做法，利用（金融机构贷款总额/GDP）×（1 – 国有企业固定投资额/全社会固定投资额）来测算；外资依存度（FDI），采用外商直接投资额占 GDP 比重衡量；基础设施水平（INF），采用每万人上网人数的对数值衡量；人力资本（HU），采用每十万人在校大学生数的对数值衡量。

本章以中国 30 个省级行政地区为研究对象，样本时间跨度为 2003—2017 年，数据来源于《中国统计年鉴》《中国科技统计年鉴》《中国高技术产业统计年鉴》、Wind 数据库、国研网数据库以及 EPS 统计平台，所有价值型变量均按 2002 年不变价进行了平减处理。

7.4　实证结果与分析

7.4.1　空间相关性检验

本章首先采用 Moran's I 指数检验经济高质量发展是否具有空间依赖性，

从而判断建立空间计量模型的合理性。Moran's I 指数位于 [- 1，1]，取值大于 0 表示经济高质量发展具有正空间相关性，取值小于 0 表示经济高质量发展具有负空间相关性，取值等于 0 表示经济高质量发展具有随机性，不存在空间相关性。表 7 - 2 列出了 2003—2017 年各年度经济高质量发展的 Moran's I 指数值。由表 7 - 2 可知，经济高质量发展的 Moran's I 指数值在各年度均存在空间相关性。由此，构建空间面板计量模型是合理的。

表 7 - 2　2003—2017 年经济高质量发展的 Moran's I 指数值

年份	2003	2004	2005	2006	2007	2008	2009	2010
Moran's	0.038 **	0.038 **	0.047 ***	0.052 ***	0.061 ***	0.061 ***	0.051 ***	0.059 ***
Z 值	2.329	2.301	2.510	2.703	2.993	3.008	2.762	2.985
年份	2011	2012	2013	2014	2015	2016	2017	
Moran's	0.058 ***	0.067 ***	0.075 ***	0.076 ***	0.056 ***	0.091 ***	0.062 ***	
Z 值	2.989	3.307	3.497	3.533	2.977	3.971	3.024	

注：*** $p < 0.01$，** $p < 0.05$。

7.4.2　空间模型选择

接下来，通过 LM 及 Robust LM 检验来判别应选用空间面板滞后模型还是空间面板误差模型。由表 7 - 3 可以看出，两个模型均通过了 LM 及 Robust LM 检验，但相比较而言，空间面板滞后模型的 LM 及 Robust LM 值均大于空间面板误差模型。因此，构建空间面板滞后模型考察房价波动对经济高质量发展的影响更加合理性。

表 7 - 3　LM 及 Robust LM 检验

检验类型	统计值	P 值
LM（SLM）	4.856	0.028
Robust LM（SLM）	15.497	0.000
LM（SEM）	3.032	0.024
Robust LM（SEM）	13.673	0.000

7.4.3　基准回归结果分析

表 7 - 4 列出了 SLM 模型的 MLE 回归结果，同时，为进行对比分析，表 7 - 3 也列出了传统 FE 模型和 SLM 模型的估计结果。可以看出，SLM 模型估

计的 R^2 大于其余两个模型，因此本章后续研究将主要围绕 SLM 模型展开。

由表 7 - 4 中模型 3 可以看出，空间自回归系数 ρ 显著为正，表明经济高质量发展具有显著的空间集聚特征，其他省域经济高质量发展对本省经济高质量发展具有正向溢出效应。房价增长率的回归系数显著为负，表明房价高增长对经济高质量发展具有显著的挤出效应。由理论分析可知，房价高增长会抑制企业家精神的释放和发挥，进而会对消费升级以及产业结构升级等产生不利影响，并最终会抑制经济高质量发展水平提升。

控制变量方面，外资依存度的回归系数显著为正，外资依赖度对经济高质量发展是一把"双刃剑"，其通过人口流动效应、示范效应对经济高质量发展产生正向作用，而其所造成的市场进入壁垒、产品竞争等又同时对经济高质量发展产生了挤出效应，回归结果显示其合力效应为正，进而促进了经济高质量发展。金融发展水平对经济高质量发展具有显著的促进作用。金融发展水平提升有利于提高资金利用效率，拓宽融资渠道，进而有利于经济高质量发展水平提升。人力资本水平对经济高质量发展具有显著正向影响。高素质人力资本能够缩短对新知识、新技能的学习掌握时间，同时也有利于团队协作能力提升，进而有利于经济高质量发展水平提升。基础设施水平对经济高质量发展具有显著正向影响，基础设施水平提升有利于企业、科研机构、政府等部门的及时信息沟通，进而有利于经济高质量发展水平提升。

表 7 - 4　基准回归结果分析

变量	传统 Panel	SEM	SLM
	模型 1	模型 2	模型 3
HPR	- 0. 0187 ***	- 0. 0010 ***	- 0. 0101 ***
	(- 4. 76)	(- 3. 44)	(- 3. 06)
FDI	0. 170	0. 269 ***	0. 184 **
	(0. 65)	(3. 11)	(2. 06)
FIN	0. 504 **	0. 082	0. 302 ***
	(2. 28)	(0. 64)	(2. 77)
HC	0. 304 ***	0. 173 ***	0. 226 ***
	(2. 84)	(2. 69)	(4. 43)
INF	0. 0231 ***	0. 0301 ***	0. 0219 ***
	(4. 36)	(3. 66)	(4. 52)

变量	传统 Panel	SEM	SLM
	模型 1	模型 2	模型 3
ρ/λ		0.874 ***	0.465 ***
		(24.30)	(4.43)
常数	0.0723 ***		
	(3.43)		
R^2	0.4251	0.100	0.6540

注: *** $p < 0.01$, ** $p < 0.05$; ( ) 内为 z 值。下同。

7.4.4　稳健性检验

1. 内生性问题

遗漏变量、双向因果关系均会造成房价增长率与经济高质量发展间的内生性,从而会导致估计结果的不一致性。由此,本章利用 GMM 方法对模型进行了重新估计。对于 GMM 估计中工具变量如何选取,Kelejian 和 Prucha（1998）理论上证实 $W(I - \rho W)^{-1} X\beta$ 作为工具变量是合理的。然而,由于 ρ 是未知的,实证分析中无法使用,本章参照余泳泽和刘大勇（2013）的做法,选取 $W \cdot HPR_{it}$ 作为工具变量,并借助 Hansen J 检验对工具变量的合理性进行了检验,发现所选工具变量是合适的,表 7 – 5 模型 5 给出了内生性检验结果。

2. 替换空间权重矩阵

在空间计量分析中空间权重矩阵是外生给定的,其选取缺乏严密的理论依据,研究结论因而可能具有随机性。因此,有必要改变空间权重矩阵来检验前述研究结论的稳健性。这里进一步构建了经济距离权重矩阵

$$W_{ij} = \begin{cases} G/d_{ij}^2 & i \neq j \\ 0 & i = j \end{cases}$$

其中, G 表示各省人均 GDP 均值,进而对模型进行了重新估计,结果如表 7 – 5 模型 4 所示。

由表 7 – 5 可以看出,在考虑内生性问题以及替换空间权重矩阵后,房价增长率的回归系数仍显著为负,表明房价高增长会抑制经济高质量发展的结论具有较高的可靠性。

表 7 - 5　稳健性检验

变量	内生性问题	替换空间权重矩阵
	模型 4	模型 5
HPR	- 0.0112 ***	- 0.0140 ***
	(- 3.40)	(- 3.77)
FDI	0.175 ***	0.201 ***
	(3.66)	(3.33)
FIN	0.265 ***	0.211
	(3.11)	(4.64)
HC	0.201 ***	0.180 ***
	(2.80)	(3.49)
INF	0.0227 ***	0.0317 ***
	(3.96)	(3.71)
ρ / λ	0.503 ***	0.478 ***
	(19.17)	(18.04)
R^2	0.511	0.461

7.4.5　空间异质性分析

中国东、中、西部地区在资源禀赋、经济发展水平、对外开放、市场化水平方面存在显著差异，房价高增长与经济高质量发展之间的关系因而可能存在较大差异。因此，本章进一步剖析了房价高增长对经济高质量发展作用效果的空间异质性，结果如表 7 - 6 所示。

表 7 - 6　区域异质性分析

变量	东部	中部	西部
	模型 6	模型 7	模型 8
HPR	- 0.0103 ***	- 0.0129 ***	- 0.0128 ***
	(- 3.99)	(- 3.33)	(- 3.88)
FDI	0.170 ***	0.199	0.103
	(4.64)	(0.66)	(0.31)
FIN	0.424 **	0.364 ***	0.315 ***
	(2.24)	(3.59)	(2.80)
HC	0.230 ***	0.340 ***	0.262 ***
	(2.88)	(3.18)	(4.04)

变量	东部	中部	西部
	模型 6	模型 7	模型 8
INF	0.0303 ***	0.0278 ***	0.0222 ***
	(3.17)	(3.44)	(4.97)
ρ/λ	0.513 ***	0.440 ***	0.465 ***
	(14.15)	(13.37)	(14.43)
R^2	0.602	0.451	0.533

可以看出，三大区域空间自相关系数均显著为正，表明三大区域经济高质量发展均存在空间集聚特征。三大区域房价增长率的回归系数均显著为负，表明房价高增长对三大区域经济高质量发展均具有显著的挤出效应，但从回归系数数值大小看，房价增长率的负向作用力度存在显著的空间差异性，其对东部地区的负向作用力度较小，对中、西部地区的作用力度较大。

7.5　本章小结

新时代背景下，经济高质量发展是解决当前社会矛盾的重要逻辑起点和路径，本章考察了房价高增长对经济高质量发展的影响效应。首先，从企业家精神视角入手构建了房价波动影响经济高质量发展的理论逻辑分析框架。其次，构建由 5 个一级指标、20 个二级指标组成的经济高质量发展综合评价指标体系，并进而借助熵值法对经济高质量发展综合评价指数进行了测度。最后，构建空间面板计量模型，实证考察了房价高增长对经济高质量发展的实际影响。主要研究结论如下：

1. 中国经济高质量发展呈现逐年提升态势，但空间差异较大，东部地区经济高质量发展水平远高于中西部地区。

2. 经济高质量发展水平具有典型的空间集聚特征，其他省域经济高质量发展对本省经济高质量发展具有正向溢出效应。

3. 房价高增长对经济高质量发展具有显著的抑制作用，在考虑内生性问题以及替换空间权重矩阵后，此结论依然成立，表明本章结论具有较高的稳健性。

4. 房价高增长对三大区域经济高质量发展均具有显著的抑制作用，但作用效果存在空间异质性，其对东部地区的负向作用力度明显小于中西部地区。

第8章 房价波动影响经济高质量发展的企业家创业精神渠道分析①

改革开放 40 年来，中国经济持续快速发展，创造了世界经济增长奇迹，这一方面得益于政府一系列经济改革措施所释放的制度性红利，另一方面则得益于企业家精神的有效发挥。企业家精神包含创业与创新精神两大核心要素，其中，企业家创业精神蕴含着企业家的自信、冒险精神和成就需要等微观特质，其是企业创新的基础和前提（Glaeser，2007），因而是企业家"创造性破坏"活动的逻辑起点，其所起作用至关重要。毋庸置疑，企业家创业精神在推动全国经济提质增效、转型升级以及增加就业等方面发挥了极其重要的作用（李宏彬等，2009）。然而，外部环境缺失、体制机制不健全等桎梏仍大大制约着企业家创业精神的充分释放，当前中国民营企业平均寿命仅有 3.7 年，其"长不大"窘境折射出了这一问题的严重性。在此背景下，如何有效释放企业家创业精神成为一个亟须解决的难题。

与普通商品不同，房屋兼具消费和投资双重属性，房价波动对家庭、企业的资产配置与投资决策等具有显著影响，进而可能会影响到经济主体的创业行为。国内外部分学者探索了二者之间的关系，但研究结论存在分歧。本书前述研究表明，房价上涨对经济高质量发展具有显著的抑制作用。而企业家创业精神是推动经济高质量发展的重要路径之一。那么，房价波动对企业家创业精神具有何种影响呢？鉴于此，本章以房价高增长为切入点，基于中国现实深入剖析其对企业家创业精神的作用机理，试图厘清以下问题：企业家创业精神是否具有空间外溢特性？房价高增长是否造成了企业家创业精神的缺失？如果是，其传导机理是什么？补偿策略有哪些？房价高增长对异质性企业家创业精神的影响是否存在差异？对上述问题的探索，有利于明晰中国情形下房价高增长与企业家创业精神之间的关系，

---

① 本章内容主要参考：安勇，王拉娣. 房价高增长、扭曲效应与企业家创业精神 [J]. 数理统计与管理，2020，39（5）：902−912.

进而能够为如何充分释放企业家创业精神所蕴含的"正能量"，并最终推动经济高质量发展提供思路。

与已有文献相比，本章从以下三个方面进行了完善：首先，现有研究大都从个体、家庭等微观视角入手，考察住房产权或价值与家庭创业之间的关系，而从省域层面深入剖析房价高增长对（异质性）企业家创业精神影响的研究较为缺乏，这为本章从更为宏观的视角进行探索提供了空间。其次，在检验房价高增长对企业家创业精神的影响效应中，将企业家创业精神的空间依存关系纳入分析框架，避免了估计结果的偏误，同时也弥补了现有研究在这方面的不足。最后，对房价高增长阻碍企业家创业精神的补偿机制及传导机理进行了路径识别，从而为如何激发企业家创业精神提供了理论依据。

8.1　房价波动对企业家创业精神影响的理论分析

房地产兼具消费与投资双重属性，房价高速增长会带来个体禀赋与偏好、投资行为以及经营成本的异化，进而会对潜在创业者的创业行为产生挤入或挤出效应。遵循这一思路，本章结合中国实际情况，从以下两个方面系统阐述房价高增长对企业家创业精神的影响机理。

首先，房价高增长从财富效应与抵押品效应等渠道对企业家创业精神产生了挤入效应。从财富效应来看，房价快速增长带来了家庭财富的持续增加，较高的财富水平在一定程度上能够缓解创业者的投资资金壁垒，进而提升了家庭的创业倾向。然而，就中国现实而言，大部分家庭买房的目的是自住而非投资，从而在房价上涨时不大可能即刻变现（万晓莉等，2017）。因此，单凭财富幻觉无法对创业所需资金提供支持，这种未兑现的财富效应对提升企业家创业精神是无效的。而且，对无房人群和住房面积较小人群而言，房价快速上涨还会造成"房奴效应"（陈斌开，2018），从而进一步压缩了财富效应的作用空间。从抵押品效应来看，房屋抵押贷款是潜在创业者资金来源的重要方式，房价快速增长提升了抵押品价值（李斌等，2019），创业者可以通过反向抵押贷款获取较多的创业启动资金，进而有利于创业活动的开展。然而，对中国个体和私营企业而言，厂房、土地等固定资产的资产规模较小（王芳和姚玲珍，2018）、创业过程具有高风险性以及融资存在所有制歧视（Allen 等，2005；王文春和荣昭，2014）等局限在一定程度上限制了企业的融资规模，致使抵押品效应的传导渠道不流畅。基于上述分析可知，在中国现实情况下房价高增长对企业家创业精神挤入效应的作用力度非常有限。

其次，房价高增长从投资结构扭曲效应与用工成本效应等渠道对企业家创业精神产生了挤出效应。从投资结构扭曲效应来看，依据利润驱动假说，特定行业的高利润率（超过社会平均水平）会对其他行业的投资产生挤占效应（Martin，2001）。近年来，中国房价的高速增长为房地产业带来了高额利润率，这与工业企业的较低利润率形成了鲜明对比（刘斌和王乃嘉，2016）。在逐利天性驱使下，个人和企业的投资方向势必会发生转移（王红建等，2016）。事实上，2004—2016年全国房地产完成投资额从13158.3亿元上升至102580.61亿元，年均上涨率高达19.02%，这从侧面反映出了市场主体的跨行业套利行为。资本脱实向虚势必会挤占部分创业资金，同时也会降低潜在创业者的创业倾向，并最终会阻碍企业家创业精神的充分释放。另外，在制约创业的诸多因素中，融资约束是主要动因之一（蔡庆丰，2017）。现阶段中国金融体系不健全，个人和初创企业的内源融资能力不足，创业资金主要还是依赖间接融资。然而，在房价高速增长下银行信贷也会偏向风险较小而收益更高的房地产业。事实上，2004—2016年，全国房地产国内贷款占人民币贷款比重从13.93%上升至17.30%，这一现实充分支持了上述论断。信贷投向扭曲导致银行无法满足企业家对长期创业资金的需求，加大了其融资约束程度，进而影响了创业活动的开展。从用工成本效应来看，房价快速攀升推高了本地居民的生活成本，进而会推动本地工资水平的持续上涨（陈斌开等，2018）。而且，房价高增长还会引致劳动力流入减少，劳动力供给不足也会造成劳动力成本的快速上涨（Miller等，2011；Wu等，2016）。而劳动力成本高涨则会压缩企业的盈利空间，进而会抑制潜在创业者的创业倾向。基于上述分析，本章提出如下假设：

假设1：房价高增长对企业家创业精神具有抑制作用。

假设2：投资结构扭曲与用工成本攀升是房价高增长挤出企业家创业精神的作用渠道。

由前述分析可知，房价高增长加大了潜在创业者的融资约束，进而不利于企业家创业精神的释放，而金融发展恰能缓解这一困境，主要体现在：首先，面对金融一体化和金融机构的激烈竞争，各银行加大了金融产品创新力度，如针对个体、小微企业推出了个性化的小额信贷项目，这提高了创业资金的可得性。其次，中国多层次资本市场的迅速发展拓宽了创业者的融资渠道，且直接融资也降低了创业者的融资成本，从而有利于企业家创业精神的发挥。而且，近年来诸如深创投、IDG、红杉资本等风险投资机构在中国蓬勃发展，风险投资基金为创业者提供了持续的资金支持，提高了其风险承担能力，从而激发了创业者的创业活力，并增加了创业成功的概率，腾讯、百度、京东等公司的成长历程提供了有力证据。基于上述分析，本章提出如下假设：

假设 3：金融发展水平提升有利于缓解房价高增长对企业家创业精神的抑制作用。

外部市场环境决定了创业机会和创业风险，其已经成为潜在创业者进行创业决策的重要依据。当前，经济资源向国有企业集中的趋势并未得到有效改善，资源配置扭曲加大了创业活动的创业成本和潜在风险，在房价高增长所带来的高收益诱惑下，潜在创业者放弃创业机会进而转向房地产业成为必然选择。而完善的市场环境能够提高资源配置效率，从而能为创业提供更为有效的实现渠道和激励机制（Minniti，2010），这能够缓解房价高增长所引致的创业资金短缺以及创业意愿不足等弊端，有利于企业家创业精神的释放。基于上述分析，本章提出如下假设：

假设 4：市场化程度提升能够缓解房价高增长对企业家创业精神的抑制作用。

8.2　研究设计

8.2.1　空间模型设定

现有研究表明中国区域创业活动具有空间相关性（田毕飞和陈紫若，2016），忽略空间因素会引发模型设定偏误问题。基于此，本章采用空间计量模型考察房价高增长对企业家创业精神的挤出效应。空间面板滞后模型（SLM）与空间面板误差模型（SEM）设定如下：

$$BE_{it} = \rho WBE_{it} + \alpha_1 HPR_{it} + \alpha_2 HPR_{it} \cdot FIN_{it} + \alpha_3 HPR_{it} \cdot MAR_{it} + \beta X + \mu_{it}$$
$$(8.1)$$

$$BE_{it} = \alpha_1 HPR_{it} + \alpha_2 HPR_{it} \cdot FIN_{it} + \alpha_3 HPR_{it} \cdot MAR_{it} + \beta X + \mu_{it}$$
$$\mu_{it} = \lambda W\mu_{it} + \varepsilon_{it}$$
$$(8.2)$$

其中，BE_{it} 为 i 省份 t 年的企业家创业精神；HPR_{it} 为房价增长率；$HPR_{it} \cdot FIN_{it}$ 为房价增长率与金融发展的交互项；$HPR_{it} \cdot MAR_{it}$ 为房价增长率与市场化程度的交互项；X 为控制变量组，包括金融发展水平（FIN）、市场化程度（*MAR*）、地区开放程度（*OPEN*）、外资依存度（*FDI*）、基础设施水平（*INF*）、经济增速（*GDPR*）、人力资本（*HU*）；参照余泳泽和刘大勇（2013）的做法，空间权重矩阵 *W* 采用距离衰减矩阵形式，即

$$W_{ij} = \begin{cases} \exp(-\alpha d_{ij}) & i \neq j \\ 0 & i = j \end{cases}，d \text{ 为两个省份之间的距离。}$$

8.2.2 变量选取与数据说明

被解释变量为企业家创业精神（*BE*），参照李宏彬等（2009）、Li 等（2012）的做法，用个体户和私营企业数量占总人口比重衡量；同时为考察房价高增长对异质性企业家创业精神的影响，参照曾铖等（2017）进一步将企业家创业精神划分为机会型企业家创业精神（*BE*1）与生存型企业家创业精神（*BE*2）两种类型，并分别用私营企业数量以及个体户数量占总人口比重衡量。为直观展示三类企业家创业精神分布的动态演化特征，本章采用高斯核函数对其进行了分析，如图 8-1、图 8-2、图 8-3 所示。

整体而言，企业家创业精神、机会型企业家创业精神以及生存型企业家创业精神的核密度曲线呈现出相似演化特征。具体而言，由图 8-1 可以看出，2004 年、2008 年、2012 年、2016 年四年中，企业家创业精神的分布曲线逐年右移，表明中国企业家创业精神呈现逐年提升态势，这与中央及地方政府对于创业补贴、人才培养与引进等政策密切相关。但从波峰来看，与 2004 年相比，2008 年企业家创业精神分布曲线的峰值变高，宽度变窄，表明企业家创业精神区域差异变小，呈现收敛态势。但随后年份，企业家创业精神分布曲线的波峰逐年下降，宽度逐年变大，表明企业家创业精神的区域差异逐步变大，呈现发散态势。因此，具有较高企业家创业精神的区域如何发挥引领、帮扶作用，以带动较低区域企业家创业精神的提升是值得深思的课题。由图 8-2、图 8-3 可以看出，机会型企业家创业精神与生存型企业家创业精神分布的曲线均逐年右移，表明机会型企业家创业精神与生存型企业家创业精神均呈现逐年提升态势。但两类企业家创业精神分布的波峰均逐年降低，且宽度逐年变宽，表明机会型企业家创业精神与生存型企业家创业精神的区域差异逐年变大，整体呈现发散态势。出现这种情况的原因与各地区经济发展水平、资源禀赋、金融发展水平以及市场化程度等有关。

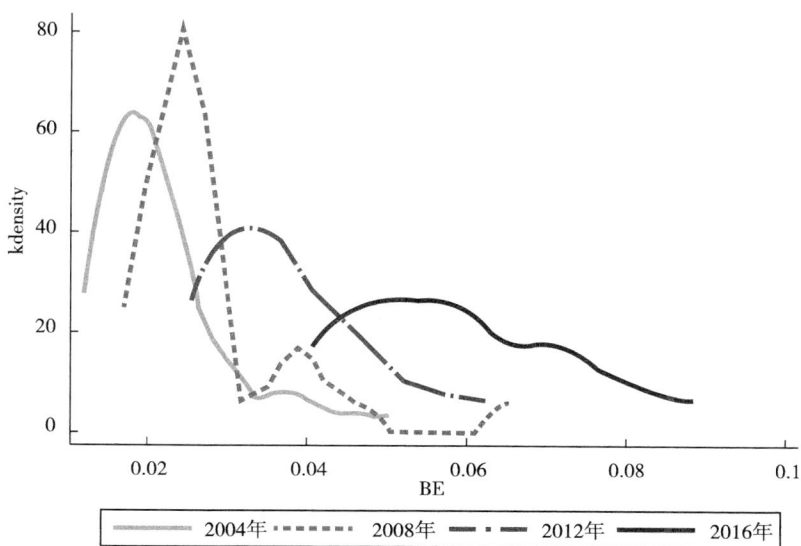

图 8 - 1　企业家创业精神动态演化路径

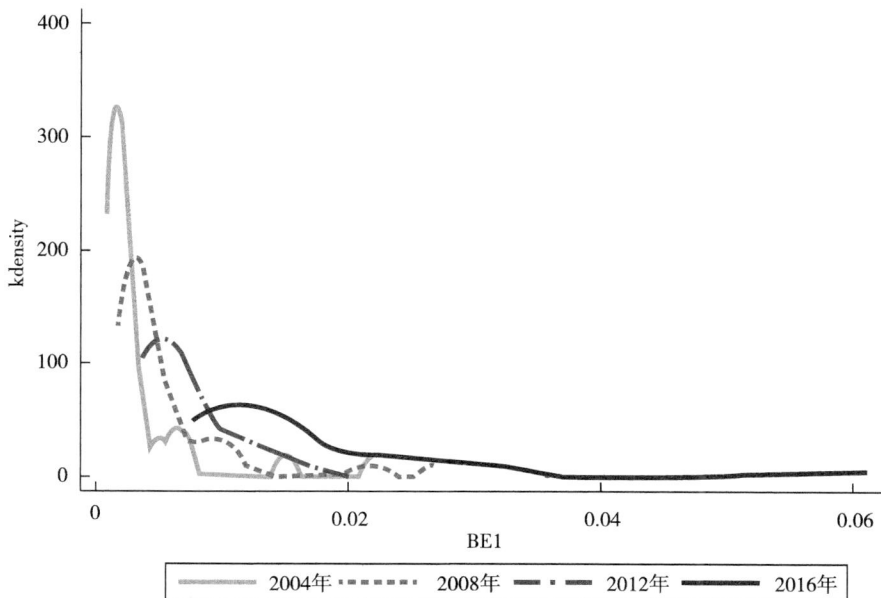

图 8 - 2　机会型企业家创业精神动态演化路径

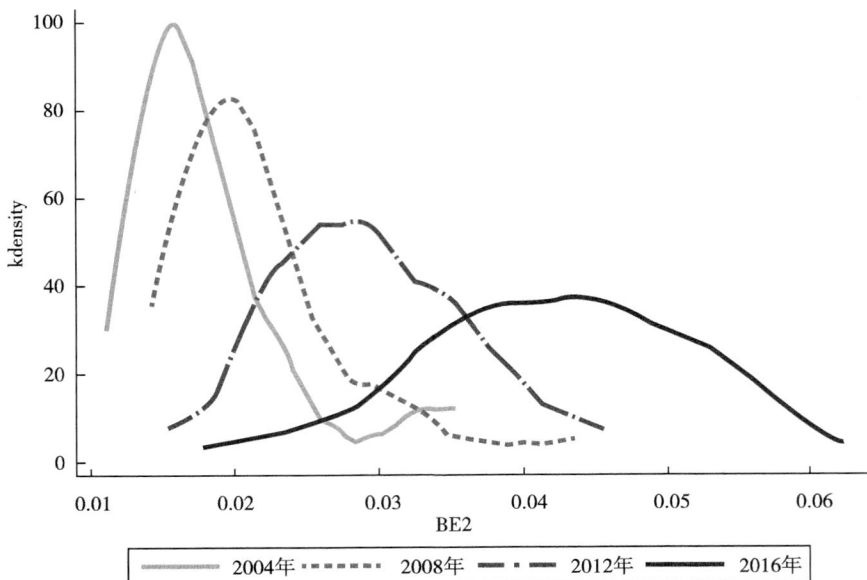

图 8 - 3　生存型企业家创业精神动态演化路径

核心解释变量为房价增长率（*HPR*），由（本期房价 - 上期房价）/上期房价计算得出。

控制变量：金融发展水平（*FIN*），采用非国有部门贷款占 GDP 比重来衡量金融发展水平，在中国存在所有制信贷歧视背景下，该指标能够真实反映金融机构对非国有企业的支持力度，因而能够较好地衡量其对企业家创业精神的影响，参照白俊红和刘宇英（2018）的做法，利用（金融机构贷款总额/GDP）×（1 - 国有企业固定投资额/全社会固定投资额）来测算；市场化程度（*MAR*），参照叶文平等（2018）的做法，采用 GDP/政府预算支出衡量；地区开放程度（*OPEN*），采用地区进出口总额占 GDP 比重衡量；外资依存度（*FDI*），采用外商直接投资额占 GDP 比重衡量；基础设施水平（*INF*），采用每万人上网人数的对数值衡量；经济增速（*GDPR*），采用 GDP 增长率衡量；人力资本（*HU*），采用每十万人在校大学生数的对数值衡量。

本章以中国 30 个省级行政地区为研究对象，样本时间跨度为 2004—2017 年，数据来源于《中国统计年鉴》、国研网数据库以及中国宏观经济数据库，所有价值型变量均按 2003 年不变价进行了平减处理。各变量的描述性统计如表 8 - 1 所示。

表 8-1　变量描述性统计

变量	均值	标准差	最小值	最大值
BE	0.0357	0.0157	0.012	0.0902
BE1	0.0082	0.0085	0.0009	0.0615
BE2	0.0275	0.0105	0.0111	0.0631
HPR	0.0777	0.0916	-0.1741	0.5731
FIN	0.7428	0.3011	0.3216	1.9924
MAR	5.6418	2.2160	1.5952	12.63
OPEN	0.3276	0.4008	0.0386	1.6709
FDI	0.3377	0.4578	0.0335	5.187
INF	7.814	0.802	5.5256	8.959
GDPR	0.1111	0.0577	-0.2362	0.2775
HU	7.6482	0.4036	6.7925	8.7918

8.3　实证结果与分析

8.3.1　空间相关性检验

本章首先采用 Moran's I 指数检验企业家创业精神是否具有空间依赖性，从而判断建立空间计量模型的合理性。Moran's I 指数位于 [-1, 1]，取值大于 0 表示企业家创业精神具有正空间相关性，取值小于 0 表示企业家创业精神具有负空间相关性，取值等于 0 表示企业家创业精神具有随机性，不存在空间相关性。表 8-2 列出了 2004—2017 年各年度企业家创业精神的 Moran's I 指数值。由表 8-2 可知，企业家创业精神和机会型企业家创业精神的 Moran's I 指数值在各年度均存在空间相关性，而生存型企业家创业精神的 Moran's I 指数值除了 2004 年、2005 年以外在其余年度均存在空间相关性。由此，构建空间面板计量模型是合理的。

表 8-2　2004—2017 年企业家创业精神的 Moran's I 指数值

年份	BE	BE1	BE2	年份	BE	BE1	BE2
2004	0.103 ** (2.24)	0.116 ** (2.27)	0.081 (0.56)	2011	0.129 *** (2.82)	0.126 *** (3.21)	0.107 *** (2.81)

年份	BE	BE1	BE2	年份	BE	BE1	BE2
2005	0.106 ** (2.20)	0.109 *** (2.98)	0.086 (0.73)	2012	0.131 *** (2.95)	0.118 *** (3.15)	0.104 *** (2.83)
2006	0.104 ** (1.97)	0.113 *** (3.01)	0.09 ** (2.28)	2013	0.13 *** (2.91)	0.124 *** (3.17)	0.109 *** (2.79)
2007	0.112 *** (2.98)	0.119 *** (3.12)	0.088 ** (2.31)	2014	0.133 *** (2.88)	0.13 *** (3.15)	0.11 *** (2.77)
2008	0.127 *** (2.86)	0.121 *** (3.06)	0.094 *** (2.75)	2015	0.135 *** (2.94)	0.132 *** (3.19)	0.114 *** (2.83)
2009	0.118 *** (2.91)	0.125 *** (2.89)	0.097 *** (2.84)	2016	0.132 *** (2.82)	0.13 *** (3.16)	0.109 *** (2.77)
2010	0.126 *** (2.89)	0.129 *** (3.05)	0.096 *** (2.79)	2017	0.134 *** (3.18)	0.13 *** (2.99)	0.11 *** (2.97)

注：$^{***}p < 0.01$，$^{**}p < 0.05$；（ ）内为 z 值。下同。

8.3.2 总体影响结果分析

1. 基准回归分析

首先，Hausman 检验结果表明应采用固定效应模型，且 LR 检验结果支持双向固定效应模型。进一步地，由空间自相关 LM 检验及 Robust LM 检验可知，四个统计量均在 5% 水平上显著，但 LM – lag 与 Robust LM – lag 的统计值均大于相应的 LM – error 与 Robust LM – error 的统计值。因此，空间滞后模型的解释力度更强。表 8 – 3 给出了空间滞后模型双向效应的 MLE 估计结果。

由表 8 – 3 可知，企业家创业精神的空间滞后系数 ρ 显著为正，表明企业家创业精神具有显著的空间相关性，来自其他省份企业家创业精神的变动对本地区的企业家创业精神具有正向溢出效应。由模型 1 可知，房价增长率的估计系数显著为负，表明房价增长率对企业家创业精神具有挤出作用。由模型 2 可知，加入控制变量后房价增长率对企业家创业精神的负向影响依然显著。由前述分析可知，房价高增长会挤占实体经济投资，且会增加企业的用工成本，从而阻碍了企业家创业精神的形成和发挥。

控制变量方面，金融发展水平的回归系数显著为正，表明金融发展水平的提升能够缓解潜在创业者的融资约束，从而增强了其创业意愿。市场化程度的回归系数显著为正，市场化程度提升能够带来制度环境的完善，进而提高了资源配置效率，并最终对企业家创业精神产生了促进作用。外资依赖度的回归系数显著为负，这表明外资依赖度所造成的市场进入壁垒、产品竞争等挤出效应大于人口流动效应、示范效应等挤入效应，进而对企业家创业精神产生了阻碍作用。地区开放程度、经济发展水平以及人力资本的回归系数均显著为正，表明上述变量均对企业家创业精神具有促进作用。基础设施水平的回归系数为正但不显著，表明基础设施不是影响企业家创业精神的主要因素。

2. 补偿机制分析

通过在基准模型中引入金融发展水平、市场化程度与房价增长率的交互项（$HPR \cdot FIN$ 及 $HPR \cdot MAR$），本书进一步剖析了金融发展水平、市场化程度是否对房价高增长阻碍企业家创业精神具有补偿机制，结果如表 8 - 3 中模型 3 至模型 5 所示。其中，模型 3、模型 4 考察了金融发展水平、市场化程度的单独作用效果。另外，为验证结论可靠性，模型 5 通过同时加入两个交互项进行了重新检验。由估计结果可知，3 个模型中两个交互项的回归系数均通过了显著性检验，这表明金融发展水平与市场化程度对企业家创业精神具有间接作用机制。具体而言，房价增长率对企业家创业精神的偏效应为 $\partial BE / \partial HPR = \alpha_1 + \alpha_2 FIN + \alpha_3 MAR$，由于 α_2、α_3 的回归系数显著为正，因此金融发展水平与市场化程度提升能够缓解房价高增长对企业家创业精神的挤出效应，此结论与假设 3、假设 4 相吻合。

表 8 - 3　全样本估计结果

变量	模型 1	模型 2	模型 3	模型 4	模型 5
ρ	0.6521 ***	0.6361 ***	0.6287 ***	0.6253 ***	0.6247 ***
	(32.60)	(15.21)	(13.84)	(10.33)	(11.25)
HPR	−0.0409 ***	−0.0122 **	−0.0242 ***	−0.0217 **	−0.0215 ***
	(−4.62)	(−2.47)	(−2.88)	(−2.41)	(−3.45)
FIN		0.01 ***	0.01 ***	0.0139 ***	0.0131 ***
		(4.61)	(4.75)	(4.71)	(3.99)
MAR		0.0321 ***	0.0309 ***	0.0281 **	0.0288 **
		(5.06)	(4.15)	(2.42)	(2.40)
$OPEN$		0.0188 ***	0.0175 ***	0.0178 ***	0.0178 ***
		(3.14)	(2.79)	(3.26)	(3.35)

续表

变量	模型 1	模型 2	模型 3	模型 4	模型 5
FDI		-0.0015^{**}	-0.0015^{**}	-0.0014^{***}	-0.0015^{**}
		(-2.55)	(-2.65)	(-3.34)	(-2.54)
INF		0.0016	0.0017	0.0017	0.0017
		(0.76)	(0.85)	(0.81)	(0.79)
$GDPR$		0.0371^{***}	0.037^{***}	0.0371^{***}	0.037^{***}
		(3.22)	(3.23)	(3.35)	(3.43)
HU		0.0254^{***}	0.0239^{***}	0.0248^{***}	0.0237^{***}
		(3.36)	(3.20)	(3.28)	(3.32)
$HPR \cdot FIN$			0.0037^{***}		0.0031^{**}
			(3.74)		(2.47)
$HPR \cdot MAR$				0.0045^{***}	0.0048^{***}
				(4.26)	(4.24)
R^2	0.2021	0.7648	0.7660	0.7651	0.8013

8.3.3 稳健性检验

1. 不同空间权重矩阵

本章通过构建经济距离权重矩阵

$$W_{ij} = \begin{cases} G/d_{ij}^2 & i \neq j \\ 0 & i = j \end{cases}$$

其中，G 表示各省人均 GDP 均值，进而对基准模型进行了重新估计，结果如表 8 - 4 中模型 1 至模型 3 所示。

2. 内生性问题

遗漏变量、双向因果关系均会造成房价增长率与企业家创业精神的内生性，从而会导致估计结果的不一致。由此，本章利用 GMM 方法对模型进行了重新估计。其中，选取 $W \cdot HPR_{it}$ 作为工具变量，并借助 Hansen J 检验对工具变量的合理性进行了检验，发现所选工具变量是合适的，表 8 - 4 模型 4 至模型 6 给出了内生性检验结果。

3. 替换解释变量

本章通过对外资依存度、基础设施水平等变量进行重新度量，进一步检验前述研究结论是否稳定。其中，对于外资依存度，借鉴张宇和蒋殿春

（2013）的做法，利用外资企业固定资产实际存量占地区工业固定资产实际存量衡量；对于基础设施水平，参照蔡庆丰等（2017）的做法，利用单位面积公路里程衡量。表 8 - 4 中模型 7 至模型 9 给出了替换变量后的检验结果。

由表 8 - 4 可知，在替换空间权重矩阵、考虑变量内生性问题以及替换解释变量后，企业家创业精神的空间依赖性依然存在，且房价增长率、金融发展水平、市场化程度与房价增长率交互项的回归系数仍显著且符号与前述研究相一致，这表明本章研究结论具有稳健性。

表 8 - 4　稳健性检验

变量	变换空间权重矩阵			内生性检验			替换变量		
	模型 1	模型 2	模型 3	模型 4	模型 5	模型 6	模型 7	模型 8	模型 9
ρ	0.4328***	0.4311***	0.44***	0.5846***	0.532***	0.5564***	0.6325***	0.6318***	0.6306***
	(10.28)	(11.25)	(10.05)	(13.47)	(13.31)	(12.87)	(14.48)	(13.47)	(11.02)
HPR	-0.0137***	-0.0196***	-0.0202***	-0.0238***	-0.0218***	-0.0233***	-0.0122**	-0.0226***	-0.0212**
	(-3.21)	(-3.14)	(-3.46)	(-3.33)	(-3.64)	(-3.45)	(-2.45)	(-3.37)	(-2.42)
FIN	0.0144***	0.0138***	0.0136***	0.0087***	0.0089***	0.089***	0.012***	0.011***	0.0127***
	(5.02)	(4.87)	(4.63)	(4.56)	(4.45)	(4.27)	(4.71)	(4.49)	(4.89)
MAR	0.0316***	0.0315***	0.0311***	0.0346***	0.0331***	0.0336***	0.033***	0.031***	0.029**
	(5.11)	(4.67)	(4.49)	(4.12)	(4.07)	(4.12)	(4.98)	(4.27)	(2.45)
OPEN	0.0172***	0.0177***	0.0176***	0.0165***	0.0161***	0.0162***	0.0160***	0.0159***	0.0160***
	(4.54)	(3.07)	(3.33)	(3.67)	(3.62)	(3.45)	(3.44)	(3.68)	(3.52)
FDI	-0.0013***	-0.0013***	-0.0012***	-0.0025	-0.0023**	-0.0022**	-0.0037***	-0.0035***	-0.00372***
	(-3.92)	(-3.78)	(-3.91)	(-1.63)	(-2.57)	(-2.55)	(-4.09)	(-3.99)	(-3.93)
INF	0.0015	0.0016	0.0016	0.0023	0.0022	0.0022	0.0046**	0.0046*	0.0045
	(0.63)	(0.61)	(0.67)	(1.52)	(0.95)	(1.28)	(2.40)	(1.86)	(0.48)
GDPR	0.0367***	0.0364***	0.0366***	0.0539***	0.054***	0.0544***	0.0359***	0.0361***	0.0360***
	(4.03)	(4.14)	(4.17)	(3.09)	(3.12)	(3.31)	(4.25)	(4.44)	(4.71)
HU	0.0251***	0.0249***	0.0249***	0.0273***	0.0276***	0.0272***	0.0250***	0.0248***	0.0249***
	(3.19)	(3.25)	(3.26)	(5.31)	(5.33)	(5.36)	(3.69)	(3.62)	(3.33)
HPR · FIN		0.0031***			0.0028***			0.0036***	
		(4.19)			(4.43)			(3.61)	
HPR · MAR			0.0034***			0.0051***			0.0042***
			(3.36)			(3.55)			(4.31)
R^2	0.7223	0.7376	0.7352	0.791	0.801	0.797	0.802	0.798	0.801

8.3.4　异质性分析

企业家创业精神可以细分为机会型企业家创业精神与生存型企业家创

业精神两种类型，两者在创业过程中所面临的融资约束、风险暴露存在较大差异，因而可能对房价增长率的敏感性有所不同。本章进一步考察了房价高增长对两种企业家创业精神影响的异质性。根据空间相关性检验，依然采用 SLM 模型进行估计，估计结果见表 8 - 5。可以看出，机会型企业家创业精神与生存型企业家创业精神仍存在显著的正向空间溢出效应。对于两种类型的企业家创业精神而言，房价增长率的回归系数仍显著为负，再次证实房价高增长会阻碍企业家创业精神的释放。但是，房价增长率对不同类型企业家创业精神的抑制作用存在差异性，其对机会型企业家创业精神的负向作用力度更大。可能原因在于机会型企业规模较大，所需资金也较多，快速的房价上涨会给其带来更为严重的融资约束与潜在风险，进而会在更大程度上抑制其创业意愿。与此同时，两种企业家创业精神类型中，金融发展水平、市场化程度提升均会缓解房价高增长对企业家创业精神的挤出效应，但二者对机会型企业家创业精神的作用力度更大。可能原因在于生存型企业规模偏小，经营决策的随机性较大，其受金融发展水平、市场化程度等市场因素的影响较小。

表 8 - 5　区分企业家创业精神类型的估计结果

变量	机会型企业家创业精神			生存型企业家创业精神		
	模型 1	模型 2	模型 3	模型 4	模型 5	模型 6
ρ	0.58 ***	0.563 ***	0.5668 ***	0.3884 ***	0.375 ***	0.3756 ***
	(9.74)	(10.04)	(10.11)	(5.28)	(5.62)	(5.52)
HPR	- 0.0082 ***	- 0.008 ***	- 0.0079 ***	- 0.0041 **	- 0.004 ***	- 0.004 **
	(- 3.91)	(- 3.67)	(- 3.64)	(- 2.46)	(- 2.88)	(- 2.51)
FIN	0.0052 ***	0.0056 ***	0.0055 ***	0.0049 ***	0.0052 ***	0.005 ***
	(3.67)	(3.77)	(3.72)	(3.41)	(4.39)	(4.21)
MAR	0.0174 ***	0.0172 ***	0.017 ***	0.0211 ***	0.0206 ***	0.0209 ***
	(3.61)	(3.33)	(3.71)	(3.73)	(3.70)	(3.67)
HPR · FIN		0.0039 ***			0.0021 **	
		(3.54)			(2.46)	
HPR · MAR			0.0041 ***			0.0027 ***
			(4.64)			(3.79)
控制变量	控制	控制	控制	控制	控制	控制
R^2	0.7013	0.7276	0.7352	0.791	0.8135	0.806

8.4 作用机理检验

前述研究表明，房价上涨过快阻碍了企业家创业精神发挥，但是作用机理是什么呢? 接下来本章从房地产投资增速（$HINR$）和工资增速（DOR）两个方面入手，通过构建中介效应模型（Baron 和 Kenny，1986），系统剖析房价高增长挤出企业家创业精神的传导渠道。在式（8.1）的基础上，进一步构建如下模型：

$$MED_{it} = \gamma_0 + \gamma_1 HPR_{it} + \beta X + \mu_{it} \tag{8.3}$$

$$BE_{it} = \rho WBE_{it} + \theta_1 HPR_{it} + \theta_2 MED_{it} + \beta X + \mu_{it} \tag{8.4}$$

其中，MED_{it} 为中介变量，包括房地产投资增速和工资增速。式（8.1）用来验证房价增长率对企业家创业精神的总效应，式（8.3）用来验证房价增长率对中介变量的影响，式（8.4）用来验证房价增长率与中介变量对企业家创业精神的影响。由中介效应检验程序可知，如果回归系数 γ_1 和 θ_2 均显著，则说明存在中介效应。进一步地，回归系数 θ_1 表示房价高增长的直接效应，如果 θ_1 显著，说明存在部分中介效应，如果 θ_1 不显著，说明存在完全中介效应。表 8 – 6 给出了房价高增长对企业家创业精神的渠道检验结果。

表 8 – 6 中模型 2 至模型 3 检验了房地产投资增速的中介效应。由模型 2 可知，房价增速的回归系数显著为正，表明房价增速对房地产投资增速具有促进作用。由模型 3 可知，房价增速与房地产投资增速均对企业家创业精神具有显著的抑制作用，说明房地产投资增速发挥了部分中介功能，通过测算得出中介效应占总效应的比重为 26.23%。同理可知，工资增速也发挥了部分中介功能，且中介效应占总效应的比重为 18.08%。因此，投资结构扭曲效应和用工成本效应是致使房价高增长挤出企业家创业精神的两种重要渠道。

表 8 – 6 作用机理检验结果

变量	总效应	中介变量：$HINR$		中介变量：DOR	
	模型 1	模型 2	模型 3	模型 4	模型 5
ρ	0.6361***		0.6168***		0.603***
	(15.21)		(9.16)		(8.39)
HPR	−0.0122**	0.2857***	−0.009**	0.1161***	−0.01*
	(−2.47)	(3.84)	(−2.37)	(4.53)	(−2.04)

变量	总效应	中介变量：HINR		中介变量：DOR	
	模型 1	模型 2	模型 3	模型 4	模型 5
HINR			− 0.0112 *** （ − 4.25）		
DOR					− 0.019 *** （ − 5.20）
控制变量	控制	控制	控制	控制	控制
R^2	0.7648	0.3911	0.7766	0.5649	0.7709

8.5　本章小结

企业家创业精神是促进经济高质量发展的重要动因之一，本章尝试从房价高增长视角对中国企业家创业精神缺失现象进行解释。首先，结合中国现实剖析了房价快速增长对企业家创业精神的影响机理。随后，基于2004—2017 年的省际面板数据，通过构建空间计量模型对二者之间的关系进行了实证检验。主要研究结论如下：

1. 企业家创业精神具有显著的空间依赖性，其他省域企业家创业精神对本省企业家创业精神具有正向溢出效应。

2. 房价高增长抑制了企业家创业精神的发挥，但金融发展水平与市场化程度提升能够缓解这种负向影响，且在替换空间权重矩阵、考虑模型内生性以及替换解释变量后，结论依旧稳健。

3. 房价高增长对不同类型企业家创业精神的作用效果具有异质性，相比生存型企业家创业精神，其对机会型企业家创业精神的挤出效应更大。

4. 从房价高增长挤出企业家创业精神的作用机理来看，投资结构扭曲与用工成本攀升是两条重要渠道，其分别发挥了 26.23%、18.08% 的中介作用。

第9章 房价波动影响经济高质量发展的创新效率渠道分析[①]

改革开放40多年，中国经济一直保持着年均近10%的高速增长，创造了世界发展史上的经济奇迹。2014年中国GDP总量首次突破10万亿美元大关，一跃成为全球第二大经济体。然而，伴随中国经济步入新常态，人口红利消失、产能过剩、环境恶化等深层次问题日益凸显，传统的粗放型增长模式难以为继。在此背景下，中国政府适时提出了创新驱动发展战略，创新成为推动经济发展的新引擎和第一动力。为此，不论是各级政府还是微观企业均加大了创新投入力度。国家统计局统计资料显示，2017年中国R&D经费投入总量为17606.1亿元，同比增长12.3%，增速保持世界领先；R&D经费投入强度为2.13%，已达到中等发达国家水平。从R&D人员投入规模讲，OECD统计数据显示，2017年全球经济体R&D人员总量超过10万人/年的国家共计13个，其中中国R&D研究人员与全时当量为186.6万人/年，已经稳居全球首位，美国为143.4万人/年，位居第二，日本位居其后。然而，与创新高投入形成鲜明对比的是，中国仍存在创新产出质量不高、创新投入产出效率偏低等问题。WIPO和美国康奈尔大学等机构发布的2018年全球创新指数报告显示，中国排名第17位，与瑞士、荷兰、瑞典等创新强国仍存在不小差距，中兴芯片事件也凸显了中国企业创新产出质量不高的现实困境。因此，如何有效提升创新质量和效率，进而推动经济高质量发展已成为中国实施创新驱动战略过程中亟须解决的难题之一。

本章以房价高增长为切入点，基于中国创新现实情况剖析房价波动对区域创新效率的影响机理。试图厘清以下问题：中国区域创新能力具有何种演化特征？区域创新效率如何测度？房价高增长是否抑制了区域创新效率的提升？如果是，其传导机理是什么？地方政府行为对两者之间的联系

---

① 本章部分内容参考：[1] 安勇，原玉廷. 土地财政、扭曲效应与区域创新效率 [J]. 中国土地科学，2019，33（8）：36－42＋52. [2] 安勇，王拉娣. 金融要素扭曲、地方政府行为与创新效率缺失 [J]. 数理统计与管理，已录用，编号：20－0092.

具有何种影响？对上述问题的探索，有利于明晰中国情形下房价高增长与区域创新效率之间的关系，进而能够为如何推动经济高质量发展提供理论与现实依据。

文献梳理可知，相关学者较为深入地剖析了房价上涨对创新的影响，但仍存在以下可改进之处。一是现有文献侧重于实证分析，缺乏房价上涨影响创新能力作用机理的深入探讨。二是现有文献忽略了创新过程的系统性和复杂性特征，大都利用创新投入或创新产出单一指标来刻画创新能力，因而无法全面诠释创新能力的内涵。更为重要的是，提高创新投入产出比是实现经济高质量发展的重要路径，因此，从创新效率角度进行剖析更具合理性，现有文献缺乏对房价波动与创新效率之间关系的深入探讨。三是现有研究未充分考虑政府行为对二者的间接作用机制。鉴于此，本章拟利用随机前沿模型测算区域创新效率，并在对房价影响创新作用机理进行深入剖析基础上，实证考察房价上涨对区域创新效率的影响机理以及基于政府行为的间接作用效果。

9.1 区域创新对比分析

由《中国区域创新能力评价报告》发布数据可知，中国区域创新能力存在显著差别。就整体而言，东部和沿海地区创新能力远高于中西部地区。图 9 – 1 展示了 2019 年中国 31 个省份创新能力值，可以看出，创新能力排名前十的省份中除重庆外均位于东部和沿海地区，其中，广东、北京、江苏、上海以及浙江地区创新能力位列前五，而吉林、黑龙江、新疆、内蒙古以及西藏地区创新能力位列后五，相比较而言，前五位创新能力均值是后五位创新能力均值的 2.71 倍。东部和沿海地区创新能力强主要得益于地理位置优越、对外开放度较高、金融市场较为完善，进而导致创新创业活动非常活跃。如何发挥东部创新能力强的溢出效应，进而促进东部地区与中西部地区创新协调发展是值得深思的问题。下面从创新投入和创新产出两个角度具体剖析各省份创新活动的差别。

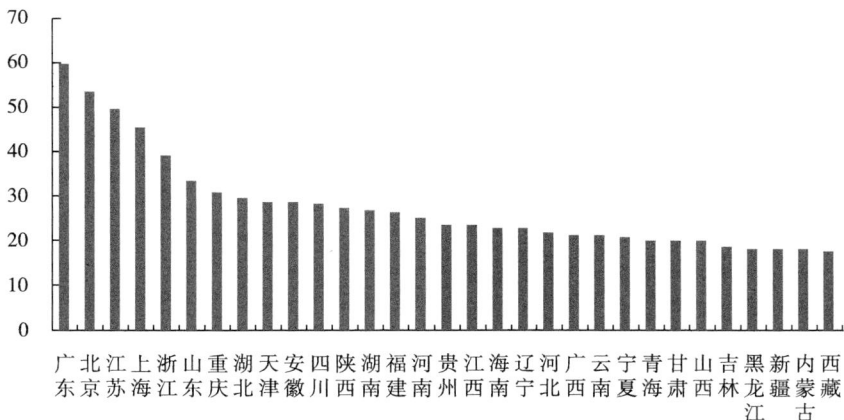

图 9 - 1　2019 年中国区域创新能力对比

9.1.1　创新投入对比

1. R&D 人员投入对比

从 R&D 人员全时当量来看，就整体而言，各地区的数值呈现逐年上升态势，但存在显著差别，东部地区 R&D 人员全时当量平均水平远高于中部和西部地区，这主要是因为东部及沿海地区市场化程度较高、金融发展水平较好，人才净流入现象非常明显。由图 9 - 2 可以看出，2017 年 R&D 人员全时当量排名前五位的省份为广东、江苏、浙江、山东和北京，均位于东部和沿海地区，而排名后五位的省份为新疆、宁夏、海南、青海和西藏，大都位于西部地区。相比较而言，前五位省份 R&D 人员全时当量均值是后五位 R&D 人员全时当量均值的 52.9 倍，差距之大令人惊叹，中西部省份当务之急应是大力改善创新创业环境，结合转型发展需要想方设法吸引高素质人才。

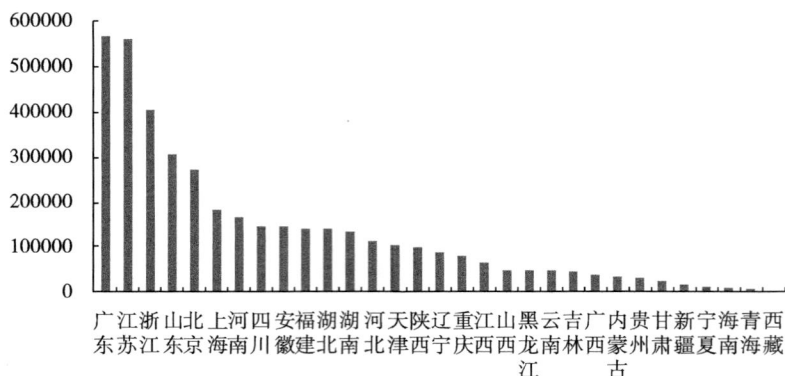

图 9 – 2　2017 年中国各省份 R&D 人员全时当量对比①

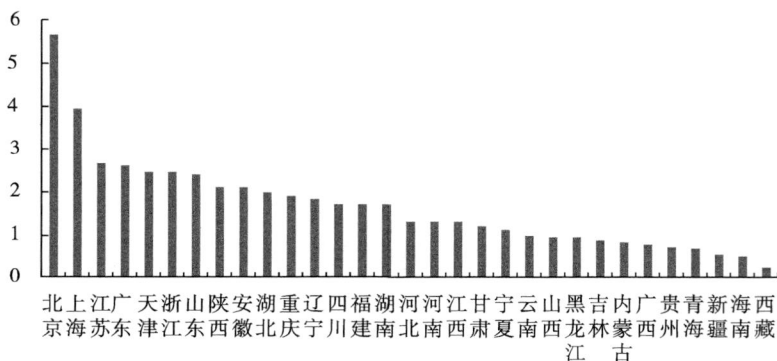

图 9 – 3　2017 年中国各省份 R&D 经费投入强度对比②

2. R&D 经费投入对比

从 R&D 经费研发强度来看，就整体而言，各地区的数值呈现逐年上升态势，但存在显著差别，具有典型的空间集聚特征，北京、上海、江苏、广东、天津、浙江位居前列，这些省份均位于东部（沿海）地区，金融发展水平、对外开放水平较高，且资本市场较为发达，创新资金较为充足。而贵州、青海、新疆、海南、西藏位列倒数五名。这些省份中，除海南外，其余四个省份均位于西部地区，经济发展比较落后，财政吃紧，金融市场化程度低，导致 R&D 经费投入不足，海南虽然处于沿海地区，但其主要以旅游业为主，工业体系不健全，R&D 经费投入也存在不足。

---

① 数据来源于《中国科技统计年鉴》。
② 数据来源于《中国科技统计年鉴》。

9.1.2　创新产出对比

从发明专利申请授权量看，整体而言，各地区的数值呈现逐年上升态势，但存在显著差别，具有典型的空间集聚特征，东部（沿海）地区的数值明显高于西部地区。具体而言，北京、广东、江苏、浙江、上海、山东等省份位居前六，其均值为 33644，而内蒙古、宁夏、海南、青海、西藏位居倒数五位，其均值仅为 432，这一数值不足前六位均值的 1.23%，差距之大令人震惊。

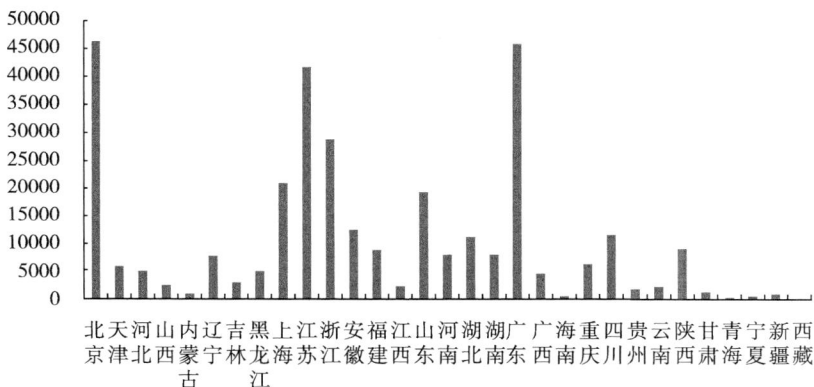

图 9 - 4　2017 年中国各省份发明专利授权量对比①

通过对 31 个省份创新投入、产出的对比分析可以发现，东部（沿海）地区由于地理位置优越、人力资本充裕、金融市场发达，不论是创新投入水平还是创新产出水平均高于中部和西部地区。

9.2　区域创新效率测度

9.2.1　随机前沿测度方法介绍

区域创新能力是促进区域经济高质量发展的内生力量，在当前三期叠加背景下，其已经成为区域经济快速健康增长的第一驱动力，是衡量区域综合实力的重要指标。关于区域创新能力评价，现有文献主要从以下三个维度进行了度量。一是利用创新投入和产出等单一维度来度量。如潘雄锋和杨越（2014）利用专利发明授权量来衡量区域创新能力。刘那日苏等

---

① 数据来源于《中国科技统计年鉴》。

（2020）利用 R&D 机构支出及从业人数对区域创新进行了界定。毛金祥（2019）则利用新产品销售收入来衡量区域创新能力。二是构建区域创新能力综合评价指数。从全球来看，常见指数包括世界银行发布的综合创新指数，其中包括 3 个维度共计 28 个二级指标、全球创新指数、中国创新指数等。从现有研究看，学术界根据研究需要构建了相应的综合评价指数。如陈琦和欧阳铭珂（2020）从创新投入、创新环境以及创新成效 3 个维度选取指标体系，并基于主成分分析法构建了区域创新能力综合评价指数。李斌等（2020）从知识创新能力、技术创新能力、政府支持与服务以及创新环境 4 个维度构建指标体系，并基于熵值法对区域创新能力进行了测度。三是考虑创新投入产出对比，利用创新效率度量区域创新能力（安勇和原玉廷，2019；杨柏等，2020）。从现实情况看，快速提升区域创新的投入产出比，注重区域创新效率才能有效提升区域创新能力。

因此，创新效率是衡量创新质量与能力的重要指标，其衡量的是创新中投入与产出两者之间的对比。对一个经济体而言，只有提升创新效率，才能促进经济的快速上涨。伴随中国经济步入新常态，人口红利消失、产能过剩、环境恶化等深层次问题日益凸显，传统的粗放型增长模式难以为继，中国经济增速也呈现逐步放缓态势。同时，逆全球化态势对中国经济增长进一步设置了障碍。在此背景下，亟须各区域利用有限的财力资源和人力资源，争取尽量多的创新产出，有效提升区域创新效率，进而增强区域竞争力。基于本章写作目的，科学、合理测度创新效率，以此探究房价波动对区域创新效率的溢出效应是非常重要的环节。

对于效率的测度，现有研究主要涉及两类方法，即随机前沿法（SFA）和数据包络法（DEA）。SFA 法注意到了外部随机因素的干扰，在利用 MLE 方法估计前沿产出函数基础上，进一步将非效率项从复合误差项中剥离出来，并利用非效率项的条件期望值来测度技术效率值，估计结果较为符合实际情形，而 DEA 法却忽略了随机因素的影响，导致其效率测度值的可信度不够。而且，在面板数据模型中，利用 DEA 法得到的单元效率值在时间可比性上存在缺陷。因此，在模型设定合理情形下，利用 SFA 法来测度效率值更为合理（顾乃华和朱卫平，2011）。鉴于此，本章采用 SFA 法来测度区域创新效率，并借此剖析房价高增长的创新效率挤出效应。基于 Battese 和 Coelli（1995）的方法，创新效率的一般形式可以表示为

$$RD_{it} = f(x_{it}, t)\exp(v_{it} - \mu_{it}) \tag{9.1}$$

其中，RD_{it} 表示 i 省份 t 年的实际创新产出；$f(\cdot)$ 表示具有完全效率时

的前沿创新产出，用于表征最优生产技术；x_{it} 表示影响创新产出的变量集，包括劳动投入 RDL_{it} 和资本投入 RDK_{it}；$(v_{it} - \mu_{it})$ 为复合误差项，具体可分解为相互独立的两项，其中，随机误差项 v_{it} 服从 $N（0，\sigma_v^2）$，技术非效率项 μ_{it} 服从 $N^+（\mu，\sigma_\mu^2）$，且 $\mu_{it} = \mu_i \exp[-\eta(t - T)]$，$\eta$ 表示时变参数。

创新效率可表示为实际创新产出与前沿创新产出之比，即

$$RDE_{it} = \frac{E[f(x_{it}, t)\exp(v_{it} - \mu_{it})]}{E[f(x_{it}, t)\exp(v_{it})]} = \exp(-\mu_{it}) \tag{9.2}$$

RDE_{it} 取值于 [0，1] 之间，若 $RDE_{it} = 1$（此时 $\mu_{it} = 0$）则表示技术完全有效，$RDE_{it} < 1$（此时 $\mu_{it} > 0$）则表示技术无效。

对上式两边取对数，可得创新效率一般估计模型：

$$\ln RD_{it} = \ln f(x_{it}, t) + v_{it} - \mu_{it} \tag{9.3}$$

SFA 模型中常用生产函数包括 C - D 函数和 Trans - Log 函数两种类型。与 C - D 形式相比，Trans - Log 函数放松了投入要素的产出弹性不变假设，其形式更为灵活。因此，本章预先选取 Trans - Log 生产函数来对区域创新效率进行测度，并通过相关统计检验判别其适用性。具体模型设定如下：

$$\ln RD_{it} = \beta_0 + \beta_1 \ln RDL_{it} + \beta_2 \ln RDK_{it} + \beta_3 \ln^2 RDL_{it}$$
$$+ \beta_4 \ln^2 RDK_{it} + \beta_5 \ln RDL_{it} \ln RDK_{it} + v_{it} - \mu_{it} \tag{9.4}$$

9.2.2　区域创新效率测度

本章采用超越对数随机前沿法对创新效率进行测度，数据来源于历年《中国科技统计年鉴》所用变量设定如下：

创新产出变量（RD）利用发明专利授权量衡量；

创新投入要素主要涉及 R&D 人员（RDL）和 R&D 资本（RDK）两种，其中，R&D 人员利用 R&D 人员全时当量衡量；R&D 资本利用永续盘存法估算的 R&D 资本存量衡量，即

$$K_{it} = (1 - \delta)K_{it-1} + I_{it}$$
$$K_{i0} = I_{i0}/(\gamma + \delta) \tag{9.5}$$

其中，I 表示 R&D 经费内部支出，为消除价格因素的影响，参照朱平芳和徐伟民（2003）构造的 R&D 价格指数，以 2002 年为基期进行价格平减；δ 表示折旧率，取其值 $\delta = 15$；γ 表示实际 R&D 经费的算数平均增长率。

借助 Frontier4.1 软件，利用 MLE 方法对 30 个省市 2003—2017 年的创新效率进行了测算，如表 9 - 1 所示。首先，C - D 模型和 Trans-Log 模型中

γ 值分别为 0.890 和 0.953，且在 1% 下显著，同时 LR 也通过了 1% 显著性水平的检验，说明模型误差主要源自技术非效率。因此，借助 SFA 法测算区域创新效率是合理的。其次，广义似然统计量 $\lambda = -2\ln[L(H_0)/L(H_1)]$ 的值为 35.258，且在 1% 水平下显著，故相比 C-D 模型，Trans-Log 模型更适合本研究数据。因此，后续研究所用的区域创新效率数据是基于 Trans-Log 模型测算的。

表 9-1　SFA 模型估计结果

参数	C-D 模型	Trans-Log 模型
β_0	-0.701*** （-17.732）	0.866（0.213）
β_1	0.233*** （3.397）	0.290*** （3.943）
β_2	0.890*** （8.331）	-0.231*** （-4.025）
β_3		0.604*** （4.446）
β_4		0.486*** （4.468）
β_5		-0.112*** （-3.954）
σ^2	0.749*** （3.654）	0.751*** （4.355）
γ	0.880*** （8.312）	0.900*** （9.475）
Log 函数值	-139.336***	-110.925***
单边 LR 检验	268.072***	281.131***

注：*** $p < 0.01$；（　）内为 t 值。

为了解中国各地区创新效率的动态演化特征，本章通过建立核密度函数进行了分析，图 9-5 描绘出 2004 年、2008 年、2012 年及 2016 年四个年份区域创新效率的核密度曲线。

可以看出，中国各地区创新效率呈现明显的时变特征，主要体现在：一是从核密度曲线位置来看，2004 年、2008 年、2012 年及 2016 年，中国各地区创新效率分布曲线整体逐年向右偏移，说明区域创新效率呈现逐年提升态势。二是从核密度曲线形状来看，各地区创新效率分布存在明显的右拖尾现象，说明中国区域创新能力整体水平偏低。

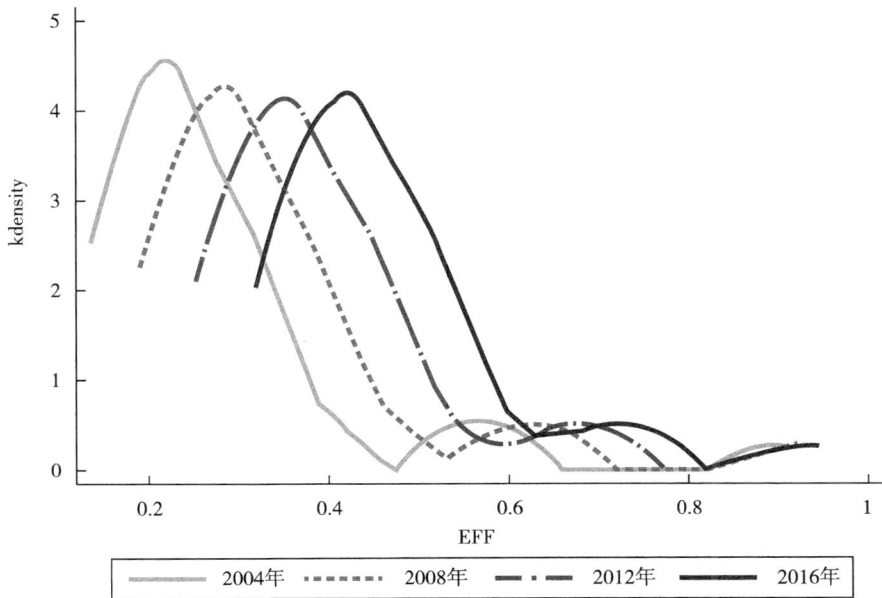

图 9 - 5　区域创新效率动态演化特征

进一步地，图 9 - 6 描绘了 2003—2017 年全国及东、中、西部地区创新效率的演化进程。从全国层面来看，中国创新效率呈现逐年上升态势，其年度均值从 2003 年的 0.32 上升到 2017 年的 0.45，但创新效率仍然处于较低水平，存在着较大的提升空间。从区域层面来看，2003—2017 年各区域创新效率均呈现上升趋势，但区域不平衡特征明显，呈现出东、西、中部递减的特点，这与马大来等（2017）、李政等（2017）的研究结论相一致。具体而言，东部地区创新效率具有绝对优势，其历年均值较西部和中部分别高出 11.80% 和 34.11%；西部地区创新效率略高于全国平均水平；而中部地区创新效率低于全国平均水平高达 14.69%，更为严重的是，中部地区追赶西部与东部地区的动力不足，2013 年以来差距被进一步拉大。创新效率存在上述空间异质性的可能原因在于，相比中西部地区，东部地区地域优势明显，制度环境优越，金融市场完善，产业结构完善，人力资本水平较高，创新要素"虹吸效应"显著，同时也聚集了大量高校、高水平科研机构以及企业，且三者之间的互动远大于中西部地区，从而为提升创新投入产出效率提供了良好空间。而中部地区的创新投入虽然高于西部地区，但其创新产出却没有实现同比例的提升，导致其创新效率低于西部地区。

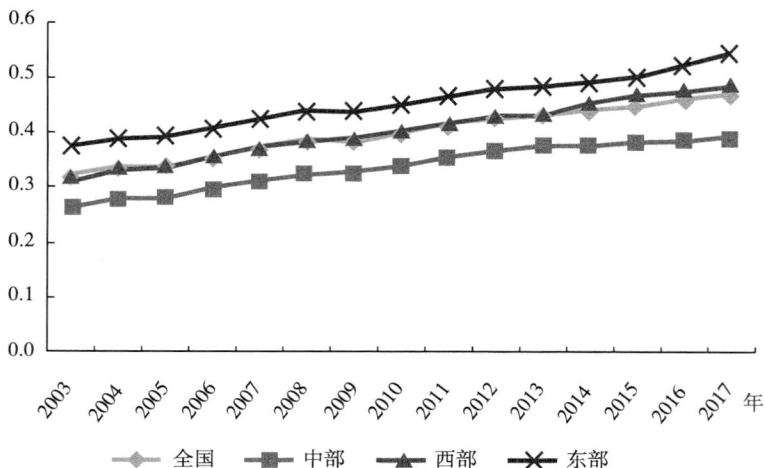

图 9 - 6　区域创新效率对比

9.3　房价波动对创新影响的理论分析

已有研究表明，一个国家或地区创新能力的提升与资本配置效率、人力资本水平、企业家创业精神以及制度环境息息相关（Chen，2015；彭国华，2006），而房地产兼具消费与投资双重属性，房价高速增长会带来个体禀赋与偏好、投资行为以及经营成本的异化，房价快速上涨恰是影响创新环境的重要因素，因而可能传导至创新能力。因此，本研究拟从投资结构扭曲效应、人力资本挤出效应、企业家创业精神抑制效应（第 8 章已经详细论述，这里不再重复）以及权力寻租效应等多维路径剖析房价快速上涨对创新能力的负向影响机理。

9.3.1　投资结构扭曲效应

首先，房价快速上涨所引致的房价泡沫会对微观企业的创新投入产生挤占效应。就中国现实而言，房地产业（没有技术外溢部门）的持续繁荣以及由此引发的房价泡沫，显著提升了房地产业的投资回报率。房地产黄金十年期间，房地产业的平均净利润率高达 30%，而工业企业的净利润率却不足 7%，两者形成了鲜明对比，即便是房地产业进入理性调整期后其利润率水平仍高于实体经济部门。在资本逐利性驱使下，诸多工业企业将大量资金转移到回收期短且收益更高的房地产业（荣昭和王文春，2014），从而挤占了主营业务对资金的需求，投资结构扭曲势必会抑制企业的创新能力。余文静等（2017）发现中国城市房价泡沫水平每增加 1%，行业 TFP 会降低 0.26%。其次，房价快速上涨会造成金融部门信贷期限结构的扭曲。在中国金融体系存在双重抑制情形下，外部融资尤其是银行贷款是企业创新所需长期资金的重要来源（余泳泽和张少辉，2017）。然而，创新过程具有高风险、长周期性等特征。因此，在房价持续攀升时期，商业银行更倾向于将信贷资金优先配置到回收期短且相对安全的房地产行业（Chaney 等，2012），这会造成银行信贷期限结构与企业创新所需长期投入之间的错配效应，从而会抑制企业的创新倾向（Xin 等，2017）。最后，分税制改革后地方政府财政普遍趋紧，房地产业成为其增加财政收入、促进 GDP 快速增长的救命稻草。而且，在官员 GDP 绩效考核机制下，短期政绩偏好进一步加剧了地方政府对房地产业的依赖程度（方红生和张军，2013）。在经济利益驱动下，地方政府普遍加大了对房地产业的扶持力度，而忽视了不确定性较大、见效较慢的创新项目，这或明或暗地助推了房价上涨。政府行为扭曲增强了市场主体对房价的看涨预期，导致社会资本纷纷涌入房地产市场进行套利，从而促成了社会资本的脱实向虚以及创新环境的缺失，不利于创新能力的提升。综上可知，房价快速上涨通过投资结构扭曲效应抑制了创新能力的提升。

9.3.2　人力资本挤出效应

作为隐性知识的重要载体，人力资本是提升创新能力的决定性因素之一，而房价快速上涨对人力资本集聚具有多重影响（张莉等，2017）。首先，从劳动力流动来看，房价快速上涨会提高劳动力的生活成本，不利于人力资本集聚。Helpman（1998）通过将房价纳入新经济地理模型的研究发现，房价快速上涨推高了区域劳动者的生存门槛，从而阻碍了劳动力的集聚。随后，许多实证检验结果支持了此观点（Hanson，1999；Rabe 和 Taylor，2012）。由此，房价快速上涨削弱了区域创新所需人力资本的基础，并增加了企业对创新人才的搜寻成本，从而不利于区域创新能力的提升。另外，部分学者认为房价快速上涨对不同类型劳动力的影响具有异质性，高技能劳动力对房价快速上涨更为敏感（张莉等，2017），而由于低技能劳动力通常以非普通商品房居住模式为主，导致其与房价快速上涨的关系较为微弱（范剑勇等，2015）。其次，从潜在创新人才的创业倾向来看，吴晓瑜（2014）基于职业选择模型的研究发现，房价快速上涨对无房者的创业具有显著的负效应。Li 和 Wu（2014）认为性别比失衡加剧了中国婚姻市场的竞争程度，以至于买房成为结婚的必备品，因此，房价快速上涨会抑制年轻人选择创业的可能性。这意味着房价快速上涨会阻碍企业家精神的培养和形成，从而不利于创新能力的提升。最后，从企业对高技能人才的内部培养来看，房价快速上涨会增加以工资、地价（房租）为主的企业经营成本，这势必会挤占企业对于研发人员的培训投入，从而不利于创新能力的提升。综上可知，房价快速上涨通过人力资本效应而抑制了创新能力。

9.3.3 权力寻租效应

良好的制度环境有助于公平竞争秩序的形成和资源配置效率的改善，是推动创新效率提升的重要保障。然而，房价快速上涨通过寻租激励效应对区域创新环境产生了破坏作用。首先，土地是房屋建造的最主要成本之一，而中国地方政府对辖区土地享有完全的定价权和分配权，为降低房屋建造成本，房地产开发公司可能会想尽办法与政府相关部门建立联系，试图低价拿地，从而造成了巨大的土地寻租空间，越权批地、人情地、权钱交易等土地违法事件屡见不鲜（安勇和原玉廷，2017）。其次，当前阶段，高端住房象征一个人的地位，从地位寻求角度来看，房价持续上涨会造成大量的贪污腐败，这在中国已经是不争的事实。贪污、寻租活动一方面挤占了大量原本可用于研发的资金支出，导致创新资金短缺，另一方面也破坏了企业间原有的公平竞争机制，扼杀了企业创新积极性。此外，寻租活动还会减弱产权保护效果（Claessens 和 Laeven，2003）以及扭曲政府创新补贴政策的激励效应（Gill 和 Kharas，2007），进而不利于创新效率提升。

9.4 研究设计

9.4.1 面板 Tobit 模型设定

本章利用随机前沿模型测算的区域创新效率值介于 0～1，为受限变量，利用传统的 OLS 模型对其影响因素进行剖析会导致结果是有偏和非一致的。因此，本章将构建面板 Tobit 模型考察房价波动对区域创新效率的影响效应。面板 Tobit 模型构建如下：

$$EFF_{it}^* = \alpha_0 + \alpha_1 HPR_{it} + \alpha_2 X_{it} + \mu_{it}$$

$$EFF_{it} = \begin{cases} 1 & EFF^* > 1 \\ EFF_{it}^* & 0 < EFF^* \leqslant 1 \\ 0 & EFF^* \leqslant 0 \end{cases} \tag{9.6}$$

其中，i、t 分别为 EFF 表示实际测算创新效率值，EFF^* 表示隐藏变量；HPR 表示房价增长率；X 表示地区控制变量集。

9.4.2　变量、数据说明

被解释变量为区域创新效率（EFF），利用随机前沿法测度的区域创新效率进行衡量。

解释变量为房价增长率（HPR），采用商品房价格增长率来测度。

政府行为变量。一是政府财政压力（GI），利用地方政府一般预算支出与一般预算收入的差值占 GDP 比重衡量，其值越大表明地方政府财政不平衡程度越深，地方政府对辖区经济、市场的干预力度也会越强；二是政府 R&D 资助（GS），借鉴李彦龙（2018）的做法，利用 R&D 经费支出中政府资金所在比重衡量。

控制变量：金融发展水平（FIN），采用非国有部门贷款占 GDP 比重来衡量金融发展水平，利用（金融机构贷款总额/GDP）×（1 − 国有企业固定投资额/全社会固定投资额）来测算；外资依存度（FDI），采用外商直接投资额占 GDP 比重衡量；基础设施水平（INF），采用每万人上网人数的对数值衡量；人力资本（HU），采用每十万人在校大学生数的对数值衡量。

本研究以中国 30 个省区（不含西藏和港澳台）为研究对象，样本区间选为 2003—2017 年，文中所用数据均来自国研网统计数据库和《中国统计年鉴》《中国科技统计年鉴》。为消除通胀影响，各名义变量均以 2002 年为基期进行了价格平减处理。

9.5　实证结果与分析

9.5.1　基准回归结果分析

表 9 − 2 列出了利用极大似然（MLE）法对 Tobit 模型进行估计的结果。其中，模型（1）为全样本的估计结果，模型（2）至模型（4）为将总样本划分为东部、中部、西部三个区域的估计结果。经 Wald、LR 检验可知，四个模型中两个检验值均在 1% 下显著，因此，本章采用随机效应模型进行估计。

1. 全样本分析

由模型（1）可知，房价增长率的回归系数显著为负，表明房价快速上涨抑制了区域创新效率的提升。由前述理论分析可知，房价增速的负向作用效果是投资结构扭曲效应、人力资本挤出效应、企业家创业精神抑制效应以及权力寻租效应等多维路径综合作用的结果。

控制变量方面，外资依存度对区域创新效率具有显著的负向影响。外资依存度提升虽然能够缓解企业融资约束且具有技术溢出效应，但同时其也会与国内企业形成激烈的竞争态势，国内企业因而可能进入低技术锁定状态。从回归结果可知，外资依存度的负向作用力度大于正向作用力度，导致其抑制了区域创新效率提升。因此，如果充分发挥外资依存度的正向溢出效应，同时弱化其负向溢出效应是亟须解决的问题。另外，金融发展水平、人力资本水平以及基础设施水平均对区域创新效率具有显著的促进作用。因此，各地方政府应进一步优化金融结构、大力发展多层次资本市场、加大高素质人才培养和引进力度、加大高质量基础设施建设，进而为辖区创新效率提升提供良好的内外部环境。

2. 区域差异分析

由模型（2）至模型（4）可知，房价增长率在东部、中部、西部地区的回归系数均显著为负，表明房价高速增长抑制了三个区域创新效率的提升，但房价增长率的作用效果存在显著的空间异质性，其对中部地区的负向作用力度最大，西部次之，东部最小。

表 9 - 2　基准模型回归结果

变量	全样本（1）	东部（2）	中部（3）	西部（4）
HPR	- 0.016 ***	- 0.018 ***	- 0.023 ***	- 0.022 ***
	（- 5.37）	（- 6.25）	（- 8.01）	（- 8.04）
FDI	- 0.183 **	- 0.132 ***	- 0.237 ***	- 0.159
	（- 2.00）	（- 4.04）	（- 3.76）	（- 0.19）
FIN	0.093 ***	0.082 ***	0.068 ***	0.036 ***
	（6.14）	（5.15）	（4.10）	（4.19）
HC	0.869 ***	0.901 ***	0.856 ***	0.903 ***
	（20.61）	（19.69）	（6.30）	（7.07）
INF	0.043 ***	0.036 *	0.052	0.036 ***
	（19.52）	（1.90）	（0.61）	（4.58）

续表

变量	全样本（1）	东部（2）	中部（3）	西部（4）
常数	-0.090 *** (-2.78)	-0.081 *** (-3.96)	-0.104 *** (-4.24)	-0.096 (-0.19)
Wald 检验	4910.98 ***	3839.20 ***	1135.98 ***	1745.33 ***
LR 检验	1530.51 ***	1527.59 ***	1192.01 ***	1453.21 ***

9.5.2　稳健性检验

前述回归没有考虑到房价增速与创新效率间的反向因果关系，即创新效率提升也有可能加剧房价的上涨态势，进而会导致估计结果的偏误。为解决此问题，本章基于系统 GMM 模型进行了重新检验，如表 9-3 所示。Arellano-Bond 检验与 Sangan 检验表明模型不存在二阶自相关且所选工具变量是有效的。由表 9-3 模型（1）至模型（4）可知，区域创新效率的滞后一阶项显著为正，表明创新效率具有一定的路径依赖性，上期创新效率提升能够进一步促进本期创新效率提升。另外，房价增长率的回归系数仍显著为负，表明房价增长率对区域创新效率具有显著的负向影响，且影响力度存在区域差异，其对东部作用力度最小，西部次之，中部最大，这些结论与基准回归结果相一致，表明本章研究结论是可靠的。

表 9-3　稳健性检验

变量	全样本（1）	东部（2）	中部（3）	西部（4）
L. EFF	0.979 *** (2997.06)	0.968 *** (15.20)	0.952 *** (13.54)	0.974 *** (12.01)
HPR	-0.007 *** (-6.30)	-0.006 *** (-4.55)	-0.011 *** (-5.51)	-0.009 *** (-7.02)
FDI	-0.016 *** (-9.81)	-0.012 *** (-5.56)	-0.020 *** (-4.16)	-0.015 *** (-6.79)
FIN	0.023 *** (4.62)	0.035 *** (4.63)	0.029 *** (4.88)	0.030 *** (4.47)
HC	0.028 *** (17.91)	0.019 *** (15.60)	0.026 *** (16.66)	0.026 *** (17.01)

变量	全样本（1）	东部（2）	中部（3）	西部（4）
INF	0.0013***	0.0029***	0.0020***	0.0014***
	（9.54）	（7.96）	（6.62）	（6.11）
常数	0.011***	0.015***	0.009***	0.007***
	（23.96）	（20.22）	（24.43）	（19.69）
AR（2）	［0.98］	［1.00］	［0.96］	［1.00］
Hansen	［0.75］	［0.82］	［0.93］	［0.88］

注：*** $p < 0.01$；（ ）内为 t 值。下同。

9.6 扩展性研究

9.6.1 面板门槛模型构建及检验

地方政府行为与地区房价波动以及创新活动有着紧密的联系，因而可能间接作用于房价波动与区域创新效率之间的联系。因此，本章进一步构建面板门槛模型，实证考察地方政府财政压力以及政府 R&D 资助对二者关系的间接作用机制。具体模型构建如下：

$$EFF_{it} = \alpha_0 + \alpha_1 FT_{it} \cdot I\left(GA_{it} \leq \tau_1\right) + \alpha_2 FT_{it} \cdot I\left(\tau_1 < GA_{it} \leq \tau_2\right) + \cdots$$
$$+ \alpha_n FT_{it} \cdot I\left(\tau_{n-1} < GA_{it} \leq \tau_n\right) + \alpha_{n+1} FT_{it} \cdot I\left(GA_{it} > \tau_n\right)$$
$$+ \beta X_{it} + \mu_{it} \tag{9.7}$$

其中，GA_{it} 为门槛变量，包括政府财政压力（GI）、政府 R&D 资助（GS）；τ_1，τ_2，$\cdots$，τ_n 为待估计门槛值，其通过最小化残差平方和 SSR（τ_1，τ_2，$\cdots$，τ_n）求取；I（·）表示示性函数，条件为真时取值1，否则取值0。

首先，采用"自抽样法"重复抽样 300 次对门槛效应的存在性进行检验，结果如表 9 – 4 所示。可以看出，政府财政压力和政府 R&D 资助两个门槛变量均通过了单一门槛检验，但双重门槛值即使在 10% 水平下也不显著。因此，政府财政压力和政府 R&D 资助均适用于单一门槛模型，其对应的门槛值分别为 0.1248 和 0.1193。

表 9 - 4　门槛效应检验结果

门槛被解释变量	检验值		估计值	
	模型	F 值	门槛值	95% 置信区间
GI	单一门槛	85.81 ***	0.1284	[0.1207，0.1293]
	双重门槛	2.054		
GS	单一门槛	15.66 ***	0.1193	[0.1161，0.1231]
	双重门槛	1.325		

9.6.2　面板门槛模型估计结果

表 9 - 5 列出了分别以地方政府财政压力以及政府 R&D 资助为门槛变量时的面板门槛模型的估计结果。

在政府财政压力作用下，房价增速对区域创新效率的影响存在结构性变化。具体而言，当政府财政压力处于低区制时（$GI < 0.1248$），房价增长率的回归系数为 - 0.012，而当政府财政压力跨越低区制进入高区制时（$GI \geqslant 0.1248$），房价增长率的回归系数变为 - 0.019，与低区制相比，财政压力处于高区制时房价增长率的作用力度增加了 58.3%。由此，政府财政压力增大能够强化房价增长率对区域创新效率的挤出效应。造成这种局面的原因在于，在当前特殊政治管理体制下，地方政府的目标锁定于辖区财政收入和经济增速的最大化，因此会加大对基础设施、城市化建设的投入力度。面对较大的财政赤字压力，地方政府会想方设法筹集建设资金，而发展房地产市场是地方政府惯用的有效手段之一。房价快速上涨能够在短期内增加地方政府的财政收入及刺激经济增长。因此，财政压力越大，地方政府越有动力且有能力促进房价快速上涨。然而，房价快速上涨会挤出创新人才、扭曲企业经营方向、抑制企业家创业精神等，进而会抑制区域创新效率提升。

在政府 R&D 资助作用下，房价增速对区域创新效率的影响也存在结构性变化。具体而言，当政府 R&D 资助处于低区制时（$GI < 0.1193$），房价增长率的回归系数为 - 0.021，而当政府 R&D 资助跨越低区制进入高区制时（$GI \geqslant 0.1193$），房价增长率的回归系数变为 - 0.014，与低区制相比，R&D 资助处于高区制时房价增长率的作用力度降低了 33.3%。由此，加大政府 R&D 资助力度能够弱化房价增长率对区域创新效率的挤出效应。其原因在于，房价高增长带来了企业经营方向的转移，其挤出了企业 R&D 资金投入，

而政府 R&D 资助缓解了房价高增长所引发的企业融资约束问题，进而弱化了房价高增长的负向作用力度。

表 9 – 5　面板门槛模型估计结果

门槛变量	政府财政压力		政府 R&D 资助	
变量	系数	t 值	系数	t 值
HPR _ 1	– 0. 012 ***	– 5. 29	– 0. 021 ***	– 7. 03
HPR _ 2	– 0. 019 ***	– 6. 17	– 0. 014 ***	– 10. 04
FDI	– 0. 149	– 1. 64	– 0. 168 ***	– 2. 88
FIN	0. 097 ***	6. 42	0. 092 ***	6. 01
HC	0. 864 ***	20. 53	0. 804 ***	19. 96
IS	0. 042 ***	18. 86	0. 048 ***	16. 70

9.7　本章小结

创新是促进经济高质量发展的重要动因之一，而创新效率是衡量区域创新能力的重要指标。本章在对区域创新效率进行合理测度基础上，深入剖析了房价高增长对区域创新效率的作用机理。首先，结合中国现实从投资结构扭曲效应、人力资本挤出效应、企业家创业精神抑制效应以及权力寻租效应等多维路径剖析了房价快速增长对创新的影响机理。其次，利用随机前沿模型对区域创新效率进行了测度。最后，基于 2003—2017 年的省际面板数据，通过构建面板 Tobit 模型对二者之间的关系进行了实证检验。主要研究结论如下：

1. 中国区域创新效率呈现逐年提升态势，但整体水平仍存在较大提升空间。

2. 中国区域创新效率存在显著的空间差异，东部地区的创新效率最高，西部次之，中部最小。

3. 房价上涨过快抑制了区域创新效率的提升，且其负向作用力度存在区域差异，其对中部地区的作用力度最大，西部次之，东部最小。

4. 房价高增长对区域创新效率的影响存在基于地方政府行为的间接作用机制，政府财政压力增大能够强化房价增长率对区域创新效率的挤出效应，而加大政府 R&D 资助则弱化了房价增长率对区域创新效率的挤出效应。

第 10 章 研究结论、政策建议与研究展望

10.1 主要结论

本书遵循房价波动"前因—后果"这一递进逻辑展开研究，在系统总结财政分权理论、房价形成机理、经济发展理论以及区域创新理论等基础上，基于中国分税制改革实践以及经济开启高质量发展新时代背景，深入剖析了财政分权制度诱发房价波动的成因，并进一步探索了房价波动对经济高质量发展的作用机理。通过理论与实证分析，得到如下研究结论：

1. 财政分权对房价具有显著的正向影响

通过梳理中国财政分权体制历史演化过程发现，在财政分权体制冲击下，纵向与横向激励失衡迫使地方政府的行为取向发生了较大改变，进而通过多条路径对房价产生了差异化影响，其对房价的作用方向及作用力度取决于多种力量相互对比的叠加效应。在此基础上，以国家统计局重点监控的 69 个大中城市为研究对象，对财政分权影响城市房价的总效应进行了实证分析。基于空间面板滞后模型的估计结果表明，中国城市房价具有典型的空间集聚特征；财政分权水平越高，城市房价越高。通过剔除异常样本点、分时段以及改变空间权重矩阵的稳健性检验表明，模型估计结果具有较高的可靠性，财政分权的确对城市房价具有显著的正向溢出效应；与此同时，通过引入面板分位数模型，尝试进一步考察财政分权影响城市房价所具有的空间分化特征。整体而言，财政分权对城市房价具有正向溢出效应；具体而言，在分位点由低到高的变化过程中，财政分权的回归系数先逐步减小再变大。这表明在房价较低和较高的城市，财政分权对城市房价的正向作用力度更大，而其对房价处于中等程度城市的作用力度较小；基于区域差异性的估计结果表明，随着分位点的提高，财政分权对各地区城市房价的正向影响效果逐步减弱，但在东部地区以及中西部地区存在显

163

著差别，财政分权对东部城市房价的正向溢出效应更大。

2. 从财政分权影响城市房价的作用机理来看，财政分权冲击下，纵向与横向激励扭曲导致了地方政府行为方式的异化，进而通过多条路径对城市房价产生了差异化影响

（1）财政分权影响城市房价的渠道之一在于其催生了地方政府的土地财政策略。通过将财政分权、土地财政以及房价纳入同一分析框架，从理论上分析了财政分权影响房价的渠道之一。研究发现，财政分权冲击下，地方政府面临的财政不平衡引发了其对土地财政的追逐，并最终影响到房价。据此提出了财政分权—土地财政—房价的传导逻辑模式。在此基础上，选取69个大中城市的面板数据进行了实证检验。基于中介效应检验的分析表明，财政分权对土地财政具有正向影响；土地财政对城市房价也具有正向影响；且土地财政是联结财政分权与城市房价的中介变量。进一步地，基于面板门槛模型的分析表明，财政分权—土地财政—城市房价这条传导路径存在结构性变化，在门槛变量财政分权从低区制经由中区制向高区制转换的过程中，土地财政对城市房价的影响程度逐步变大，从而促成了城市房价的阶梯式上涨。由此，土地财政推高城市房价的根源在于，财政分权体制冲击造成了地方政府行为取向的扭曲，其加大了对土地财政的依赖程度，并进而推高了城市房价。

（2）财政分权影响城市房价的渠道之二在于其引发了地方政府对不同类型公共品供给的差异化偏好。通过将财政分权、公共品供给以及房价纳入同一分析框架，从理论上分析了财政分权影响房价的渠道之二。研究发现，财政分权冲击下，横向竞争扭曲致使地方政府对公共品的供给产生错位，并最终影响到房价。据此提出了财政分权—公共品供给—房价的传导逻辑模式。在此基础上，选取69个大中城市的面板数据进行了实证检验。基于中介效应检验的分析表明，财政分权对交通基础设施建设以及公共医疗卫生供给具有正向影响，而对公共教育供给具有负向影响；交通基础设施建设、公共教育以及公共医疗卫生供给均对城市房价具有正向影响；且上述三种不同类型的公共品供给均是联结财政分权与城市房价的中间变量。进一步地，基于面板门槛模型的分析均表明，存在财政分权—公共品供给—房价的非线性传导渠道。在门槛变量财政分权从低区制向高区制转换的过程中，财政分权强化了交通基础设施建设以及公共医疗卫生供给对城市房价的正向作用力度，但却弱化了公共教育供给的作用效果。因此，财政分权冲击下公共品配置失衡也是促成城市房价分化的重要因素。

3. 城市房价波动具有路径依赖性以及均值回复特征，且财政分权冲击是促成城市房价波动具有异质性的主要动因之一

依据房价波动理论，对中国城市房价的波动特征，即自相关性以及均值回复性进行了探究，并通过引入财政分权、人均可支配收入、利率等外生冲击，进一步对房价波动所具有的城市异质性特征进行了分析。在此基础上，通过对房价波动进行分解，从中剥离出投机泡沫成分，进而对城市房价泡沫的存在性及泡沫程度进行了探究。结果表明，中国城市住房市场不满足弱式有效市场假说，前期房价波动对当期房价波动具有同向推动作用；城市住房实际价格具有向均衡价格收敛的趋势，"万有引力定律"适用于中国城市房价的均值回复过程；财政分权水平变动、利率变动分别对均值回复速度具有负向、正向影响；居民可支配收入变动对自相关性具有正向影响；总体而言，中国城市房价波动尚处于可控范围之内，但城市差异性较大，东部城市房价波动的幅度普遍较大。总体而言，中国不存在全局性的房价泡沫，然而不同城市在不同时点具有房价高估与房价泡沫现象，但泡沫程度并不严重。从地域分布来看，东部沿海开放城市房价泡沫程度明显高于内陆城市。尤其是 2008 年国际金融危机后，东部沿海开放城市呈现出较大幅度的房价泡沫现象。而中西部城市由于缺乏基本面支撑，其房价上涨动力不足，房价上涨预期程度较低以及住房投机行为不活跃，从而导致房价泡沫相对较低。

4. 房价高增长对经济高质量发展具有显著的抑制作用

基于经济高质量发展内涵，立足"创新、协调、绿色、开放、共享"五大发展理念，构建由 5 个一级指标、20 个二级指标构成的经济高质量发展综合评价指标体系，借助熵值法对经济高质量发展综合评价指数进行了测度，并进而实证考察了房价高增长对经济高质量发展的影响效应。结果表明，中国经济高质量发展呈现逐年提升态势，但空间差异较大，东部地区经济高质量发展水平远高于中西部地区。经济高质量发展水平具有典型的空间集聚特征，其他省域经济高质量发展对本省经济高质量发展具有正向溢出效应。房价高增长对经济高质量发展具有显著的抑制作用，且作用效果存在空间异质性，其对东部地区的负向作用力度明显小于中西部地区。

5. 从创新创业两个维度入手，深入剖析了房价高增长影响经济高质量发展的间接作用渠道

（1）房价高增长对企业家创业精神具有显著的挤出效应。基于省际面板数据，通过构建空间面板滞后模型考察了房价高增长对企业家创业精神

的实际影响。结果表明，企业家创业精神具有显著的空间依赖性，其他省域企业家创业精神对本省企业家创业精神具有正向溢出效应。房价上涨过快抑制了企业家创业精神的发挥，但金融发展水平与市场化程度提升能够缓解这种负向影响，且在替换空间权重矩阵、考虑模型内生性以及替换解释变量后，结论依旧稳健。房价高增长对不同类型企业家创业精神的作用效果具有异质性，相比生存型企业家创业精神，其对机会型企业家创业精神的挤出效应更大。从房价高增长挤出企业家创业精神的作用路径来看，投资结构扭曲与用工成本攀升是两条重要渠道，其分别发挥了 26.23%、18.08% 的中介作用。

（2）房价高增长对区域创新效率具有显著的抑制作用。首先，利用随机前沿模型对区域创新效率进行了测度。其次，从投资结构扭曲效应、人力资本挤出效应、企业家创业精神抑制效应以及权力寻租效应等多维路径剖析了房价高增长对创新的作用机理。最后，基于省际面板数据，通过构建面板 Tobit 模型对二者之间的关系进行了实证检验。结果表明，中国区域创新效率呈现逐年提升态势，但整体水平仍存在较大提升空间。中国区域创新效率存在显著的空间差异，东部地区的创新效率最高，西部次之，中部最小。房价上涨过快抑制了区域创新效率的提升，且其负向作用力度存在区域差异，其对中部地区的作用力度最大，西部次之，东部最小。房价高增长对区域创新效率的影响存在基于地方政府行为的间接作用机制，政府财政压力增大能够强化房价高增长对区域创新效率的挤出效应，而加大政府 R&D 资助力度则弱化了房价高增长对区域创新效率的挤出效应。

10.2 政策建议

1. 完善财政体制改革，促进房地产市场健康发展的政策建议

本书研究结论表明，财政分权是促成房价上涨及其分化的重要体制性因素。因此，在现有房地产市场调控政策基础上，必须加入相应的财政体制改革措施才能从根源上抑制房价的非理性波动，从而实现房价调控政策的预期目标。据此，本文从财政体制改革及房地产市场调控两个维度提出了若干对策建议。

（1）今后，财政体制改革实践中，应注重将中央、区域以及地方看作一个有机整体，进而对各个维度的决策进行协调、配套，才能起到事半功倍的效果。鉴于此，本书兼顾上述三个管理层面，就如何完善现有财政分

权体制进行了较为全面的思考。

①推进财税激励机制改革，有效缓解地方财政压力。房价攀升的原因是，在现有财政分权体制冲击下，地方政府的财权与事权处于严重不对等状态，地方政府以较小比例的财力承担了较大比例的事权，从而形成了"强中央—弱地方"的格局。地方政府面临的财政收支不平衡压力迫使其千方百计寻找财源，土地财政应运而生，并最终促成了房价的高企。因此，从中央层面来讲，首先应积极进行财税体制改革，有效增加地方政府的财政收入。一方面，可以考虑对中央、地方两级政府的税种分配进行调整，适度扩大地方政府的税收分享比例，以使地方政府拥有稳定、充足的财政收入来源。另一方面，应积极进行房产税改革。作为地方政府的主体税种，征收房产税可以从根本上化解地方政府对土地财政的高度依赖。为使房产税征收达到预期效果，应适度减少流通环节的征税，转向增加保有环节的征税。而且，由于各区域房地产市场的发展路径存在较大差异，因此房产税的征收标准不能采取全国"一刀切"的方式，应充分体现空间差异以及弹性管理等特征。其次，中央政府可考虑将部分事权，尤其是外溢性较强的公共服务适度上移或是在区域间合理分配，真正使地方政府的财权与事权实现完全匹配。

②完善转移支付制度，逐步缩小地区间财力差距。健全、科学地转移支付制度可以有效缓解地方政府财政收支不平衡问题。但是，目前中国的转移支付制度存在转移支付标准不科学、结构不合理、形式单一等诸多问题，严重制约了转移支付制度的预期目标。因此，中央政府完全有必要对现行的转移支付制度进行改革，以实现转移支付的均等化。首先，应调整转移支付的核算标准。现有的基数法测算标准，实际上是默认了不同区域、不同省份在起点上的不公平，从而弱化了转移支付的均等化目的，导致了穷者越穷、富者越富的马太效应。因此，有必要对转移支付的核算标准进行重新核定，按照地方政府的财政收支状况、人均可支配收入、经济发展水平等客观因素来确定转移支付的规模。其次，应优化转移支付的结构。一方面，由于专项转移支付制度在项目审批、监督、执行等环节存在诸多不规范之处，导致政府寻租行为屡见不鲜。因此，应建立专项转移支付资金使用的信息披露制度以及绩效评估机制，提升专项转移支付资金的使用效率。另一方面，应加大对一般性转移支付的支持力度，并通过有力监督预防该部分资金被地方政府随意挪用，确保其用于基本公共服务上的额度。最后，应拓宽转移支付的形式。目前，中国的转移支付模式以纵向支付为

主。但试图以中央现有财力来支撑整个国家是非常不现实的。因此，应适度增加区域内部以及区域之间的横向转移支付力度。目前中国的现实情况是，不论是区域内部还是区域之间，政府间财力都存在不均等现象。对于区域内部而言，中心城市人力资源充沛、经济发展基础好，其财力水平要好于外围城市。对不同区域而言，东部区域的资源禀赋、投资环境、人口集聚等主客观条件都要优于中西部地区，其财力水平自然高于中西部地区。因此，应逐步探索中心城市向外围城市、东部地区向中西部地区进行对口支援的模式，以切实缩小地区间的财力差距。在具体操作中，现阶段可参考德国模式，对各省份或各城市的人均财政收入设定某一门槛值，一旦超过这一临界值，财力丰裕省份或城市就有义务对其他省份或城市进行财力支援。当然，作为理性经济人，无偿援助可能会打击援助地区的经济发展积极性或催生被援助地区的惰性。因此，今后还应当探索有偿援助模式，逐步打破区域界限，使资源、人才、技术等在不同省区能够实现共享，以期实现双赢的局面。

总之，建立科学、合理的财政转移支付制度，既有利于地方政府摆脱对房地产业以及土地财政的依赖，又有利于促进不同区域公共品供给的均等化，从而能够改变市场主体对于部分城市房价持续上涨的预期，有利于房价的相对稳定。

③完善地方官员绩效考核机制，切实履行地方政府的公共服务功能。本书研究表明公共品供给推高了房价，且财政分权水平对不同类型公共品供给的作用效果具有差异性。这一结论背后隐含着两个现实问题，一是中国公共资源配置存在严重失衡，因此缩小城市间公共品供给水平的差距能够抑制部分城市房价的快速上涨；二是合理的公共品供给结构能够实现居民收入水平与城市房价的相互匹配。然而，在以GDP增长为核心的绩效考核机制激励下，地方政府行为取向产生了较大扭曲，从而造成了城市内部公共品供给结构失衡以及城市间公共品供给非均等的局面，并进而对城市房价的平稳运行产生了不利影响。因此，对地方官员绩效考核机制进行完善是非常有必要的。首先，应改变对地方官员绩效评价的现有标准，建立健全公平、合理的评价指标体系。具体而言，应摒弃过去"唯GDP是论"的传统观念，建立公平合理的多维考核指标体系。一是将以GDP增长数量为主的考核机制转变为以GDP增长质量为主，将重点放在提高经济效率上来；二是应摒弃当前以GDP为核心的单一绩效考核机制，逐步弱化GDP增长在官员绩效考核机制中的地位，并考虑融入可清晰度量的社会、环境乃

至民生等多维评价指标，引导地方政府从管理型机构向服务型机构转变，切实履行其公共服务职能；其次，为使地方政府的公共服务职能得以顺利运行，需要健全的监督机制与之配套。然而，在现有的自上而下的考核机制下，中央政府面临着严重的信息不对称问题，使其难以对地方政府实施有效监督，地方政府的寻租现象时有发生。因此，应建立自下而上的选举制度，逐步健全"手脚并用投票"机制。这样，辖区居民便可以利用选举权利（即"用手投票"机制）以及通过迁徙（即"用脚投票"机制）来选择最佳居住地的方式，对辖区政府行为形成制约。在民主选举制度以及财税收入双重压力下，竞争性地方政府有内在动力通过提供居民合意的公共品吸引更多的居民来定居，公共品的供给效率因而可以得到改善，从而有利于公共品供给的帕累托最优状态的形成。因此，"手脚并用投票"机制能够逐步缩小公共品供给的区域差距，从而有利于公共品供给均等化目标的实现。同时，应完善现有户籍管理制度，逐步放宽对人口自由流动的限制。而且，还应当加大地方政府公共服务的覆盖面，使更多的人群从中受益。

总之，通过对官员绩效考核机制的不断完善，能够引导住房需求在不同区域的均衡分布，因而能够避免因公共服务不均衡造成人口迁移，并最终促成局部城市房价高企的局面，这为抑制房价的区域分化提供了可行思路。而且，地方政府公共服务质量提升，相当于将税收部分返还给了辖区居民，变相增加了居民的持久性收入，有利于居民收入与房价的相互匹配。

④大力发展金融市场，缓解地方政府的融资约束。在财政分权体制冲击下，财政收支不平衡致使地方政府面临较强的融资约束。如何拓宽融资渠道是地方政府必须尽快解决的现实问题，而金融体系的快速发展恰好提供了一条有效路径。因此，地方政府应大力发展区域金融市场，尤其是鼓励民间资本进入金融服务领域，促进民营金融的快速发展。这样，大量社会闲散资金的集聚可以为地方政府发展区域经济提供可靠的资金保障，从而拓宽地方政府的融资渠道，这样能够有效缓解地方政府的融资约束。同时，应大力提倡政府与社会资本充分融合的 PPP 模式。该模式既可以缓解地方政府的财政收支不平衡压力，又可以促进投资主体的多元化，对地方政府摆脱土地财政大有裨益。

（2）房地产市场调控方面，坚持"房子是用来住的、不是用来炒的"定位，充分发挥地方政府主体责任，除继续实施因城施策措施外，可考虑从以下三个层面进行完善。

①引导参与者的市场预期，抑制房价的非理性上涨。预期受房地产调

控政策、金融环境等多种因素的影响。因此，对政府而言，一是应破除其对土地财政的依赖性，并实行相对稳定的房地产调控政策，避免成为房地产市场非理性预期形成的助推器。二是政府相关部门应建立健全房地产市场信息共享机制，保证住房信息发布的公开、公正和透明化，避免非理性预期的形成。三是适时实施信贷紧缩政策来抑制投机者利用金融杠杆进行套利的行为，从而保证房价的合理波动，促进房地产市场的健康发展。

②建立房价调控长效机制。一是应逐步加大保障性住房供给，并合理增加普通商品住房以及高品质住房供给，形成多元化住房供应结构。二是应加快培育和发展住房租赁市场，完善租购并举的住房制度，如完善多层次租赁住房供应结构、创新土地供给方式等。三是应加强金融监管，严禁信贷资金违规流入房地产领域进行投机。

③实施房价调控联动机制。房价上涨具有空间外溢效应，核心城市房价上涨会带动周边城市房价的攀升。因此，应实施房价调控联动机制，加强城市间协调和统筹，解决核心城市资源过于集中的问题，真正使房价回归理性。具体而言，一是应加快发展城市群，将核心城市的部分功能疏解出去，促进城市间互联互通，带动周边城市、县城和小城镇的发展。二是应摆脱城市内部公共品供给结构失衡以及城市间公共品供给非均等的局面，缩小核心城市与其周边邻近城市的公共服务差距，实现基本公共服务均等化。这样既有助于城市群的协同发展，又有助于提高外围城市对人口的吸引力，从而切实减轻核心城市的外来人口流入压力，有利于人口和住房需求合理分布。三是应正确引导居民的住房消费倾向，并加大房地产投机区域联合打击力度，使房地产回归其消费属性，以有效避免非理性扩散效应带来的房地产虚假繁荣现象。

2. 促进经济高质量发展的政策建议

本书研究结论表明，房价高增长是抑制中国经济高质量发展的重要因素，前述研究已经对如何促进房地产市场健康发展，进而抑制房价非理性上涨进行了系统剖析。而创新创业是房价高增长抑制经济高质量发展的重要渠道，因此，应加大创新创业激励力度，进而为经济高质量发展提供充足动能。接下来重点就如何促进创新创业提出若干对策建议。

（1）政府应制定技术创新相关政策，引导企业进行研发和创新成果转化。首先，许多省份尤其是中西部地区，创新投入主体大都局限于辖区政府及少数国有企业，其创新资金投入远不能满足创新过程需求。因此，应加大创新投入幅度，引导更多企业融入创新过程。同时，应改变社会闲置资金在房地产领域空转的现象，引导民间资本进入科技创新领域，加大创新投入规模。其次，应完善现有政府研发补贴方式，加大过程管理力度，规范这部分资金的使用界限，避免企业将其挪用。最后，应拓宽技术成果转化风险分担模式，通过引入风险资本、专项资金等方式助力企业成果转化。

（2）加大金融体制改革力度，营造良好的创新创业外部环境。一方面应放松政府对金融资源的人为干预，推进直接与间接融资协调发展，提高资金配置效率，增强金融服务实体经济功能。另一方面，应拓宽融资渠道，通过互联网金融、普惠金融等模式满足不同层次企业对资金的需求，缓解企业，尤其是中小企业的融资约束难题。

（3）实施税费减免以及创业培训等激励措施，这在一定程度上能够缓解企业的用工成本攀升现状，并能够为创业营造一个良好的外部环境，从而有利于企业创新活动的顺利开展，同时也有利于潜在创业者将重心放在实体经济而非房地产业上。同时应加大市场开放程度，通过外部市场环境的完善来提高资源配置效率，为创新创业提供更为有效的实现渠道和激励机制。

（4）高素质人才是进行创新创业的关键要素。因此，地方政府应结合本地实际情况制订人才队伍建设长期计划，营造良好的科研氛围，培养创新人才与人才引进双管齐下，不断扩大创新创业人才队伍规模。同时，应加大对引进人才的再培养力度与激励机制，真正使高素质人才从内心愿意在科研上钻研、超越自我。另外，应加大对诸如教育、医疗、社会保障等公共品的投入力度，通过改善创新环境来吸引人才，提升区域人力资本集聚程度。

（5）建立协同创新机制，发挥"1＋1＞2"的功效。首先，高校应加大与科研院所、企业的合作力度，大力搭建科研转化平台，加大科研转化力度，这是当前阶段的薄弱环节之一。其次，应建立区域内城市之间以及跨区域协同创新机制。一是省内各城市应突破地方本位的以邻为壑思想，基于自身优势开展创新活动合作。二是应加强跨区域协同创新机制，促进创新资源的合理流动与主体间的合作，取长补短，促进协同创新。

10.3　研究展望

基于财政分权理论、住房价格形成机理、经济发展理论以及区域创新理论等理论基础，本书对房价波动的财政分权制度诱因及其对经济高质量发展的作用机理进行了较为深入的分析，取得了一定的成果，但仍有可改进空间。

1. 财政分权对房价的作用机理分析有待进一步加强。财政分权对房价的影响可能是多维度的，除土地财政、公共品供给渠道外，可能还存在其他传导路径，如环境污染、居民收入差距等，对多维度传导渠道的存在性及其作用效果进行探究是有待进一步研究的内容。

2. 由于部分核心变量的统计数据难以获取，本书仅对 69 个大中城市或 30 个省份进行了实证分析。但是中国地级及以上城市众多，各城市在制度、经济、人口、资源禀赋等方面都存在显著差异，房价波动的财政分权诱因及其经济效应理应有所差别。因此，在数据获取渠道逐步拓宽的情况下，以中国全部地级及以上城市为研究对象，或是划分具体的城市类别进行研究，其所得结论更有说服力。

3. 本书理论分析多采用逻辑推演法，未能将相关因素纳入同一分析框架，进而通过构建理论模型剖析房价波动的制度性诱因及其经济效应，后续研究将对此问题进行完善与补充。

参考文献

［1］安辉，王立婷，谷宇. 房价长期趋势与短期波动影响因素研究——基于全国 35 个大中城市的面板数据［J］. 预测，2014，33（2）：13－19.

［2］安勇，王拉娣. 中国城市房价收敛性及其驱动因素［J］. 经济问题探索，2015（12）：45－50.

［3］安勇，王拉娣. 财政分权对房价影响的机理分析［J］. 上海经济研究，2017（1）：85－92.

［4］安勇，原玉廷. 土地财政、扭曲效应与区域创新效率［J］. 中国土地科学，2019，33（8）：36－42.

［5］陈晨，傅勇. 中国高房价的决定：基本面与泡沫分解——基于面板数据模型的实证（1999—2009）［J］. 世界经济文汇，2013（2）：50－66.

［6］白俊红，刘宇英. 对外直接投资能否改善中国的资源错配［J］. 中国工业经济，2018（1）：60－78.

［7］白文周. 中国高房价驱动力及其治理策略——基于 35 个大中城市面板数据的实证研究［J］. 上海财经大学学报，2012，14（6）：82－89.

［8］蔡庆丰，田霖，林志伟. 地区融资模式与创业创新——基于空间面板模型的实证发现［J］. 财贸经济，2017，38（7）：91－106.

［9］陈斌开，徐帆，谭力. 人口结构转变与中国房地产市场需求：1999—2025——基于人口普查数据的微观实证研究［J］. 金融研究，2012（1）：129－140.

［10］陈斌开，黄少安，欧阳涤非. 房地产价格上涨能推动经济增长吗？［J］. 经济学（季刊），2018，17（3）：1079－1101.

［11］陈国进，李威，周洁. 人口结构与房价关系研究——基于代际交叠模型和中国省际面板的分析［J］. 经济学家，2013（10）：40－47.

［12］程承坪，张旭. 非对称性利率政策对中国房价影响的实证分析

[J]. 经济与管理研究, 2011 (9): 42 – 51.

[13] 陈欢, 庄尚文, 周密. 企业家精神与经济高质量发展——基于需求结构转变视角 [J]. 云南财经大学学报, 2020, 36 (8): 80 – 91.

[14] 陈琦, 欧阳铭珂. 中国区域创新能力的空间结构及大国雁阵模式 [J]. 湘潭大学学报 (哲学社会科学版), 2020, 44 (5): 80 – 85.

[15] 陈淼峰, 陈龙乾. 宏观调控对房地产价格的影响分析 [J]. 经济学家, 2005 (2): 120 – 121.

[16] 陈彦斌, 邱哲圣. 高房价如何影响居民储蓄率和财产不平等 [J]. 经济研究, 2011 (10): 25 – 38.

[17] 储德银, 费冒盛. 财政纵向失衡、土地财政与经济高质量发展 [J]. 财经问题研究, 2020 (3): 75 – 85.

[18] 储德银, 费冒盛, 黄暄. 地方政府竞争、税收努力与经济高质量发展 [J]. 财政研究, 2020 (8): 55 – 69.

[19] 曹振良. 房地产经济学通论 [M]. 北京: 北京大学出版社, 2003.

[20] 戴国强, 张建华. 货币政策的房地产价格传导机理研究 [J]. 财贸经济, 2009 (12): 31 – 37.

[21] 戴颖杰, 谢燕, 冯照桢. 房价的长记忆波动率特性实证分析 [J]. 东北大学学报 (社会科学版), 2013 (2): 128 – 133.

[22] 丹尼尔·贝尔 (严蓓雯译). 资本主义文化矛盾 [M]. 南京: 江苏人民出版社, 2012.

[23] 邓慧慧, 虞义华, 龚铭. 空间溢出视角下的财政分权、公共服务与房价 [J]. 财经研究, 2013, 39 (4): 48 – 56.

[24] 邓伟, 纪明明. 房地产行业的发展会影响企业家创业精神吗——来自中国地级城市面板数据的研究 [J]. 现代财经——天津财经大学学报, 2017 (1): 3 – 13.

[25] 丁菊红. 中国转型中的财政分权与公共品供给激励 [D]. 复旦大学, 2008.

[26] 丁如曦, 倪鹏飞. 中国城市房价波动的区域空间关联与溢出效应——基于 2005—2012 年全国 285 个城市空间面板数据的研究 [J]. 财贸经济, 2015 (6): 136 – 150.

[27] 范庆泉, 储成君, 高佳宁. 环境规制、产业结构升级对经济高质量发展的影响 [J]. 中国人口·资源与环境, 2020, 30 (6): 84 – 94.

［28］方红生，张军. 攫取之手、援助之手与中国税收超 GDP 增长
［J］. 经济研究，2013（3）：108 – 121.

［29］冯皓，陆铭. 通过买房而择校：教育影响房价的经验证据与政策
含义［J］. 世界经济，2010（12）：89 – 104.

［30］樊勇. 财政分权度的衡量方法研究——兼议中国财政分权水平
［J］. 当代财经，2006（10）：33 – 36.

［31］傅勇，张晏. 中国式分权与财政支出结构偏向：为增长而竞争的
代价［J］. 管理世界，2007（3）：4 – 12.

［32］傅勇. 财政分权、政府治理与非经济性公共物品供给［J］. 经济
研究，2010（8）：4 – 15.

［33］高波，陈健，邹琳华. 区域房价差异、劳动力流动与产业升级
［J］. 经济研究，2012，47（1）：66 – 79.

［34］高波，王先柱. 中国房地产市场货币政策传导机理的有效性分
析：2000—2007［J］. 财贸经济，2009（3）：129 – 135.

［35］高波，王文莉，李祥. 预期、收入差距与中国城市房价租金“剪
刀差”之谜［J］. 经济研究，2013（6）：100 – 112.

［36］高波. 现代房地产经济学［M］. 南京：南京大学出版社，2010.

［37］高培勇. 理解、把握和推动经济高质量发展［J］. 经济学动态，
2019（8）：3 – 9.

［38］宫汝凯. 分税制改革、财政分权和房价水平［J］. 经济理论与经
济管理，2012a（4）：45 – 56.

［39］宫汝凯. 分税制改革与中国城镇房价水平——基于省际面板的经
验证据［J］. 金融研究，2012b（8）：70 – 83.

［40］宫汝凯. 财政不平衡和房价上涨：中国的证据［J］. 金融研究，
2015（4）：66 – 81.

［41］顾乃华，朱卫平. 府际关系、关系产权与经济效率——一个解释
我国全要素生产率演进的新视角［J］. 中国工业经济，2011（2）：46 – 57.

［42］郭庆旺，贾俊雪. 中央财政转移支付与地方公共服务提供［J］.
世界经济，2008（9）：74 – 84.

［43］郭庆旺，贾俊雪. 财政分权、政府组织结构与地方政府支出规模
［J］. 经济研究，2010（11）：59 – 72.

［44］郭文伟，李嘉琪. 房价泡沫抑制了经济高质量增长吗？——基于
13 个经济圈的经验分析［J］. 中国软科学，2019（8）：77 – 91.

［45］郭文伟，李嘉琪．房价波动对产业结构升级的影响机制与效应分析［J］．广东财经大学学报，2019，34（3）：14－25．

［46］洪涛，高波，毛中根．外生冲击与房地产真实价格波动——对1998—2003年中国31省（市、区）的实证研究［J］．财经研究，2005，31（11）：88－97．

［47］洪涛，西宝，高波．房地产价格区域间联动与泡沫的空间扩散——基于2000—2005年中国35个大中城市面板数据的实证检验［J］．统计研究，2007，24（8）：64－67．

［48］后小仙，郑田丹．财政激励、政府偏好与地区经济增长［J］．经济学家，2017（2）：58－66．

［49］胡贺波．中国中央与地方政府间财政关系研究及效应评价［D］．湖南大学，2014．

［50］胡晓．中国房地产价格上涨背后的制度性因素——兼论房地产价格泡沫［J］．中央财经大学学报，2014（7）：91－99．

［51］胡婉旸，郑思齐，王锐．学区房的溢价究竟有多大：利用"租买不同权"和配对回归的实证估计［J］．经济学（季刊），2014，13（3）：1195－1214．

［52］黄静，屠梅曾．房地产财富与消费：来自于家庭微观调查数据的证据［J］．管理世界，2009（7）：35－45．

［53］黄永明，姜泽林．金融结构、产业集聚与经济高质量发展［J］．科学学研究，2019，37（10）：1775－1785．

［54］纪祥裕．城市房价、空间溢出效应与产业结构升级——基于中国城市数据的空间计量分析［J］．哈尔滨商业大学学报（社会科学版），2018（2）：38－48．

［55］金碚．关于"高质量发展"的经济学研究［J］．中国工业经济，2018（4）：5－18．

［56］贾智莲，卢洪友．财政分权与教育及民生类公共品供给的有效性——基于中国省际面板数据的实证分析［J］．数量经济技术经济研究，2010（6）：139－150．

［57］况伟大．预期、投机与中国城市房价波动［J］．经济研究，2010（9）：67－76．

［58］况伟大．利率对房价的影响［J］．世界经济，2010（4）：134－145．

［59］况伟大. 房地产税、市场结构与房价［J］. 经济理论与经济管理，2012（1）：10 – 19.

［60］雷根强，钱日帆. 土地财政对房地产开发投资与商品房销售价格的影响分析——来自中国地级市面板数据的经验证据［J］. 财贸经济，2014（10）：5 – 16.

［61］梁艳艳，杨巧，陈诚. 收入分配、房价与居民消费［J］. 宏观经济研究，2018（12）：79 – 92.

［62］梁云芳，高铁梅. 中国房地产价格波动区域差异的实证分析［J］. 经济研究，2007（8）：133 – 142.

［63］梁若冰，汤韵. 地方公共品供给中的 Tiebout 模型——基于中国城市地价的经验研究［J］. 世界经济，2008（10）：71 – 83.

［64］林春. 财政分权与中国经济增长质量关系——基于全要素生产率视角［J］. 财政研究，2017（2）：73 – 83.

［65］刘斌，王乃嘉. 房价上涨挤压了中国企业的出口能量吗？［J］. 财经研究，2016，42（5）：53 – 65.

［66］刘超，李江源，王超，等. 房地产发展、经济增长动力要素、外部环境与经济增长效应研究——来自 2000—2016 年经济运行数据实证［J］. 管理评论，2018，30（8）：16 – 31.

［67］刘程，王仁曾. 房价上涨会抑制地区产业结构升级吗？［J］. 产业经济研究，2019（2）：102 – 113.

［68］刘洪玉，杨振鹏. 基于 GARCH 与 Markov 区制转换模型度量房价波动风险［J］. 清华大学学报（自然科学版），2012，52（2）：199 – 204.

［69］刘佳，吴建南. 中国地方政府土地财政的影响因素研究——基于地市面板数据［J］. 经济管理，2015（6）：154 – 165.

［70］刘建江，杨玉梅. 从消费函数理论看房地产财富效应的作用机制［J］. 消费经济，2005（4）：10 – 16.

［71］刘江涛，张波，黄志刚. 限购政策与房价的动态变化［J］. 经济学动态，2012（3）：47 – 54.

［72］刘金涛，杨君，曲晓飞. 财政分权对经济增长的作用机制：理论探讨与实证分析［J］. 大连理工大学学报（社会科学版），2006（1）：7 – 12.

［73］刘民权，孙波. 商业地价形成机制、房地产泡沫及其治理［J］. 金融研究，2009（10）：22 – 37.

［74］刘学良，吴璟，邓永恒．人口冲击、婚姻和房地产市场［J］．南开经济研究，2016（1）：58－76．

［75］刘英群，邵广哲．城市住房价格波动对居民消费的影响［J］．财经问题研究，2017（11）：123－128．

［76］刘宗明．财政分权、制度性冲击与房价演进动态［J］．产业经济研究，2012（6）：42－50．

［77］李斌，卢明炜，张所地，等．房地产业对中国城市金融稳定的影响研究——基于空间计量模型的比较分析［J］．数理统计与管理，2019，38（2）：343－356．

［78］李国斌，王军．房价对中国经济增长质量的影响研究——基于286个地级及以上城市面板数据的实证研究［J］．价格月刊，2018（5）：1－6．

［79］李宏彬，李杏，姚先国，等．企业家的创业与创新精神对中国经济增长的影响［J］．经济研究，2009（10）：99－108．

［80］李宏瑾．房地产市场、银行信贷与经济增长——基于面板数据的经验研究［J］．国际金融研究，2005（7）：30－36．

［81］李嘉楠，游伟翔，孙浦阳．外来人口是否促进了城市房价上涨？——基于中国城市数据的实证研究［J］．南开经济研究，2017（1）：58－76．

［82］李剑，臧旭恒．住房价格波动与中国城镇居民消费行为——基于2004—2011年省际动态面板数据的分析［J］．南开经济研究，2015（1）：89－101．

［83］李江一，李涵．住房对家庭创业的影响：来自 CHFS 的证据［J］．中国经济问题，2016（2）：53－67．

［84］李江涛，褚磊，纪建悦．房地产投资与工业全要素生产率［J］．山东大学学报（哲学社会科学版），2018（5）：131－139．

［85］吕薇．打造高质量发展的制度和政策环境［N］．经济日报，2018－04－27（14）．

［86］李娜娜，杨仁发．FDI 能否促进中国经济高质量发展？［J］．统计与信息论坛，2019，34（9）：35－43．

［87］李祥，高波，李勇刚．房地产税收、公共服务供给与房价——基于省际面板数据的实证分析［J］．财贸研究，2012（3）：67－75．

［88］李彦，付文宇，王鹏．高铁服务供给对城市群经济高质量发展的

影响——基于多重中介效应的检验 [J]. 经济与管理研究, 2020, 41 (9): 62 - 77.

[89] 李拓, 李斌, 余曼. 财政分权、户籍管制与基本公共服务供给——基于公共服务分类视角的动态空间计量检验 [J]. 统计研究, 2016, 33 (8): 80 - 88.

[90] 李一花, 乔敏, 董旸. 土地财政及其影响——基于市级层面的研究 [J]. 财贸研究, 2015 (6): 82 - 89.

[91] 李勇刚, 李祥. 财政分权、地方政府竞争与房价波动: 中国 35 个大中城市的实证研究 [J]. 软科学, 2012, 26 (1): 42 - 46.

[92] 李彦龙. 税收优惠政策与高技术产业创新效率 [J]. 数量经济技术经济研究, 2018 (1): 60 - 76.

[93] 李政, 杨思莹, 何彬. FDI 抑制还是提升了中国区域创新效率?——基于省际空间面板模型的分析 [J]. 经济管理, 2017, 39 (4): 6 - 19.

[94] 刘那日苏, 苏月, 张建江. 区域创新的空间溢出效应及其时滞变迁测度 [J]. 统计与决策, 2020 (18): 85 - 89.

[95] 刘志永, 冯子标, 米雪. 地方政府、企业家精神与地区经济高质量增长 [J/OL]. 西安交通大学学报 (社会科学版): 1 - 15 [2020 - 10 - 23].

[96] 李仲飞, 郑军, 黄宇元. 有限理性、异质预期与房价内生演化机制 [J]. 经济学 (季刊), 2015, 14 (2): 453 - 482.

[97] 卢建新, 苗建军. 中国城市住房价格动态特征及其影响因素 [J]. 投资研究, 2011, 30 (7): 141 - 152.

[98] 卢建新. 市场化进程中区域房价的动态特征 [J]. 经济问题探索, 2014 (1): 108 - 114.

[99] 陆铭, 陈钊, 王永钦, 等. 中国的大国经济发展道路 [M]. 北京: 中国大百科全书出版社, 2008.

[100] 罗时空, 周亚虹. 房价影响企业投资吗: 理论与实证 [J]. 财经研究, 2013, 39 (8): 133 - 144.

[101] 骆永民, 伍文中. 房产税改革与房价变动的宏观经济效应——基于 DSGE 模型的数值模拟分析 [J]. 金融研究, 2012 (5): 1 - 14.

[102] 马大来, 陈仲常, 王玲. 中国区域创新效率的收敛性研究: 基于空间经济学视角 [J]. 管理工程学报, 2017 (1): 71 - 78.

[103] 米晋宏，刘冲. 住房限购政策与城市房价波动分析 [J]. 上海经济研究，2017（1）：101 – 111.

[104] 毛金祥. 经济集聚对区域创新的影响研究 [D]. 上海社会科学院，2019.

[105] 潘红玉，刘亚茹. 房价、金融发展与制造业产业结构升级——基于动态面板的经验分析 [J]. 财经理论与实践，2019，40（1）：123 – 128.

[106] 逢锦聚，林岗，杨瑞龙，等. 促进经济高质量发展笔谈 [J]. 经济学动态，2019（7）：3 – 19.

[107] 潘雄锋，杨越. 中国区域创新的俱乐部收敛及其影响因素研究 [J]. 科学学研究，2014，32（2）：314 – 319.

[108] 潘雅茹，罗良文. 基础设施投资对经济高质量发展的影响：作用机制与异质性研究 [J]. 改革，2020（6）：100 – 113.

[109] 彭国华. 中国地区全要素生产率与人力资本构成 [J]. 中国工业经济，2007（2）：54 – 61.

[110] 普蒉喆，郑风田. 高房价与城镇居民创业——基于 CHIP 微观数据的实证分析 [J]. 经济理论与经济管理，2016（3）：31 – 44.

[111] 钱先航，曹廷求，李维安. 晋升压力、官员任期与城市商业银行的贷款行为 [J]. 经济研究，2011（12）：72 – 85.

[112] 钱雪松，杜立，马文涛. 中国货币政策利率传导有效性研究：中介效应和体制内外差异 [J]. 管理世界，2015（11）：11 – 28.

[113] 乔宝云. 增长与均等的取舍——中国财政分权政策研究 [M]. 北京：人民出版社，2002.

[114] 乔宝云，范剑勇，冯兴元. 中国的财政分权与小学义务教育 [J]. 中国社会科学，2005（6）：37 – 47.

[115] 齐红倩，黄宝敏. 房地产财富效应与中国城镇居民消费不对称性 [J]. 南京社会科学，2013（6）：8 – 13.

[116] 亓寿伟，俞杰，陈雅文. 中国基础教育支出效率及制度因素的影响——基于局部前沿效率方法的分析 [J]. 财政研究，2016（6）：103 – 112.

[117] 任保平，文丰安. 新时代中国高质量发展的判断标准、决定因素与实现途径 [J]. 改革，2018（4）：5 – 16.

[118] 任荣荣，郑思齐，龙奋杰. 预期对房价的作用机制：对 35 个大

中城市的实证研究 ［J］. 经济问题探索，2008（1）：145－148.

［119］荣昭，王文春. 房价上涨和企业进入房地产——基于中国非房地产上市公司数据的研究 ［J］. 金融研究，2014（4）：158－173.

［120］邵朝对，苏丹妮，邓宏图. 房价、土地财政与城市集聚特征：中国式城市发展之路 ［J］. 管理世界，2016（2）：19－31.

［121］邵挺，袁志刚. 土地供应量、地方公共品供给与房价水平——基于 Tiebout 效应的一项扩展研究 ［J］. 南开经济研究，2010（3）：3－19.

［122］申亮，王玉燕. 中国公共文化服务政府供给效率的测度与检验 ［J］. 上海财经大学学报，2017，19（2）：26－37.

［123］沈悦，刘洪玉. 房价与经济基本面：1995—2002 年中国 14 个城市的实证研究 ［J］. 经济研究，2004（6）：78－86.

［124］沈悦，周奎省，李善粲. 利率影响房价的有效性分析——基于 FAVAR 模型 ［J］. 经济科学，2011（1）：60－69.

［125］田毕飞，陈紫若. FDI 对中国创业的空间外溢效应 ［J］. 中国工业经济，2016（8）：40－57.

［126］王来福. 预期、不可置信的承诺与政策失效——来自房地产行业的实证检验 ［J］. 财经问题研究，2008（9）：56－62.

［127］王芳，姚玲珍. 高房价会抑制私营企业的投资规模吗？ ［J］. 财经研究，2018（8）：88－100.

［128］王红建，李茫茫，汤泰劼. 实体企业跨行业套利的驱动因素及其对创新的影响 ［J］. 中国工业经济，2016（11）：73－89.

［129］万晓莉，严予若，方芳. 房价变化、房屋资产与中国居民消费——基于总体和调研数据的证据 ［J］. 经济学（季刊），2017，16（1）：525－544.

［130］王家庭，曹清峰. 房产税能够降低房价吗——基于 DID 方法对中国房产税试点的评估 ［J］. 当代财经，2014（5）：34－44.

［131］王克强，郑颖，刘红梅. 中国房地产市场弱式有效性的实证研究 ［J］. 中国土地科学，2006，20（6）：38－44.

［132］王敏，黄滢. 限购和房产税对房价的影响：基于长期动态均衡的分析 ［J］. 世界经济，2013（1）：141－159.

［133］王文春，荣昭. 房价上涨对工业企业创新的抑制影响研究 ［J］. 经济学（季刊），2014，13（2）：465－490.

［134］王先柱，赵奉军. 收入差距、挤出效应与高房价 ［J］. 经济理

论与经济管理，2013（1）：27－35.

［135］王学龙，杨文. 中国的土地财政与房地产价格波动［J］. 经济评论，2012（4）：88－96.

［136］王莹，唐晓灵. 房地产经济学［M］. 西安：西安交通大学出版社，2010.

［137］魏玮，王洪卫. 房地产价格对货币政策动态响应的区域异质性——基于省际面板数据的实证分析［J］. 财经研究，2010，36（6）：123－132.

［138］文乐，彭代彦. 倾向中西部的土地供给如何推升了房价——基于空间德宾模型的实证分析［J］. 贵州财经大学学报，2017（1）：14－24.

［139］温忠麟，张雷，候杰泰，等. 中介效应检验程序及其应用［J］. 心理学报，2004，36（5）：614－620.

［140］武康平，闫勇. 土地财政：一种"无奈"选择更是一种"冲动"行为——基于地级城市面板数据分析［J］. 财政研究，2012（10）：56－60.

［141］吴群，李永乐. 财政分权、地方政府竞争与土地财政［J］. 财贸经济，2010（7）：51－59.

［142］吴晓瑜，王敏，李力行. 中国的高房价是否阻碍了创业？［J］. 经济研究，2014（9）：121－134.

［143］吴艳霞，王楠. 房地产泡沫成因及其投机度测度研究［J］. 预测，2006，25（2）：12－17.

［144］肖周燕. 中国高质量发展的动因分析——基于经济和社会发展视角［J］. 软科学，2019，33（4）：1－5.

［145］项卫星，李宏瑾. 市场供求与房地产市场宏观调控效应——一个理论分析框架及经验分析［J］. 经济评论，2007（3）：110－115.

［146］席艳玲，吉生保，王小艳. 要素相对价格对产业结构调整的倒逼效应分析——基于省际动态面板数据的系统 GMM 估计［J］. 财贸研究，2013，24（5）：18－24.

［147］谢洁玉，吴斌珍，李宏彬，等. 中国城市房价与居民消费［J］. 金融研究，2012（6）：13－27.

［148］谢贞发，张玮. 中国财政分权与经济增长——一个荟萃回归分析［J］. 经济学（季刊），2015，14（2）：435－452.

［149］许罡，朱卫东，张子余. 财政分权、企业寻租与地方政府补

助——来自中国资本市场的经验证据 ［J］. 财经研究, 2012, 38 （12）: 120 – 127.

［150］徐建炜, 徐奇渊, 何帆. 房价上涨背后的人口结构因素: 国际经验与中国证据 ［J］. 世界经济, 2012 （1）: 24 – 42.

［151］徐柯, 马永开, 邓长荣. 中国房价波动集聚性研究及短期走势分析 ［J］. 管理学报, 2010, 7 （6）: 943 – 948.

［152］徐舒, 陈珣. 收入差距会推高房价吗? ［J］. 经济学 （季刊）, 2016, 15 （2）: 549 – 570.

［153］许宪春, 贾海, 李皎, 等. 房地产经济对中国国民经济增长的作用研究 ［J］. 中国社会科学, 2015 （1）: 84 – 101 + 204.

［154］严金海, 丰雷, 包晓辉. 北京房价波动研究 ［J］. 财贸经济, 2009 （5）: 117 – 123.

［155］杨华磊, 温兴春, 何凌云. 出生高峰、人口结构与房地产市场 ［J］. 人口研究, 2015, 39 （3）: 87 – 99.

［156］杨柏, 陈银忠, 李爱国, 陈伟. 政府科技投入、区域内产学研协同与创新效率 ［J/OL］. 科学学研究: 1 – 14 ［2020 – 10 – 01］.

［157］杨君茹, 邱晨. 财政分权、政府投资与房产价格——兼议中国式分权的代价 ［J］. 宏观经济研究, 2012 （9）: 70 – 75.

［158］叶文平, 李新春, 陈强远. 流动人口对城市创业活跃度的影响: 机制与证据 ［J］. 经济研究, 2018 （6）: 157 – 170.

［159］原鹏飞, 冯蕾. 经济增长、收入分配与贫富分化——基于 DCGE 模型的房地产价格上涨效应研究 ［J］. 经济研究, 2014, 49 （9）: 77 – 90.

［160］余静文, 王媛, 谭静. 房价高增长与企业 “低技术锁定” ——基于中国工业企业数据库的微观证据 ［J］. 上海财经大学学报, 2015 （5）: 44 – 56.

［161］余靖雯, 龚六堂. 中国公共教育供给及不平等问题研究——基于教育财政分权的视角 ［J］. 世界经济文汇, 2015 （6）: 1 – 19.

［162］余华义, 陈东. 中国地价、利率与房价的关联性研究 ［J］. 经济评论, 2009 （4）: 41 – 49.

［163］余华义, 黄燕芬. 货币政策效果区域异质性、房价溢出效应与房价对通胀的跨区影响 ［J］. 金融研究, 2015 （2）: 95 – 113.

［164］余华义, 黄燕芬. 利率效果区域异质性、收入跨区影响与房价溢出效应 ［J］. 经济理论与经济管理, 2015 （8）: 65 – 80.

[165] 余华义, 王科涵, 黄燕芬. 中国住房分类财富效应及其区位异质性——基于 35 个大城市数据的实证研究 [J]. 中国软科学, 2017 (2): 88 – 101.

[166] 余显财, 朱美聪. 财政分权与地方医疗供给水平——基于 1997—2011 年省际面板数据的分析 [J]. 财经研究, 2015, 41 (9): 42 – 52.

[167] 余泳泽, 李启航. 城市房价与全要素生产率: "挤出效应" 与 "筛选效应" [J]. 财贸经济, 2019, 40 (1): 128 – 143.

[168] 余泳泽, 刘大勇. 中国区域创新效率的空间外溢效应与价值链外溢效应——创新价值链视角下的多维空间面板模型研究 [J]. 管理世界, 2013 (7): 6 – 20.

[169] 曾铖, 李元旭, 周瑛. 中国地方政府规模对异质性企业家精神的影响分析——基于省际面板数据的实证分析 [J]. 研究与发展管理, 2017, 29 (6): 68 – 80.

[170] 张军, 高远, 傅勇, 等. 中国为什么拥有了良好的基础设施? [J]. 经济研究, 2007, 3 (3): 4 – 19.

[171] 张军扩, 侯永志, 刘培林, 等. 高质量发展的目标要求和战略路径 [J]. 管理世界, 2019, 35 (7): 1 – 7.

[172] 张浩, 李仲飞, 邓柏峻. 教育资源配置机制与房价——中国教育资本化现象的实证分析 [J]. 金融研究, 2014 (5): 193 – 206.

[173] 张杰, 杨连星, 新夫. 房地产阻碍了中国创新吗? ——基于金融体系贷款期限结构的解释 [J]. 管理世界, 2016 (5): 64 – 80.

[174] 张晋生. 房价高涨的市场结构及体制因素分新 [J]. 经济与管理研究, 2005 (6): 37 – 39.

[175] 张莉, 何晶, 马润泓. 房价如何影响劳动力流动? [J]. 经济研究, 2017 (8): 155 – 170.

[176] 张凌, 温海珍, 贾生华. 中国沿海和内陆城市房价波动差异与动力因素 [J]. 中国土地科学, 2011, 25 (3): 77 – 84.

[177] 张平, 张鹏鹏. 房价、劳动力异质性与产业结构升级 [J]. 当代经济科学, 2016, 38 (2): 87 – 93 +127.

[178] 张双长, 李稻葵. "二次房改" 的财政基础分析——基于土地财政与房地产价格关系的视角 [J]. 财政研究, 2010 (7): 5 – 11.

[179] 张所地, 范新英. 基于面板分位数回归模型的收入, 利率对房

价的影响关系研究［J］. 数理统计与管理, 2015, 34 (6)：1057 - 1065.

［180］张曙霄, 戴永安. 异质性、财政分权与城市经济增长——基于面板分位数回归模型的研究［J］. 金融研究, 2012 (1)：103 - 115.

［181］张协奎, 张练. 房价波动对地区经济的影响——基于 35 个大中城市动态面板数据的分析［J］. 城市问题, 2017 (6)：90 - 95 + 103.

［182］詹新宇, 崔培培. 中国省际经济增长质量的测度与评价——基于"五大发展理念"的实证分析［J］. 财政研究, 2016 (8)：40 - 53 + 39.

［183］张晏. 分权体制下的财政政策与经济增长［M］. 上海：上海人民出版社, 2005.

［184］张宇, 蒋殿春. FDI、环境监管与能源消耗：基于能耗强度分解的经验检验［J］. 世界经济, 2013, 36 (3)：103 - 123.

［185］周彬, 杜两省. "土地财政"与房地产价格上涨：理论分析和实证研究［J］. 财贸经济, 2010 (8)：109 - 116.

［186］周华东, 周亚虹. 收入差距推动了中国房价上涨吗？［J］. 产业经济研究, 2015 (4)：81 - 90.

［187］周华东, 高玲玲. 中国住房"财富效应"之谜——基于中国住房制度改革的检验［J］. 中国经济问题, 2018, 9 (4)：125 - 137.

［188］周建军, 孙倩倩, 鞠方. 产业结构变迁、房价波动及其经济增长效应［J］. 中国软科学, 2020 (7)：157 - 168.

［189］周京奎. 房地产投机理论与实证研究［J］. 当代财经, 2004 (1)：92 - 94.

［190］周京奎. 房地产价格波动与投机行为——对中国 14 个城市的实证研究［J］. 当代经济科学, 2005, 27 (4)：19 - 24.

［191］周京奎. 货币政策、银行贷款与房价［J］. 财贸经济, 2005 (5)：22 - 27.

［192］周黎安. 晋升博弈中政府官员的激励与合作——兼论中国地方保护主义和重复建设问题长期存在的原因［J］. 经济研究, 2004 (6)：33 - 40.

［193］周黎安. 中国地方官员的晋升锦标赛模式研究［J］. 经济研究, 2007, 7 (36)：36 - 50.

［194］周晓蓉, 张萌旭, 李霞. 中国居民住房资产的财富效应分析［J］. 宏观经济研究, 2014 (10)：61 - 70 + 84.

［195］周业安, 章泉. 财政分权、经济增长和波动［J］. 管理世界,

2008（3）：6-15.

[196] 朱平芳，徐伟民. 政府的科技激励政策对大中型工业企业 R&D 投入及其专利产出的影响——上海市的实证研究 [J]. 经济研究，2003（6）：45-53.

[197] 邹瑾，于焘华，王大波. 人口老龄化与房价的区域差异研究——基于面板协整模型的实证分析 [J]. 金融研究，2015（11）：64-79.

[198] 左翔，殷醒民. 土地一级市场垄断与地方公共品供给 [J]. 经济学（季刊），2013，12（2）：693-718.

[199] Abraham J M, Hendershott P H. Bubbles in Metropolitan Housing Markets [J]. Journal of Housing Research, 1996, 7 (2): 191-207.

[200] Akai N, Sakata M. Fiscal Decentralization Contributes to Economic Growth: Evidence from State - level Cross - section Data for the United States [J]. Journal of Urban Economics, 2002, 52 (1): 93-108.

[201] Allen F, Qian J, Qian M J. Law, Cinance, and Economic Growth in China [J]. Journal of Financial Economics, 2005, 77 (1): 57-116.

[202] Aron J, Duca J V, Muellbauer J. Credit, Housing Collateral, and Consumption: Evidence from Japan, the UK, and the US [J]. Review of Income and Wealth, 2012 (3): 397-423.

[203] Baicker K. The Spillover Effects of State Spending [J]. Journal of Public Economics, 2005, 89 (2): 529-544.

[204] Baker S R. Debt and the Consumption Response to Household Income Shocks. Available at SSRN, 2015.

[205] Bardhan P. Decentralization of Governance and Development [J]. The Journal of Economic Perspectives, 2002, 16 (4): 185-205.

[206] Baron R M, Kenny D A. The Moderator - mediator Variable Distinction in Social Psychological Research: Conceptual, Strategic, and Statistical Considerations [J]. Journal of Personality and Social Psychology, 1986, 51 (6): 117-118.

[207] Bergantino S M. Life Cycle Investment Behavior, Demographics, and Asset Prices [D]. Massachusetts Institute of Technology, 1998.

[208] Bernanke B , Gertler M . Agency Costs, Net Worth, and Business Fluctuations. [J]. American Economic Review, 1989, 79 (1): 14-31.

［209］ Besley T, Coate S. Centralized versus Decentralized Provision of Local Public Goods: A Political Economy Approach ［J］. Journal of Public Economics, 2003, 87 (12): 2611 – 2637.

［210］ Bjornland H C, Jacobsen D H. The Role of House Prices in the Monetary Policy Transmission Mechanism in Small Open Economics ［J］. Journal of Financial Stability, 2010, 6 (4): 218 – 229.

［211］ Blanchard O, Shleifer A. Federalism with and without Political Centralization: China versus Russia ［J］. IMF Economic Review, 2001, 48 (1): 171 – 179.

［212］ Bowman J H. Property Tax Policy Responses to Rapidly Rising Home Values: District of Columbia, Maryland, and Virginia ［J］. National Tax Journal, 2006, 59 (3): 717 – 733.

［213］ Brennan G, Buchanan J M. The Power to Tax: Analytic Foundations of a Fiscal Constitution ［M］. Cambridge University Press, 1980.

［214］ Brock W A, Hommes C H. A Rational Route to Randomness ［J］. Econometrica: Journal of the Econometric Society, 1997, 65 (5): 1059 – 1095.

［215］ Brooks R. Asset-market Effects of the Baby Boom and Social-security Reform ［J］. The American Economic Review, 2002, 92 (2): 402 – 406.

［216］ Buchanan J M, Goetz C J. Efficiency Limits of Fiscal Mobility: An Assessment of the Tiebout Model ［J］. Journal of Public Economics, 1972, 1 (1): 25 – 43.

［217］ Calomiris C, Longhofer S D, Miles W. The Housing Wealth Effect ［R］. NBER Working Paper, 2009.

［218］ Carmignani F. Political Instability, Uncertainty and Economics ［J］. Journal of Economic Surveys, 2003, 17 (1): 1 – 54.

［219］ Capozza D R, Hendershott P H, Mack C. An Anatomy of Price Dynamics in Illiquid Markets: Analysis and Evidence from Local Housing Markets ［J］. Real Estate Economics, 2004, 32 (1): 1 – 32.

［220］ Carroll C D, Otsuka M, Slacalek J. How Large Is the Housing Wealth Effect? A New Approach ［J］. Economics Working Paper, 2006.

［221］ Case K E, Glaeser E L, Parker J A. Real Estate and the Macroeconomy ［J］. Brookings Papers on Economic Activity, 2000: 119 – 162.

[222] Case K E, Shiller R J. The Efficiency of the Market for Single-Family Homes [J]. The American Economic Review, 1989: 125 – 137.

[223] Case K E, Shiller R J. Forecasting Prices and Excess Returns in the Housing Market [J]. Real Estate Economics, 1990, 18 (3): 253 – 273.

[224] Case K E, Shiller R J. Is There a Bubble in the Housing Market? [J]. Brookings Papers on Economic Activity, 2003 (2): 299 – 362.

[225] Cebula R. Are Property Taxes Capitalized into Housing Prices in Savannah, Georgia? An Investigation of the Market Mechanism [J]. Journal of Housing Research, 2009, 18 (1): 63 – 75.

[226] Chaney T, Sraer D. Thesmar, D. The Collateral Channel: How Real Estate Shocks Affect Corporate Investment [J]. American Economic Review, 2012, 102 (6): 2381 – 2409.

[227] Chen T, Liu L X, Zhou L A. The Crowding-out Effects of Real Estate Shocks-evidence from China [J]. Social Science Electronic Publishing, 2015.

[228] Cheshire P, Sheppard S. The Welfare Economics of Land Use Planning [J]. Journal of Urban Economics, 2002, 52 (2): 242 – 269.

[229] Cho D, Ma S. Dynamic Relationship between Housing Values and Interest Rates in the Korean Housing Market [J]. The Journal of Real Estate Finance and Economics, 2006, 32 (2): 169 – 184.

[230] Clayton J. Rational Expectations, Market Fundamentals and Housing Price Volatility [J]. Real Estate Economics, 1996, 24 (4): 441 – 470.

[231] Claessens S, Laeven L. Financial Development, Property Rights, and Growth [J]. The Journal of Finance, 2003, 58 (6): 2401 – 2436.

[232] Corradin S, Popov A A. House Prices, Home Equity and Entrepreneurships [R]. Working Paper, 2013.

[233] Daniel W. The Dynamics of Metropolitan Housing Prices [J]. Journal of Real Estate Research, 2002, 23 (1/2): 29 – 46.

[234] Davoodi H, Zou H. Fiscal Decentralization and Economic growth: A Cross-country Study [J]. Journal of Urban Economics, 1998, 43 (2): 244 – 257.

[235] Di Pasquale D, Wheaton W C. Housing Market Dynamics and the Future of Housing Prices [J]. Journal of Urban Economics, 1994, 35

(1): 1 – 27.

[236] Dolde W, Tirtiroglu D. Temporal and Spatial Information Diffusion in Real Estate Price Changes and Variances [J]. Real Estate Economics, 1997, 25 (4): 539 – 565.

[237] Drake L. Modelling UK House Prices Using Cointegration: An Application of the Johansen Technique [J]. Applied Economics, 1993, 25 (9): 1225 – 1228.

[238] Eckaus R S. Some Consequences of Fiscal Reliance on Extrabudgetary Revenues in China [J]. China Economic Review, 2003, 14 (1): 72 – 88.

[239] Fairlie R W, Krashinsky H A. Liquidity Constraints, Household Wealth, and Entrepreneurship Revi-sited [J]. Review of Income and Wealth, 2012, 58 (2): 279 – 306.

[240] Fama E F. Efficient Capital Markets: A Review of Theory and Empirical Work [J]. The Journal of Finance, 1970, 25 (2): 383 – 417.

[241] Favara G, Song Z. House Price Dynamics with Dispersed Information [J]. Journal of Economic Theory, 2014, 149: 350 – 382.

[242] Fisher I. The Debt-deflation Theory of Great Depressions [J]. Econometrica, 1933: 337 – 357.

[243] Galati G, Teppa F, Alessie R. Heterogeneity in House Price Dynamics [R]. Netherlands Central Bank, Research Department, 2013.

[244] Galor O, Moav O. From Physical to Human Capital Accumulation: Inequality and the Process of Development [J]. The Review of Economic Studies, 2004, 71 (4): 1001 – 1026.

[245] Gao A, Lin Z, Na C F. Housing Market Dynamics: Evidence of Mean Reversion and Downward Rigidity [J]. Journal of Housing Economics, 2009, 18 (3): 256 – 266.

[246] Gill, I S, Kharas, H. An East Asian Renaissance: Ideas for Economic Growth [M]. The World Bank, 2007.

[247] Glaeser E L. Entrepreneurship and the city [R]. National Bureau of Economic Research, 2007.

[248] Glaeser E L, Gyourko J, Saiz A. Housing Supply and Housing Bubbles [J]. Journal of Urban Economics, 2008, 64 (2): 198 – 217.

[249] Glindro E T, Subhanij T, Szeto J, et al. Determinants of House

Prices in Nine Asia-Pacific Economics [J]. International Journal of Central Banking, 2011, 7 (3): 163 – 204.

[250] Gobel J. Local Policy, Income, and Housing Prices [R]. University Library of Munich, Germany, 2009.

[251] Guo J, Yuan J, Chen H. Analysis on the Influences of Local Economic Growth about Real Estate in Jilin [J]. Energy Procedia, 2011, 11: 3406 – 3414.

[252] Gyourko J, Linneman P. Affordability of the American Dream: An Examination of the Last 30 Years [J]. Journal of Housing Research, 1993, 4 (1): 39 – 72.

[253] Hansen B E. Threshold Effects in Non-dynamic Panels: Estimation, Testing, and Inference [J]. Journal of Econometrics, 1999, 93 (2): 345 – 368.

[254] Hanson G H, Spilimbergo A. Illegal Immigration, Border Enforcement, and Relative Wages: Evidence from Apprehensions at the US-Mexico Border [J]. American Economic Review, 1999, 89 (5): 1337 – 1357.

[255] Hamilton B W. Zoning and Property Taxation in a System of Local Governments [J]. Urban Studies, 1975, 12 (2): 205 – 211.

[256] Hayes A F. Beyond Baron and Kenny: Statistical Mediation Analysis in the New Millennium [J]. Communication Monographs, 2009, 76 (4): 408 – 420.

[257] Helpman E. The Size of Regions [J]. Topicsin Public Economics: Theoretical and Applied Analysis, 1998: 33 – 54.

[258] Holmstrom B, Milgrom P. Multitask Principal-agent Analyses: Incentive Contracts, Asset Ownership, and Job Design [J]. Journal of Law, Economics, & Organization, 1991 (7): 24 – 52.

[259] Hui E C. An Empirical Study of the Effects of Land Supply and Lease Conditions on the Housing Market: A Case of Hong Kong [J]. Property Management, 2004, 22 (2): 127 – 154.

[260] Huang B, Chen K. Are Intergovernmental Transfers in China Equalizing? [J]. China Economic Review, 2012, 23 (3): 534 – 551.

[261] Huther J, Shah A. A Simple Measure of Good Governance and its Application to the Debate on the Appropriate Level of Fiscal Decentralization [J].

World Bank Working Paper Series, 1998.

［262］Iacoviello M. House Prices, Borrowing Constraints, and Monetary Policy in the Business Cycle ［J］. American Economic Review, 2005, 95 (3): 739 – 764.

［263］Jacobsen D H, Naug B E. What Drives House Prices? ［J］. Norges Bank. Economic Bulletin, 2005, 76 (1): 29 – 42.

［264］Jin J. and Zou H. How Does Fiscal Decentralization Affect Aggregate, National, and Subnational Government Size? ［J］. Journal of Urban Economics, 2002, 52 (2): 270 – 293.

［265］Kelejian H H, Prucha I R. A Generalized Spatial Two-stage Least Squares Procedure for Estimating a Spatial Autoregressive Model with Autoregressive Disturbances ［J］. Journal of Real Estate Finance & Economics, 1998, 17 (1): 99 – 121.

［266］Kenny G. Modelling the Demand and Supply Sides of the Housing Market: Evidence from Ireland ［J］. Economic Modelling, 1999, 16 (3): 389 – 409.

［267］Kiyotaki N, Moore J. Credit Cycles ［J］. Journal of Political Economy, 1997, 105 (2): 211 – 248.

［268］Koenker R, Basset G. Regression Quantiles ［J］. Econometrica, 1978, 46 (1): 33 – 50.

［269］Koenker R. Quantile Regression for Longitudinal Data ［J］. Journal of Multivariate Analysis, 2004, 91 (1): 74 – 89.

［270］Lastrapes W D. The Real Price of Housing and Money Supply Shocks: Time Series Evidence and Theoretical Simulations ［J］. Journal of Housing Economics, 2002, 11 (1): 40 – 74.

［271］Li H, Yang Z, Yao X, et al. Entrepreneurship, Private Economy and Growth: Evidence from China ［J］. China Economic Review, 2012, 23 (4): 948 – 961.

［272］Li L, Wu X. Housing Price and Entrepreneurship in China ［J］. Journal of Comparative Economics, 2014, 42 (2): 436 – 449.

［273］Lin J Y, Liu Z. Fiscal Decentralization and Economic Growth in China ［J］. Economic Development and Cultural Change, 2000, 49 (1): 1 – 21.

［274］Li Y. The Asymmetric House Price Dynamics: Evidence from the

California Market [J]. Regional Science and Urban Economics, 2015 (52): 1 – 12.

[275] Ma J. Intergovernmental Relations and Economic Management in China [M]. London: Macmillan Press, 1997.

[276] Malpezzi S, Wachter S. The Role of Speculation in Real Estate Cycles [J]. Journal of Real Estate Literature, 2005, 13 (2): 141 – 164.

[277] Mankiw N G, Weil D N. The Baby Boom, the Baby Bust, and the Housing Market [J]. Regional Science and Urban Economics, 1989, 19 (2): 235 – 258.

[278] Martin S. Advanced Industrial Economics [M]. Oxford: Wiley-Blackwell, 2001.

[279] Meltzer A H. Monetary, Credit and (other) Transmission Processes: A Monetarist Perspective [J]. The Journal of Economic Perspectives, 1995, 9 (4): 49 – 72.

[280] Miao J, Wang P. Sectoral Bubbles, Misallocation, and Endogenous Growth [J]. Journal of Mathematical Economics, 2014, 53 (4): 153 – 163.

[281] Minniti M. The Role of Government Policy on Entrepreneurial Activity: Productive, Unproductive, or Destructive? [J]. Entrepreneurship Theory & Practice, 2010, 32 (5): 779 – 790.

[282] Miller N, Peng L, Sklarz M. House Prices and Economic Growth [J]. Journal of Real Estate Finance & Economics, 2011, 42 (4): 522 – 541.

[283] Miles W. Volatility Clustering in US Home Prices [J]. Journal of Real Estate Research, 2008, 30 (1): 73 – 90.

[284] Montinola G, Qian Y, Weingast B R. Federalism, Chinese Style: The Political Basis for Economic Success in China [J]. World Politics, 1995, 48 (1): 50 – 81.

[285] Muellbauer J. Housing, Credit and Consumer Expenditure [R]. CEPR Discussion Papers, 2008.

[286] Muellbauer J, Murphy A. Booms and Busts in the UK Housing Market [J]. The Economic Journal, 1997, 107 (445): 1701 – 1727.

[287] Musgrave R A, Grieson R E. The Nature of Horizontal Equity and the Principle of Broad Based Taxation: A Friendly Critique [M]. Board of Studies in Economics, University of California, Santa Cruz, 1982.

［288］Musgrave R A. Public Finance in Theory and Practice: A Study in Public Economy ［M］. McGraw-Hill, 1959.

［289］Oates W E. Fiscal Federalism ［M］. New York: Harcourt Brace Jovanovich, 1972.

［290］Oikarinen E, Engblom J. Differences in Housing Price Dynamics across Cities: A Comparison of Different Panel Model Specifications ［J］. Urban Studies, 2015, 39 (9): 1 – 18.

［291］Olivier J. Growth-enhancing Bubbles ［J］. International Economic Review, 2000, 41 (1): 133 – 152.

［292］Otto G. The Growth of House Prices in Australian Capital Cities: What do Economic Fundamentals Explain? ［J］. Australian Economic Review, 2007, 40 (3): 225 – 238.

［293］Persson T, Tabellini G. Is Inequality Harmful for Growth? ［J］. The American Economic Review, 1994: 600 – 621.

［294］Piazzesi M, Schneider M, Tuzel S. Housing, Consumption, and Asset Pricing ［J］. National Bureau of Economic Research, 2006: 531 – 569.

［295］Potepan M J. Explaining Intermetropolitan Variation in Housing Prices, Rents and Land Prices ［J］. Real Estate Economics, 1996, 24 (2): 219 – 245.

［296］Prud'Homme R. The Dangers of Decentralization ［J］. The World Bank Research Observer, 1995, 10 (2): 201 – 220.

［297］Qian Y, Roland G. Federalism and the Soft Budget Constraint ［J］. American Economic Review, 1998, 88 (5): 1143 – 1162.

［298］Qian Y, Weingast B R. Federalism as a Commitment to Perserving Market Incentives ［J］. The Journal of Economic Perspectives, 1997, 11 (4): 83 – 92.

［299］Qian Y, Xu C. Why China's Economic Reforms Differ: The M-form Hierarchy and Entry/Expansion of the Non-state Sector ［J］. Economics of Transition, 1993, 1 (2): 135 – 170.

［300］Rabe B, Taylor M P. Difference in Opportunities? Wage, Unemployment and House-price Effects on Migration ［J］. Oxford Bulletin of Economics and Statistics, 2012, 74 (6) : 831 – 855.

［301］Ren Y, Yuan Y. Why the Housing Sector Leads the Whole Economy: The Importance of Collateral Constraints and News Shocks [J]. The Journal of Real Estate Finance and Economics, 2014, 13 (2): 323 –341.

[302] Rodda D T. Rich Man, Poor Renter: A Study of the Relationship Between the Income Distribution and Low-cost Rental Housing [M]. UMI Dissertation Services, 1996.

[303] Saint-Paul G. Fiscal Policy in an Endogenous Growth Model [J]. The Quarterly Journal of Economics, 1992, 107 (4): 1243 –1259.

[304] Samuelson P A. The Pure Theory of Public Expenditure [J]. The Review of Economics and Statistics, 1954, 36 (4): 387 –389.

[305] Schumpeter J. The Theory of Economic Development [M]. Cambridge, MA: Harvard University Press, 1934.

[306] Sheiner L. Housing Prices and the Savings of Renters [J]. Journal of Urban Economics, 1995, 38 (1): 94 –125.

[307] Shimizu C, Watanabe T. Aging and Real Estate Prices: Evidence from Japanese and US Regional Data [R]. University of Tokyo, Graduate School of Economics, 2013.

[308] Silva O. Homeownership and Entrepreneurship [D]. University of Barcelona, 2011.

[309] Stadelmann D, Billon S. Capitalisation of Fiscal Variables and Land Scarcity [J]. Urban Studies, 2012, 49 (7): 1571 –1594.

[310] Stiglitz J E. The Theory of Local Public Goods [M] //The Economics of Public Services. Palgrave Macmillan UK, 1977: 274 –333.

[311] Swank J, Kakes J, Tieman A. The Housing Ladder, Taxation, and Borrowing Constraints [R]. Netherlands Central Bank, Research Department, 2002.

[312] Takats E. Ageing and Asset Prices, Bank for International Settlements [R]. Working Papers, 2010.

[313] Thieben U. Fiscal Decentralisation and Economic Growth in High-income OECD Countries [J]. Fiscal Studies, 2003, 24 (3): 237 –274.

[314] Tiebout C M. A Pure Theory of Local Expenditures [J]. The Journal of Political Economy, 1956 (64): 416 –424.

[315] Treisman D. Decentralization and the Quality of Government [J]. Manuscript UCLA, 2000.

［316］ Wadud I K M M, Bashar O H M N, Ahmed H J A. Monetary Policy and the Housing Market in Australia ［J］. Journal of Policy Modeling, 2012, 34 (6): 849 – 863.

［317］ Weingast B R. The Economic Role of Political Institutions: Market-preserving Federalism and Economic Development ［J］. Journal of Law, Economics, & Organization, 1995, 11 (1): 1 – 31.

［318］ Wigren R, Wilhelmsson M. Construction Investments and Economic Growth in Western Europe ［J］. Journal of Policy Modeling, 2007, 29 (3): 439 – 451.

［319］ Wu J, Gyourko J, Deng Y. Evaluating the risk of Chinese housing markets: What we know and what we need to know ［J］. China Economic Review, 2016, 39: 91 – 114.

［320］ Xin F, Zhang J, Zheng W. Does credit market impede innovation? Based on the banking structure analysis ［J］. International Review of Economics & Finance, 2017, 52 (11): 268 – 288.

［321］ Yun Joe Wong T, Man Eddie Hui C, Seabrooke W. The Impact of Interest Rates upon Housing Prices: An Empirical Study of Hong Kong's Market ［J］. Property Management, 2003, 21 (2): 153 – 170.

［322］ Zhang T, Zou H. Fiscal Decentralization, Public Spending, and Economic Growth in China ［J］. Journal of Public Economics, 1998, 67 (2): 221 – 240.

后　记

本书是在对笔者的博士论文《财政分权对中国城市住宅价格的影响研究》进行完善、补充基础上撰写而成。其中，对原文所用数据进行了更新，并补充了笔者的最新研究成果。在编写完成之际，最想做的事情就是向帮助我、支持我的老师们、朋友们及家人表示真诚的感谢。

首先，要感谢我的博士生导师王拉娣教授。王老师渊博的专业知识、严谨的学术态度给我留下了深刻的印象。从导师身上，我感受到了她作为学术工作者所应具有的全部品质。读博三年中，无论是学习、工作还是生活方面，导师都给了我许多帮助和关怀。三年的论文创作每每遇到挫折、迷惘时，导师都会耐心地帮我厘清研究思路、找出问题之所在，并提出建设性的意见。尤其是博士毕业论文，导师更是倾注了大量的心血。从论文选题、研究框架到具体的研究方法、论文反复修改，导师都给予了悉心指导。常常在想，离开导师手把手的指导，我不可能完成这篇博士论文的写作。与此同时，在工作、生活中导师也给予了无微不至的关怀。此时此刻，我对导师的感激之情无以言表！同时，感谢导师的爱人博士生导师张所地教授。张老师在房地产经济研究领域具有很深的学术造诣。张老师在平时及博士论文写作中的指点给了我很多创作灵感。

感谢博士论文匿名评审专家，正是他们提出的宝贵意见使我的博士论文架构、内容更为完善。感谢数量经济学专业的老师们，他们教会了我如何科学地使用计量经济学研究方法。感谢同门张琪、张鸿琴，感谢同学王荣、程小燕、周莉青，感谢范新英博士、赵华平博士、李斌博士。大家在一起的学术讨论使我受益匪浅。

最后，感谢我的爱人及女儿。科研这条路充满了艰辛、孤独，自踏上这条路以来，我的爱人赵丽霞女士默默承担起了家庭琐事，任劳任怨。而且，在我感到迷惘之时，我的爱人不厌其烦地帮我减压、给我鼓劲，使我顺利渡过了一道道难关，使我的学术水平不断提升。同时，宝贝女儿雪琪的快乐成长也给了我拼搏的动力。正是女儿的陪伴，才给我繁忙的学习、工作增添了许多童趣与欢乐。

　　本书写作过程中查阅、参考了大量的中英文前沿文献，他们的研究成果使我开阔了视野，明确了写作思路。在此一并对这些学者们表示敬意和感谢。

作者

2020 年 10 月